江户前期理学诗学研究

张红 著

CNS | 岳麓书社·长沙

本书系国家社会科学基金项目
“日本杜诗学研究”（18BZW074）阶段性成果

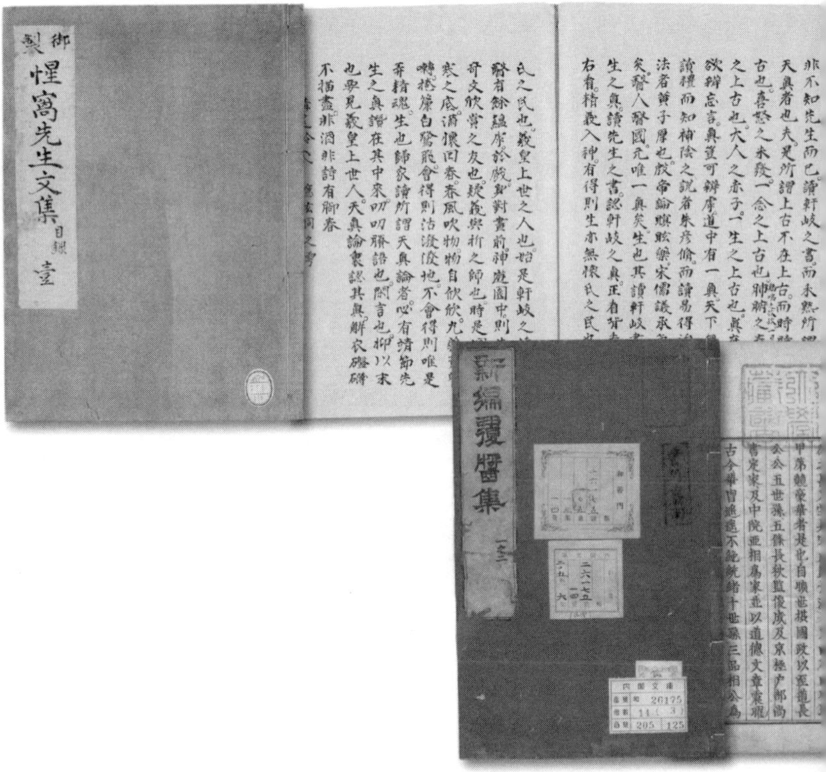
御製
惺窩先生文集 目錄 壹

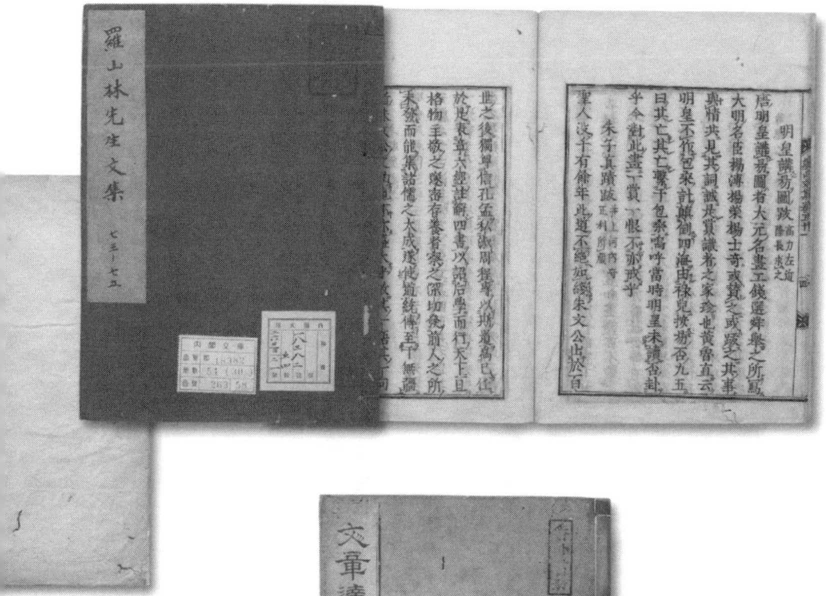
羅山林先生文集
七三-七五

文章達德錄
綱領二
詩集

目录

目录

目录

序　言

曹　旭

一九九九年七月十日星期六上午十点，在韩国大田忠南大学校文科会堂里，第一届东方诗话学会议正在进行大会发言，一名来自湖南师范大学的女同学字正腔圆地宣读她关于李商隐的论文。她就是这本书的作者张红，师从湖南师范大学蔡镇楚先生。镇楚先生是研究中国诗学和域外诗学的大家，由此奠定了张红诗学和域外的因缘。

也许出于她的自发，也许是蔡镇楚先生的指点，她一直没有告诉我原因，但从大田回程首尔的大巴里，坐在我后排的她在闲谈里表示有考我博士生的意思。

二〇〇一年九月，她便心想事成地来到上海师范大学我任图书馆馆长的办公室，开始她的博士阶段生涯。她一直因缘相助，心想事成，后来的一系列事情，都证明如是。

林黛玉一样的她，给人的感觉是蕙口兰心，弱不禁风；悟性文章，妙绝时人。但她给我看的两篇文章却是：《清代朴学对诗话批评方法及其体例的影响》（韩国，《中国语文学志》第六辑，1999 年 12 月），《朴学对清诗话创作理论的影响》（韩国，《诗话学》第四期，1999 年）。令我意想不到。而且，在韩国大田国际会场上认识的她，注定还会在国际化的研究文字里见面。现在为她这本《江户前期理学诗学研究》作序就是。掐指一算，离第一次见面已经二十年，离为她的博士论文《元代唐诗学研究》写序也已过去了十三年。

日本不大，东京和京都更小。她采集材料的地方，也是我的容膝之处；她去的京都大学、东京大学，是我十三年前去过的；她住的修学院，离我以前住的京都大学会馆也只有散步之遥；石川丈三的诗仙堂，我数次拍过照片，挂在我家里，并成了我散文集《客寮听蝉》（台湾版）的封面。她所熟悉的人，如川合康三、蔡毅教授，都是我的好友和老友。我从京都大学复印带回整理校勘，由中华书局出版的《东瀛诗选》，也赫然在她这本著作的参考文献里，真是诸法皆缘生啊！

中国诗歌是一种花，很早传到日本并形成日本汉诗，自成系统地开出扶桑的春天。但是，两者的特点、相似点和不同点，特别是江户时期的汉诗，前期理学诗学，了解的人更少；假如你贸然说全从中国宋元明理学诗学而来，一定惹怒日本学者，同样是学习中国文化，日本、朝鲜都学，但不一样。

由于朝鲜与中国接壤，中国的物质文化和精神文化很容易通过各种渠道传向朝鲜；而从扬州到长崎的水路充满了风浪和危险，所以，当时一般的商船和中、日之间的海路航线，不是从中国东方海岸直接驶向日本列岛的，而是沿着犬牙交错的中国东海岸线曲折北上，在抵达朝鲜半岛以后，再从朝鲜半岛前往日本。日本的遣隋史和遣唐史到中国和回归的路线，以及鉴真和尚七次东渡日本，多是从扬州或其他口岸，沿着中国的胶州半岛前往朝鲜，然后由朝鲜半岛再到达日本。

由于要经过一级批发和二级批发的过程，因此，凡在中国国土上流行的政治、文化、学术、诗歌风格，大约经过一百年以后开始传向朝鲜；在朝鲜流行一百年以后再传向日本。唐诗就是如此。因为唐朝有近三百年的寿命，因此，初唐的诗歌在中晚唐才传到日本；在日本最受欢迎的白居易，其《白氏长庆集》在日本流行的时间，同样是在白居易已经逝世后大约二百年里。从时代上看，那时，唐王朝已经灭亡，中原已经有了新主人、新政权，那个新政权就是宋朝。

日本汉诗，特别是江户时期的汉诗学，是日本古典文学的重要组成部分，理应受到日本学者的关注；而日本汉诗是域外汉文学的重要分支，江户前期理学诗学又受到宋元明理学诗学的影响，因此同样应该受到中国人的关注。这是中日乃至亚洲汉字文化圈文化交流的结晶。

但是，目前中日学术界对于江户前期理学诗学讨论甚少。一些研究著作仅仅是一笔带过，不及其余。现在张红此著，作为国家社会科学基金项目“日本杜诗学研究”（18BZW074）的部分成果，对此领域的研究非常及时，也非常重要。

江户时期，是中国文化在日本大行其道的时期；江户前期之理学诗学，也和宋元明理学诗学有关系。从藤原氏《文章达德纲领》录宋元明诸理学家语录看，其推尊、崇奉理学之盛，态度之恭敬、谨重，均可见一斑。

“理学诗学”，就我个人的理解，是一个并列的概念，也是一个从属的概念，其义有二：一是理学与诗学，二是理学之诗学。理学与诗学相互交渗，交相辉映，理学家兼诗人、诗论家，理学兼具了诗学气质；诗人、诗论家兼为哲人，诗学秉有了哲理内涵。理学之诗学，由理学而派生、抽绎而出，在中国诗学中自成一派，独具一格。江户前期之诗学，一派独大，承五山之旧，启江户之盛。其来自中国之宋元明，经藤原惺窝氏诸人之运化、变通，终演成日本江户前期之理学诗学。

本书依据大量的原始文献，对江户前期理学诗学做了细致深入的研究。具体以人物为中心，以人叙事，有似于《史记》中的纪传，亦有类于宋明学案的体制，对江户前期理学诗学演进脉络之分疏，对理学诗学性质与特色之把捉，尤其是关于此一时期诗学在日本诗学史上之定位，较之此前学界的相关研究，有不少新的创见。部分文献和论述，有填空补白的意义。

研究日本江户时期的理学诗学，也是对中国宋元明理学诗学的再审视，对其在日本发展状况的回顾和反思。在世界范围内，像日本汉诗和汉诗学这种反映两个国家文化诗学交织、互动的现象，并不多见。我们应该充分认识到它重要的文化价值，这就是张红学弟研究的意义所在吧！

乐而为之序。

曹　旭

2019 年 8 月

于上海市春九路 188 弄 55 号

第一章　江户理学概述

中国儒学思想传入日本，日本最早的文献《古事记》“应神天皇”条记载如下：

> （天皇命曰）：“若有贤人者贡上。”故受命以贡上人名和迩吉师，即《论语》十卷，《千字文》一卷，并十一卷。①

应神天皇十五年（284），百济使者阿直岐出使日本，其后留任皇子菟道稚郎子之师，并举荐百济博士王仁赴日任教，王仁献《论语》十卷、《千字文》一卷，此为儒学及汉字传入日本之始，在日本文化史上具有极为重要的意义。由此，儒家思想在日本上层社会开始发生影响。《日本书纪》详细记载了仁德天皇（313—399）接受儒家思想、奉行“仁政”的情形。至推古天皇时代（593—628），高丽、百济的儒学博士纷纷赴日讲学，儒家思想在

① “和迩”为日文发音，《日本书纪》中写其汉语名字为“王仁”。

日本得到较为广泛地传播。

儒学思想在日本确立的重要标志为圣德太子的“推古朝改革”及中大兄皇子的“大化革新”。推古天皇十一年（603），圣德太子制定《十二阶冠位》①；十二年，制定《十七条宪法》②，用典多出《论语》《礼记》《尚书》《诗经》《左传》《孝经》诸书③，可知当时儒家经典已成为日本皇室制定礼制、法令的重要依据。《十七条宪法》影响日本社会极为深远，成为其立国之基，亦为官员、贵族的道德准则和行为规范。大化二年（646）孝德天皇发布《改新之诏》，实行“大化革新”，以儒、佛思想为主体，全面学习唐代律令制度和思想文化。天智天皇（662—671）仿唐朝学制，在京师设“大学寮”④，地方设“国学”，教授五经、三史、音韵等，儒家学说成为学校唯一传授的思想，王室贵族及官员们由此系统学习儒家经典，儒家思想迅速兴盛起来，并对日本政治、文化产生深远影响。

第一节　理学在日本的早期传播

儒学在平安中末期即十世纪开始走向式微。至日本的中世纪，

---

① 《十二阶冠位》名见《日本书纪》卷二二：“十二月，戊辰朔壬申，始行冠位。大德、小德、大仁、小仁、大礼、小礼、大信、小信、大义、小义、大智、小智，并十二阶，并以当色绝缝之。顶撮总如囊，而着缘焉。唯元日着髻华。髻华，此云。”

② 详见《日本书纪》卷二二，庆长四年（1599）刊本。

③ 仅第二条“笃敬三宝”、第十条“绝忿弃瞋”出自佛家经典。

④ 大学寮是日本律令制中设立的直属太政大臣管辖的最高教育机构，专门培养贵族官僚，教授传记、明经、明法、算术等学科，管理各种与教育相关的事务。

即镰仓（1192—1333）、室町（1338—1573）、安土桃山（1568—1598）时代，儒学进一步衰败。这一时期，日本进入武家政治时期，武人建立幕府政权，将军成为最高权力者，公家（天皇）丧失了权威和地位。社会动荡、战乱频繁，日本学脉和文脉皆系于寺庙，思想文化的主宰亦由以前的王室贵族转而为僧侣，日本文化进入了长达四百余年的五山僧侣文化时期。[①]“五山文化”虽以禅宗为思想主导，但对于外典——中国儒学亦有所吸纳，所谓“佛名而儒行”，“儒佛一致”，不少僧侣既习内典，亦热衷于儒学，僧侣讲习儒家经典，佛门大德儒佛兼通成为一时之风尚。理学正是在这种风潮中传入日本，并得到缓慢的发展。

理学传入日本，始于镰仓中叶，约为十三世纪初。这一时期，中日两国商船往来频繁，两国间的文化交流较为密切。入宋日僧数量激增，据木宫泰彦《中日交通史》记载，南宋时有文献可考的来华日僧有八十多名，回国后，“彼等大部分传南宋烂熟之禅宗，及宋代特色之新文化”[②]。宋代特色之新文化即程朱理学。

木宫泰彦《中日交通史》认为建历元年（1211）日僧俊芿归国为宋学传入日本之始。俊芿携来品中有儒道书籍二百五十六卷，书名不可考，然知其“在临安时，与钱相公、史丞相、楼参政、

---

① 镰仓至室町时代（1192—1573），是以“五山派”的禅宗僧侣为中心倡导的汉文化兴盛时代。南宋宁宗时禅宗有五山十刹之制，即朝廷任命住持五所最高的禅寺。日本模仿该制，建立了中世官寺制度，即设立镰仓五山（建长寺、圆觉寺、寿福寺、净智寺、净妙寺）、京都五山（天龙寺、相国寺、建仁寺、东福寺、万寿寺）以及五山之上的京都南禅寺，共十一座禅寺。这些禅寺成为日本文化、文学中心，五山僧侣主持风会，执掌文坛，故称此一时期的文化为五山文化。

② 木宫泰彦：《入宋僧归日宋僧与文化之移植》，载《中日交通史》（三），陈捷译，山西人民出版社，2015，第 385 页。

杨中郎等当时俊颖博学之儒士往来”，“当时宋之朱熹，集宋学之大成，所著《大学中庸章句》，与《论孟集注》。刊行之时，恰当俊芿归国之嘉定四年（日本建历元年西纪 1211）。彼所赍儒书，殆即四书之类，多关于宋学者欤？其结果遂令日本有志于宋学者次第兴起”。[①] 有史料明确记载传入宋学的是日僧圆尔辩圆和宋僧兰溪道隆。仁治二年（1241），圆尔学成返日，携有《春秋解》《无垢先生中庸说》《晦庵大学》《晦庵大学或问》《晦庵中庸或问》《论语精义》《论语直解》《孟子精义》《晦庵集注孟子》等宋学书籍。正嘉元年（1257），圆尔为北条时赖讲《大明录》，《大明录》为宋僧奎堂编撰，载有程、朱、杨时、谢良佐诸理学家语录。圆尔讲授此书，为日人传播理学之始。

在赴宋日僧摄取理学的同时，入日的宋、元僧人对于理学的传播也起到了较重要的作用。兰溪道隆（1213—1278）及弟子义翁绍仁等人赴日，这是南宋禅僧到日本“游行化导”之始。道隆居日本三十余年，其讲学往往佛儒相错，喜用理学之语。其后，宋、元之际高僧一山一宁（1247—1317）于大德三年（1299）奉元命持国书赴日，后为北条贞时所留，永住日本，讲法布道二十年，当时名僧悉出其门。木宫泰彦《中日交通史》称：“其及于日本精神界之影响极著。弘安以来，几乎断绝之中国留学，所以能再盛者，全由一宁刺戟而成。”[②] 一宁理学造诣颇深，因其倡导，其门人虎关师炼、梦窗疏石、雪村友梅、中岩圆月等当世高僧，

---

① 木宫泰彦：《入宋僧归日宋僧与文化之移植》，载《中日交通史》（三），第 411 页。

② 木宫泰彦：《归日元僧与文化之移植》，载《中日交通史》（四），第 507 页。

亦于理学各有会心。由此，禅僧无不兼通儒术，形成了中世禅门兼习儒学尤其是理学的风气。

十四世纪初，玄惠法印首开宫廷讲习程朱之学的先河。玄惠为后醍醐天皇的经筵讲师，在京师多依朱注而讲儒典。此前宫廷及儒官讲习儒典，专用汉唐旧注。汉唐儒学以注、疏为主，重考订辞章。玄惠始以经筵讲师的身份为天皇授濂、洛之学，其在京都讲习程朱理学，为“京师朱子学”[①] 之始祖。玄惠虽专授宋学，实际仍是佛、儒相杂，这实是整个五山理学的根本特质。

五山中后期即室町时代是汉文学发展的一个高峰，也是理学有所推进的时期。虎关师炼、雪村友梅、中岩圆月、义堂周信、绝海中津、歧阳方秀、惟肖得岩、桂悟了庵等硕学大德，佛学之外，皆兼通汉诗文，并濡染理学，将宋学与汉唐旧学相比较，逐渐厌弃旧学而尊新学。至十五世纪中后期，涌现了一些较有影响的理学研究者，如京师的岐阳方秀、萨南的桂庵玄树、海南的南村梅轩[②]，他们著书立说，开设讲筵，形成了自己对理学独到的见解。

中世纪的日本理学有着鲜明的“五山”特质。“五山文学双璧”之一的义堂周信在《空华老师日用工夫略集》中有一段话较能道出室町禅僧们亲近宋学的原因：

汉以来迄于唐，儒家多拘泥于章句，至宋儒乃达理

① 按：日本程朱理学一般习惯于称为“日本朱子学”。
② 三人因此被视为江户时代京师朱子学派、萨南朱子学派、海南朱子学派的远祖。

> 性，故释义甚高，其故何哉？乃皆以参吾禅也。[①]

程朱新学因与禅宗近，故能发明心地，可作参禅之助、悟道之资。这既是理学可以融入佛学的原因，也是理学终究不能在五山时期充分发展的原因。僧侣传播理学，必以佛法为本位，如本末不分，驰于外学，失掉本分，自当受到质疑。一宁的高足，一代国师梦窗疏石有"三等弟子说"，其坚守佛家立场之森严壁垒较然可见：

> 我有三等弟子，所谓猛烈放下诸缘，专一穷明己事，是为上等；修行不纯，驳杂好学，谓之中等；自昧己灵光辉，只嗜佛祖涎唾，此名下等。如其醉心于外书，立业于文笔者，此是剃头俗人也，不足以作下等。[②]

修行不纯，驳杂好学的弟子是为中等，而醉心于外书，立业于文笔者，连下等都不及，被列为"剃头俗人"，这是对当时好儒书、弄词章的弟子的训诫。义堂周信虽能讲理学、作汉诗文，但也是严守"家法"。正是这些根本立场上的不可兼容性，令中世纪的儒学未能得到全面发展。随着足利氏室町幕府的崩溃，进入德川氏统治的江户幕府时期，才结束了四百余年的僧侣文化，迎来了儒家思想的全盛时期，其中程朱理学更是居于统治地位，得到长足发展。

---

① 义堂周信：《空华老师日用工夫略集》"永德元年九月五日"条，明治八年（1875）写本。

② 梦窗疏石：《梦窗国师语录》卷下二《三会院遗诫》，收入《大正新修大藏经·续诸宗部十一》，第503页。

第二节 江户理学的兴起与中国文化的输入

一 理学的兴起

庆长五年（1600）关原之战，德川家康战胜丰臣秀吉各部，确立了霸权地位。庆长八年（1603）德川家康被后阳成天皇任命为征夷大将军，在江户建立德川幕府。日本社会进入长达二百六十余年的德川幕府时代（亦称江户时代）[①]。相比中世纪的幕府统治，这一时期，国家相对稳定，政治、经济、文化均得到全面发展。

德川幕府实行幕藩体制，幕府与诸藩共同统治全国。幕府将军为全国最高统治者，地方则设立各藩，诸藩的统治者为大名，政治上既有独立性，又受到幕府的管制。将军、大名皆有武士为其效忠，上述阶层共同构成了江户时代的上层社会。从整个社会构成来看，又形成士、农、工、商等基本等级秩序。如何建立一个和平、稳定，可以维持各种等级秩序的政权，成为德川幕府的要务。传入日本的程朱理学思想正好符合德川幕府这一要求，理学因此而得到大力提倡。中山久四郎对此有较为充分的论述：

---

① 1867年最后一个将军德川庆喜将政权交还给天皇，结束德川幕府统治，日本进入明治维新。1603至1867年，史称德川时代，亦称江户时代，为日本的近世。

> 为要支持注重阶级制度之封建的国家现状，要有文治，要有教学；又为要在有为转变之世，代替吸引人心之宗教的信仰，代替足利氏以来“下克上”世态之势力的武力，因此道德、德义之力便成为必要了。而尊重平和秩序之礼乐，适合封建的阶级的世相，敬神崇祖，尽忠致孝，节情欲，禁争夺，规定这些趣旨之现世道德的儒教汉学，恰好适应了当时的要求。①

要维持作为幕藩体制特征的士、农、工、商的身份制和武士集团内部的阶层结构，儒学特别是程朱理学成为幕府及各藩主的首选，统治阶层采取了培养完全独立于公家（天皇）和僧侣之外的大批程朱学者的政策。程朱理学成为江户时代之官学，并取代中世之佛教，成为代表近世思想的主流。这一思想最终被整个社会各个阶层普遍接受，并渗透到当时的文学、艺术等各个领域，影响日本至为深远。江户时代成为日本儒学尤其是程朱理学鼎盛的时代。

在日本习惯于把程朱理学称为“朱子学”，把信奉、尊崇程朱理学者称为“朱子学派”。江户朱子学之开山人物为藤原惺窝。黄遵宪在《日本国志·学术志》中称：“自藤原肃始为程朱学，师其说者凡百五十人。”② 江户前期朱子学派的重要人物皆为藤原惺窝的门徒，“时海内丧乱，日寻干戈，文教扫地，而惺窝独唱道学之

---

① 田中一彦编纂《江户前期文化》，收入诚文堂新光社编《日本文化史大系》第九册，诚文堂新光社，1937，第135—136页。按：转引朱谦之《日本的朱子学》，人民出版社，2000，第154页。

② 黄遵宪：《日本国志》（下）卷三三，岳麓书社，2016，第1071页。

说。先是，讲宋学者以僧元惠为始，而其学不振。自惺窝专奉朱说，林罗山、那波活所皆出其门，于是乎朱学大兴”①。

藤原惺窝于日本儒学最大的贡献，一是将朱子学从神儒佛老的混合中独立出来，一是将儒学从汉唐训诂章句的旧套中解脱出来，向伦理方面转化。惺窝一生拒绝为官，虽仅为一介民间大儒，却极受德川家康的尊敬，多次为家康讲授理学要义。惺窝《假名性理》为最早用假名解析性理的著作，《四书五经倭训》亦以假名诠释朱注《四书五经》，对于朱子学在日本的普及与流行皆大有裨益。

藤原惺窝的高足林罗山及其后人所建立的林家朱子学，进一步摆脱了五山时期儒佛一致的观念，确立了朱子学的地位，并使朱子学逐渐走向官学化。林罗山历仕家康、秀忠、家光、家纲四代将军。他提倡神道与朱子学的合一，其思想集中体现了君临全国的德川幕府的利益。他把朱子学转化为可以服务于日本幕藩体制的思想资源，极受历代将军的重用。宽永七年（1630），幕府把上野的忍冈赐给罗山，此地遂成为幕府教授、培养朱子学人才的中心。元禄四年（1691），幕府在汤岛建立“圣堂”，此为祭孔圣地，直属幕府管理，又以林家私塾弘文院附设于圣堂，任命罗山之孙林凤冈为大学长。其后，林家代代世袭“大学长”之职，居幕府御用学者之要津，受到特别保护。宽政二年（1790），幕府阁老松平定信向大学长林锦峰发布《学派维持通告》，禁止传授朱子学以外的学说，认定朱子学是幕藩国家成立以来的“正学”“官

① 黄遵宪：《日本国志》（下）卷三三，第1071页。

学”，朱子学的地位可谓登峰造极。

林罗山外，藤原惺窝的许多弟子亦为当世大儒，如松永尺五、那波活所、堀杏庵、菅得庵等，他们为将军、天皇及各地大名邀请讲授理学，其目的在于将军或大名的教养，因而使理学对于日本的政治、经济、文化发生强有力的影响。第四、五代将军德川家纲、德川纲吉以及尾张大名德川义直、水户大名德川光圀、会津大名保科正之等，皆因弘布理学、保护儒学而享有盛名。此外，诸大儒还开馆授徒，令理学人才彬彬为盛。其中尤以松永尺五最为突出，尺五弟子木下顺庵的门下英才辈出，当时幕府的重要文官多出其门。弟子新井白石、室鸠巢等更权倾一时，辅佐将军以儒治国，将朱子学的理论付诸实践，并创造了不少政绩。

二　中国文化的输入

朱子学在江户时代的勃兴除了其思想符合幕藩统治者的需要外，也与江户时期中国文化的输入密切相关。江户朱子学的发展、变迁跟明、清儒学的发展变化息息相关，考察这一时期中日文化的交流可以更清晰、准确地了解日本朱子学的发展及其外部原因。

江户时代正值中国明末、清朝，中国文化的输入可分两个阶段，一是江户前期与流寓日本的明遗民之交流，二是江户中、晚期与清代学术的交涉，第一阶段对于日本朱子学的影响尤为重要。

日本正保元年（1644），明朝灭亡，其后近半个世纪，明遗臣奉诸王名号，多次遣使者赴日本求援，以复明为任。其时日人对于亡国遗臣之悲壮孤勇，有表同情者，然多无力相助，两国之间的文化交流却因此变得密切、深入。正保、万治年间，明遗民乞师日本约有十七次，第一次为正保二年（1645），即明亡第二年，都督崔芝遣参将林高至日本。最后一次则在贞享三年（1686），张斐密奉明室一遗子赴日本长崎，听闻水户藩主德川光圀素重汉学，德行高标，欲请其援手，未能如愿。这些遗民中有冯京第、黄宗羲、朱舜水、张斐、陈元赟、何倩、林上珍等学者、文人，亦有真圆等僧侣。他们有的永住日本，对于日本汉学之勃兴起了重要作用。另外，佛教方面也有新的传播，明代高僧隐元隆琦于承应三年（1653）赴日，创立了日本黄檗宗，在京都宇治建黄檗宗之本山万福寺，其后二代木庵直至十二代杲堂，皆是中国赴日僧。长崎的唐三寺兴福寺、福济寺、崇福寺，开山亦为来自中国的僧人，其后住持也由中国僧侣来接任，这一传统一直持续到享保十六年（1731）。流寓日本的明遗民、僧侣等积极传播中国文化，儒学外，汉诗文、医术、书画、茶道乃至武术，皆在日本流行、发展，汉风复炽。从理学、文学两方面而论，朱舜水、陈元赟二人的影响尤为显著。

朱舜水（1603—1682），原名之瑜，字鲁玙、楚玙，号舜水，浙江余姚人。幼承家学，后受业于李契玄、陈函辉，研读《毛诗》《礼记》等。后从朱永佑学，于朱子学深有所悟。明亡，舜水曾奔波海外，多次往来于日本、安南、暹罗，乞师、筹饷，后回国参加北伐，最终子死军破，舜水满怀孤忠再度渡日，至此流寓日本以终老。

朱舜水初居长崎时，值德川幕府实行锁国厉禁，只能溷迹商贾间，且于翌年将循例被遣，贫苦、困顿、进退失据。后得长崎镇巡同情，上呈肥前小城侯，获特许留日，破四十年来幕府锁国的铁律。友人特以此请舜水为长崎镇巡作文颂美，朱舜水拒之，称："若欲不佞作妾妇眉目，随人俛仰悲歌，则不须于此间生活也。若曰免我于刀俎，鼻孔便当随人牵掣，失之更远矣。"① 其高标人格、忠厚仁义感染日人颇深。王进祥在《朱舜水评传》中感叹曰：

> 壁立千仞之人格，凛凛不可侵犯，岂常人身处其境者所能为！
>
> 顾朱舜水为复明室，奔走国事于前，后以事无可为，仍义不帝秦，普天之下，为留数茎之发，存明室衣冠，未有坚苦卓绝若此者，谓之抗颜伯夷、叔齐，实不为过。②

朱舜水自万治二年（1659），开始讲授儒学，安东省庵、安积淡泊等皆执弟子礼。特别是安东省庵，拿出俸禄一半来供养舜水，舜水也倾其所学授与省庵，此为当时之美谈。宽永五年（1665），水户藩大名，德川家康之孙德川光圀邀请舜水作为国师，请授儒学，并修《大日本史》。此后十七年，朱舜水悉心教导光圀及日本学子，开创"水户学派"。舜水"以治国平天下为学，大而礼乐刑政之详，小而制度文物之备，无不讲究，当代多数学者如木下顺庵、林凤岗（应为"冈"——引者注）、山鹿素行、伊藤仁斋皆直接

① 王进祥：《朱舜水评传》，台湾商务印书馆，1976，第 26 页。
② 王进祥：《朱舜水评传》，第 26 页。

间接受其感化"[1]。安东省庵、木下顺庵、林凤冈为日本朱子学大儒，山鹿素行、伊藤仁斋开日本儒学古学派，可知江户儒学各派多与舜水有渊源。

另一明遗民陈元赟，与朱舜水同一时期赴日，仕于尾张德川氏，对江户汉学有较为重要的影响。陈元赟（1587—1671），字义都，号芝山、升庵等，浙江杭州人。元和五年（1619）曾赴日，与大儒林罗山有过交集。宽永十五年（1638）为避明末之乱再度赴日，其后永住日本。陈元赟与当时日本名儒、名僧多有交流。受陈元赟影响最大的是日僧元政，二人于万治二年（1659）相识，遂为至交。陈元赟极爱重"公安派"袁宏道之诗，赴日时携《袁中郎集》，元政受其影响，亦深为推崇袁宏道，主张"性灵"，成为江户性灵诗派之祖。宽文三年（1663），陈元赟、元政诗文唱和之作《元元唱和集》刊行，诗风清新、俊丽。陈元赟还著有《老子通释》《虎林诗文集》《长门国志》等著作。此外，元赟亦长于书法、陶艺、武术等，为日本柔道之祖，又创辟了"元赟烧"，对于中国文化的传播有着重要贡献。

江户前期日本思想、文化的发展受明末遗民的影响较大，中叶以后，主要受到清代学术的影响。德川幕府奉行锁国政策，宽永十二年（1635）为防止基督教渗入，第三代将军德川家光颁布锁国令，仅将长崎一港作为日本与海外诸国互市之地。贞享元年（1684）虽废除此法，但仍实行限制令，直至1854年签署《日美和亲条约》才彻底打破锁国政令。与此不同，清政府解除了明代

① 朱谦之：《日本的朱子学》，人民出版社，2000，第137—138页。

海禁，撤销迁界令，颁布展海令，令渡航日本的“唐船”① 数量急增，由此，两国间的经济、文化交流仍较为活跃，尤其在贞享、元禄、宽永年间达到高潮。②

木宫泰彦《中日交通史》据《长崎记》《长崎纪事》《长崎志》《长崎志续编》《吹尘录》《唐方船数》等书进行统计，从宽文二年（1662）至天保十年（1839）一百七十八年间，清朝赴日船只达两千余艘。赴日官船、商船带去各种唐物，如金、银、铜、绢丝织物、毛织物、书籍、字画、古董、文具、茶、药、宝石、糖、米、香料等。输出品以金、银、铜为最重要，但对于日本影响最大的当属唐本书籍。《中日交通史》述此云：

> 幕府于长崎奉行之下，置书物目利之官，以精识唐本者充之，使司检阅。据长崎向井氏之记录，与近藤正斋之《好书故事》《右文故事》，太田南献之《琼浦杂缀》《琼浦又缀》等书，可以推知当时输入之唐本，与学界之倾向矣。又长崎县立图书馆中，藏有书籍元帐，记载输入唐本之书名，并其销路，亦最有兴味。武藤长平氏曾介绍于学界。惜其记录，仅存天宝、弘化、嘉永、安政十三册耳。长崎输入唐书之一部分，称为御文库御

---

① 江户时代称中国船为“唐船”，中国物品为“唐物”，中国人为“唐人”。关于“唐”字的意义，有不同解释。一为“取唐王聿键之唐，称呼福建及台湾船人，属意其仍为明人”，乃反清思想之表征；一为如同将葡萄牙、西班牙称作“南蛮”，将荷兰称为“红毛”一样，此并无别意，仅为江户时代对中国人的泛称。

② 如天和三年赴日商船为二十四艘，贞享元年同为二十四艘，而贞享二年猛增至八十五艘，贞享三年，更增至一百零二艘。

用，藏于枫山文库，后由官板翻刻。官板翻刻之书籍，由周至清之著述，达一百九十三部。其他入于好学之诸侯之手，有在藩国翻刻者。

天宝十三年（1842），幕府令十万石以上之诸侯，奖励翻刻书籍。此种输入翻刻之书籍，入日本学士文人之手，致各地文运大兴，而清之考证学风，亦由是风靡于日本学界。又诗集、诗论、诗话之输入，则影响于日本诗学。小说戏曲之输入，则影响于日本文学。画论画谱之输入，则影响于日本画界。其他医学、博物学、理化学等，无一不受影响。①

当时输入日本的汉籍种类极多，遍及理学、诗学、小说戏曲、画论画谱，乃至医学、博物学等，这些书籍既藏于幕府御用的枫山文库，亦存于普通文士学子之手。既有官版（板）翻刻，又有各藩主、诸侯、商贩的大量覆刻，带来了江户时期的文运大兴。清代之考证学风、复古思潮、诗学思想等皆在日本学术界、诗学界得到呼应。

清代康、乾时期，文运兴隆，图书编纂亦得以大规模进行，儒学经典如《十三经注疏》《皇清经解》《通志堂经解》，大型丛书如《四库全书》《古今图书集成》《大清会典》，其他如《康熙字典》《佩文韵府》《渊鉴类函》等，皆编纂完成。这些典籍大部分传入日本，《古今图书集成》一万卷于宝历十年至十三年

① 木宫泰彦：《日本与清朝之贸易》，载《中日交通史》（六），第798—799页。

（1760—1763）分批舶来日本，其后，《大清会典》《皇清经解》《通志堂经解》《十三经注疏》《大清会典》《佩文韵府》《渊鉴类函》等皆输入日本，可见两国间学术交流的密切及沟通渠道的畅达。

受清人著作的影响，日本各地亦兴起编撰出版的热潮。除日人编辑的《群书类从》五百三十卷、《续群书类从》一千一百五十卷外，大量汉籍被覆刻再版，或编撰出版。儒家经籍如《十三经注疏》《尚书正义》《春秋左传》《钦定四经》《朱子书节要》《朱子文语纂编》《四书全会》《五经正文》等多次刊行。从宽政十一年（1799）始，昌平学问所出版了《朱文公易说》《诗传遗说》《礼仪图》《四书白文》《金石三例》《温公家范》《从政名言》等汉籍。这些汉籍也是昌平学问所教授学子的重要书籍。

第三节　江户理学的发展与衰微

江户理学最重要的流派为“京师朱子学”，即由藤原惺窝在京都开创的朱子学，其中一支由林罗山发展为“林氏朱子学”，即三百年之官学；另一支由松永尺五的弟子木下顺庵发展为“木门派朱子学”，成为江户中叶影响最大的朱子学流派。京师朱子学在日本占据着绝对的领导地位，成为思想界之主潮。当时无论朝廷还是幕府皆大力提倡朱子学，西村天囚《日本宋学史》有《文教的兴隆》一节，其中列有“朝廷之学”与“幕府之学”，即为所论到的京师朱子学。[1]

京师朱子学之外，同时还有“海西朱子学”和“海南朱子学”。海西朱子学的重要代表人物为安东省庵、贝原益轩，二人同为筑州（今福冈）人，筑州属日本西海道，故称二人之学为“海西朱子学”。安东省庵（1622—1701）曾学于松永尺五，后从学于朱舜水，受其影响极大，一生服膺朱子学。贝原益轩（1630—1714）为朱子学派之巨擘，其思想凡三变，初好读佛学及陆王之学，后转为纯粹的朱子学，晚年对二程、朱子有所疑惑，作《慎思录》及《大疑录》，但仍尊程朱之学为孔学正传。另外，中村惕斋（1629—1702）亦为海西朱子学派代表，其学博赡，天文、地理、尺度、量衡皆能通晓，尤精礼学，审音律。惕斋一生专奉程朱性理之学，以诚敬为本。海西朱子学独立于京师朱子学之外，自成体系，在江户时代的儒学中独树一帜，对当时社会亦有较大的影响。

海南朱子学，亦称“南学”，大高坂芝山作《芝山南学传》详记其谱系。[2]“海南”之地，指古日本土佐国，即今高知县。此为高僧空海悟道、得道之地，素来佛教兴隆，因而海南朱子学之兴起，其意义尤为特殊。近世“南学”的开创者为谷时中（1598—1649），土佐人，少时剃发为僧，然已留心于经史，后从程朱之训，读《四书集注》《朱子文集》等，遂蓄发还俗，“唱程

---

① 详见西村天囚《日本宋学史》，梁江堂书店，1909，第305—314页。

② 大高坂芝山《芝山南学传序》中称：“兴国以还，有三般学，谓京师学、关西学、海南学者也。京学宗惺窝公而罗山林先生述之，西学祖中江氏而熊泽氏弘之，南学基三省子而兼山子成之哉。”这里提到的三大学派，京师学、海南学皆朱子学派，关西学为中江藤树开创的“阳明学派”。[大高坂芝山：《芝山南学传》，元禄四年（1691）刊本]

朱学于土州，当时称之‘南学’，从游甚众”[1]。《先哲丛谈后编》记其治学、教学事迹：

> 尊信程朱，逾益坚确，惩警初年沉淫老佛、泛滥众家，慨然切于求道。深慕许鲁斋、薛敬轩等为存养践履之实行笃学，缜密厚重，拘束一身，动静周旋，平常尤谨。故其于师弟之闲也，教育颇严矣，野中兼山、小仓三省及山崎暗斋，皆受之诲督。[2]

时中尊奉程朱之学，偏于许衡、薛瑄笃实学风，教育弟子甚严，门徒中特出者有野中兼山、小仓三省、山崎暗斋等，尤以山崎暗斋影响后世深远。山崎暗斋（1618—1682）在朱子学与日本神道两方面皆有卓越成就，其坚守程朱之学，不许立一异辞，严明伦常，最重君臣之义。晚年主张朱子学与神道的统一，倡“儒神一致论”，亦称“垂加神道”，“成为中世以后流传诸家的神道学说的集大成者”。[3] 暗斋将儒学与神道“妙契”于一体，使二者获得“绝妙的平衡”。[4] 暗斋死后，平衡打破，弟子分裂成朱子学派“神道派”“神儒兼修派”，以各自的方式阐释师说。至江户中叶元禄、享保时期，暗斋学派的“大义名分论”等论题逐渐深化，

---

① 东条琴台：《先哲丛谈后编》卷一“谷时中”条，浪华书林、群玉堂刊行，文政十二年（1829）刊本。

② 东条琴台：《先哲丛谈后编》卷一“谷时中”条。

③ 清水则夫：《山崎暗斋学派的学说》，载苅部直、片冈龙编《日本思想史入门》，郭连友、李斌瑛译，外语教学与研究出版社，2013，第 109 页。

④ 详见清水则夫：《山崎暗斋学派的学说》，载《日本思想史入门》，第 109—110 页。

其内部分化亦趋于其极。

江户儒学以朱子学为主流，在江户前期、中期获得极大发展，但是反对朱子学的主张也逐渐出现。其中影响较大的有“阳明学派”和“古学派”，其思想虽各有不同，但在反对程朱理学上具有一致性。井上哲次郎著有《日本朱子学派之哲学》《日本阳明学派之哲学》《日本古学派之哲学》三书，论述江户儒学各派之思想，颇为翔实。朱谦之著《日本的朱子学》《日本的古学及阳明学》二书，亦有系统论述。

阳明学派，亦称“藤树学派”，由“近江圣人”中江藤树创立。中江藤树（1608—1648），早年专奉程朱理学，以礼法自居，嗜读《四书大全》，曾批判官学“林家朱子学”，亦受到林鹅峰等人的指斥。正保元年（1644），藤树读《阳明全书》，转而专奉阳明之学，“藤树笃信王文成致知之学，先躬行后文词”。[①] 藤树极为注重实践，以知行合一教化乡里，“先生接人也，温恭谦退，尝与村民话农事，恂恂然和气溢面，诸生荐履，则先生必执之，辞谢而出”[②]。其建立的学问之道，“并非高深之物，而是与人谦逊、自我隐忍，和周围环境和谐共处的日常道德实践”[③]。弟子熊泽蕃山继承其学统，发挥“良知说”，得阳明心法，成为日本重要的哲学家、政治家。阳明学派对于朱子学，尤其是林家朱子学的批判十分猛烈，一定程度动摇了朱子学的至高地位。

---

① 原念斋：《先哲丛谈》卷二“中江藤树”条，庆云堂、拥万堂刊行，文化十三年（1816）刊本。

② 大木鹿之助：《藤树先生行状》，载中江藤树著，志村巳之助、斋藤耕三编《藤树全书初编》卷一，川胜鸿宝堂，1893，第20页。

③ 片冈龙：《中江藤树和伊藤仁斋的思想》，载《日本思想史入门》，第123页。

古学派，以复古为号召，实为儒学内部之革新派，反对程朱理学和阳明学，主张直接回归唐虞三代之学。古学派，其一为“古义学派”，伊藤仁斋（1627—1705）在京都堀川“古义堂”讲六经，其子伊藤东涯（1670—1736）绍述其说，称为“古义学派”，或“堀川派”；其二为“古文辞派”，这是江户中叶影响最大的流派，由荻生徂徕（1666—1728）创立，亦称“徂徕派”或“萱园派”。

伊藤仁斋初亦尊重性理之学，后疑宋儒之学乖于孔孟之意，考索多年，谓《大学》非孔氏遗书，程朱之“明镜止水”“冲漠无朕”“体用一源”等说皆佛老之见，非圣人之意。中江岷山、伊藤东涯等弟子发挥仁斋之学，力攻宋学之非。“古文辞派”之荻生徂徕，受明人李攀龙、王世贞影响极大，认为朱子等后学非先王圣人之学，主张回归六经。徂徕为人英气豪迈，卓荦不羁，其学汪洋浩博，为海内宗仰。徂徕指斥宋儒，亦攻讦仁斋，其弟子众多，如太宰春台、服部南郭、山县周南、同井昆仑等，皆为“古文辞派”之中坚，对于正统朱子学的冲击极大。

上述诸派对于朱子学的发展起到了阻碍和冲击作用，再加以朱子学内部亦日趋保守、迂阔，这导致了朱子学在十八世纪中叶以后走向衰败。为此，德川幕府于宽政二年（1790）发布《宽政异学之禁》，禁止在幕府学校传播朱子学以外的异端学说，各地藩学也纷纷实施此禁令。这一禁令使阳明学派、古学派等受到遏制，逐渐萧条。同时，也使占有主流地位的朱子学愈加走向偏狭、陈腐，丧失其生机。

江户晚期朱子学的代表有“宽政三博士”柴野栗山、古贺精里、尾藤二洲，以及赖春水、赖山阳、安积艮斋等。此外，“水户学”派亦被视为朱子学一派。“水户学”因水户藩主德川光圀（1628—1700）主持编撰《大日本史》而得名，此书著成历时二百三十年，因而“水户学”亦有前、后期之分，但根本精神皆为提倡“大义名分”。“大义名分”源出孔子《春秋》及朱子《通鉴纲目》，故而学界常将“水户学”视为朱子学派。后期“水户学”倡导忠孝一本，尊王攘夷，注重事功，具有较为浓厚的日本本土色彩，实为朱子学之变种。除了儒学内部的纷争，江户晚期，以日本神道为基础的“国学”迅速发展起来，与此同时，代表西方文化的“兰学”亦日逐兴起，二者对于朱子学，甚至整个儒学都产生了巨大冲击和震荡。庆应三年（1867），德川幕府统治结束，日本朱子学的官学地位及重要影响力也随之丧失。

第二章　江户前期诗学与理学

日本从近江、奈良直至江户时代，大量文献都是用汉字书写，这些文献被称为“汉文学”，日本汉文学一直是其文学之正宗，而“假名”则被男性贵族们称为“女文字”，“物语”等文学体裁被视为女性文学，受到贵族、学者的轻视。江户时代是汉文学发展的鼎盛时期，这一时期最杰出的思想家藤原惺窝、林罗山、荻生徂徕等，最著名的诗人石川丈山、菅茶山等，最有影响力的流派木门派、堀川派、萱园派之学者文士，无一不是倾注毕生精力于中国文化、文学，在儒学、诗学上有着高超的学识与深厚的修养。事实上，江户时代的知识分子，都习惯于用汉语来思维、写作、吟咏。这实为日本古代至近世未曾断绝的文化传统，至江户时代而达于顶峰。

第一节　日本汉诗概述

日本诗歌有“诗”与“歌”之分，“诗”即“汉诗”，“歌”

指“和歌”，前者是日人运用汉语进行的诗歌创作，后者则是运用和文进行的诗歌创作，二者共同构成了日本诗歌发展史。汉诗是日本文学中最为重要的部分，其地位远甚于包括和歌在内的其他文学样式。最早的汉诗总集《怀风藻》编成于胜宝三年（751），受其影响而产生的和歌编撰成集要晚几十年。第一部和歌集《万叶集》的写作手法、表现形式等均受到汉诗的影响。日本汉诗人常能兼擅和歌，《怀风藻》所收的诗人有三分之一同时作为歌人收录在《万叶集》①。从这可以看出，日本汉诗与和歌从一开始就具有密切的关系，汉诗在日本文学中占有特殊的地位。

从公元七世纪至明治维新（1868）前，汉诗作为日本文学之正统，其发展、变化既受到日本思想、文化之影响，也与中国诗学风气的变迁有关。江户诗人友野霞舟在《熙朝诗荟序》中叙述了日本汉诗之流变，其云：

> 五言之作，昉于大友、大津，盛于大同、弘仁，《怀风》《凌云》诸编所载，粲然可观，菅、江二氏世济其美，彬彬焉可谓盛矣。然尔时文崇骈俪、诗宗白傅，末流之弊，终于萎苶不振。加之保平以还，皇纲解纽，干戈相寻，海寓鼎沸，靡有宁岁，人不聊生，何有于文辞？天悔祸延，笃生东照大君，经文纬武，拨乱反正……尊道礼儒，诞敷文教，首擢用罗山林子，以参帷幄，由是

① 此数据参见肖瑞峰：《日本汉诗发展史》，吉林大学出版社，1992，第9页。

经艺之士纷然见于世。[1]

站在江户诗人的立场，友野霞舟叙述了日本汉诗发展的轨迹。他认为，日人学作汉诗起源于大友王子（即公元七世纪天智天皇时代），平安时代的大同、弘仁时期（公元九世纪）已蔚为风气。其后，镰仓、室町幕府时代（十二至十六世纪），长期战乱，干戈相寻，是时为汉诗之低谷。至德川家康建立江户幕府，实行文治，以儒治国，诗学大兴。友野对于日本千余年汉诗发展史的概述，较近史实，但对五山文学评价过低，这是江户诗人普遍的论调，实有可商。总观整个日本汉诗发展史，约可分为四期[2]：

第一期，王朝时代，即近江、奈良、平安朝，从天智天皇时代（668—672）至建久三年（1192）源赖朝建幕府于镰仓，约五百余年。这一时期，通常被称为翰林汉文学（或朝绅文学、贵族文学）时代。历代帝王、宫廷贵族们对于以汉诗为主体的汉文学，表现出极高的创作热情。现存最早汉诗集《怀风藻》辑录了当时缙绅贵族创作的作品，此乃“日本汉诗之权舆”。其后，嵯峨天皇（809—823）命人“撰集近代以来篇什”，于弘仁五年（814）编成《凌云集》，弘仁九年（818）编成《文华秀丽集》。淳和天皇（823—833）亦敕命编集时人之汉诗，天长四年（827）撰成《经国集》。此即为日本文学史上影响颇大的“敕撰三集”，反映了当时天皇、贵族们嗜读汉诗、模仿写作汉诗的盛况。王朝时期诗学

---

① 友野霞舟：《熙朝诗荟序》，载《熙朝诗荟》卷首，弘化四年（1847）序刊本。

② 关于日本汉诗的分期，日本和中国学术界一般都主张分四期，分段也基本一致，但名称有所不同。

主要受到《文选》、唐诗，特别是白居易作品的影响。

第二期，五山时代，包括镰仓、室町、安土桃山时期，从镰仓幕府建立（1192）至德川家康建立江户幕府（1603）以前，约四百余年，亦称僧侣汉文学（或缁流文学、丛林文学）时代。这一时期，政权归于武门，文化、文学之命脉系于以镰仓五大官寺、京都五大官寺为主的寺院。幕府尊信五山禅僧，禅僧地位十分显贵，他们精研佛教内典及儒、道外典，亦以汉诗创作来阐发对于佛理、禅境、人生的感悟，其佛教著作几乎皆以汉文写成，因而，这一时期亦是日本汉文学、汉诗发展的重要阶段。义堂周信、绝海中津代表了汉诗创作的最高峰，被誉为五山文学之双璧。五山诗学受宋代诗学影响较大，多取法山谷、东坡，且带有尊杜倾向。当时最为流行的诗歌选本有《三体唐诗》《千家诗》《联珠诗格》《瀛奎律髓》等，其诗学趣味无疑偏于宋调。

第三期，江户时代，从庆长八年（1603）德川幕府建立至庆应三年（1867），即大政还朝前，历时二百六十余年，亦称儒林汉文学时代。这是日本汉诗发展的鼎盛阶段，儒学、诗学皆臻于极盛。此时居于诗学盟主地位的几乎皆为当时之大儒，如林罗山、松永尺五、木下顺庵、荻生徂徕、伊藤东涯、新井白石、室鸠巢等。这一时期诗学主要受明、清影响较大，诗风屡变。江户前期承五山旧习，偏于宋调，但渐开新风，多能唐、宋兼宗，甚而出现专尚唐音的“日东李杜”石川丈山；中期诗学极盛，整个诗坛皆主唐音，木下顺庵的木门派和荻生徂徕的萱园派影响最大。萱园派专以明人李攀龙、王世贞的诗学旨趣为尚，一时间，“家有沧溟之集，人抱弇洲之书”①，明代格调派诗学大兴于世。江户后期渐弃李、王之学，而转宗性灵，且出现了以市河宽斋、大窪诗佛为主的宋诗派，亦有专主清诗者，或折中唐宋者，诗学宗尚趋于多样。

第四期，明治以降时代。明治维新以后，随着西洋文化对日本影响的深入，脱亚入欧成为当时最为盛行的思潮，汉文化、汉文学走向衰败，日本国语文学取代了汉文学的地位，成为日本文学的主流。

第二节　江户诗学的分期及儒学影响

江户诗学历时二百六十余年，前后风气迥然，江户诗论家已关注到了这一时期诗风的变化，如雨森芳洲、津阪东阳、江村北海、赖山阳、赤泽一堂、友野霞舟、筱崎小竹、广濑淡窗及晚清学者俞樾等，对于江户诗学之变迁皆有论述，或主“二变三期”，或称“三变四期”，虽在分期上各有不同，但对诗学风气的认识上仍有较多一致处。

江户晚期诗论家友野霞舟《熙朝诗荟序》将江户诗学分为“三变四期”，其称：

（东照大君）尊道礼儒，诞敷文教，首擢用罗山林

① 俞樾：《东瀛诗选序》，载俞樾编《东瀛诗选》上册，曹升之、归青点校，中华书局，2016，第1页。

> 子，以参帷幄。由是经艺之士纷然见于世。延至元禄、享保，作者林立，就中木门、萱社之徒最盛，人人口开天而不舍，羞用唐以后之事。虽持论过高，用典太隘，均不免模拟饾饤之病，动招后人刺讥，然其有功于艺苑，亦不可废也。总而论之，建櫜以后之诗，尚沿五山缁徒之陋习，一变于享保，又一变于宽政，又一变于近今。①

将江户诗学分为四期，第一期，庆长至贞享（1603—1687）八十余年，此一时期为五山诗学之余绪；第二期，元禄至天明（1687—1788）百余年，以元禄、享保为中心，诗学达于极盛，尤以木门、萱园社二派影响最大，唯以开元、天宝为宗，受明代“诗必盛唐”的影响，陷于模拟，流弊滋生；第三期，宽政至天保（1789—1843）四十余年，宽政以后，诗风大变，诗坛对于萱园社及明七子模拟之风颇为厌恶，复以宋诗为倡；第四期，始于弘化（1844—1848）。友野霞舟《熙朝诗荟序》写于弘化四年（1847），他所称“又一变于近今”，故第四期以弘化为起点。

明治以后近、现代学者主张“三变四期”者，多本于友野霞舟，如前川三郎在《德川时代的汉文学》中将江户诗学分为四期，第一期为“草创阶段”，以林罗山等理学家为代表；第二期为“尊唐时期”，以木下顺庵的“木门派”、荻生徂徕及“萱园社”为代表，尊奉“盛唐之音”；第三期为“宗宋时期”，以六如、市河宽斋等为代表，反驳萱园社及明七子之诗弊，倡导宋诗；第四期为

---

① 友野霞舟：《熙朝诗荟序》，载《熙朝诗荟》卷首。

"清诗时期"，以梁川星岩等为代表，接受清代诗学之影响，崇尚清诗。前川三郎与友野霞舟的分期很接近，仅仅在第三、四期的时间分界上略有不同。他们都关注到了江户诗学两个较为重要的时间点，一为元禄，一为宽政，前者为"尊唐"盛行之始，后者为"宗宋"之开端。

俞樾编选《东瀛诗选》四十四卷，收录了江户至明治时代五百四十八位日本汉诗人，五千二百九十七首诗歌作品，是书在日本诗坛影响甚大。俞樾序中论及江户诗学之流变，持"二变三期"说，其称：

> 其始犹沿袭宋季之派，其后物徂徕出，提唱古学，慨然以复古为教。遂使家有沧溟之集，人抱弇洲之书，词藻高翔，风骨严重，几与有明七子并辔齐驱。传之既久，而梁星岩、大窪天民诸君出，则又变而抒写性灵，流连景物，不屑以摹拟为工。而清新俊逸，各擅所长，殊使人读之有愈唱愈高之叹。①

俞樾认为，江户前期"犹沿袭宋季之派"，为五山遗风；江户中叶，荻生徂徕（物徂徕）提倡"古学"，诗宗李、王，以盛唐为尊；江户晚期，梁星岩、大窪天民等反拨李、王，倡导性灵，诗风清新。"三期"与"四期"说相比，前期、中期的论述大体一致，将"四期"说的后二期合并为一，即为俞樾"三期"说。

---

① 俞樾：《东瀛诗选序》，载《东瀛诗选》上册，第1页。

江户诗论家六如、川合春川、津阪东阳、赖山阳、森藤弘庵、广濑淡窗等皆有类似的看法。如筱崎小竹《山阳诗钞序》中称：

> 元和偃武之后，诗风淳朴未开，率学宋而鄙粗。及元禄、享保，而明风大行，其宏丽肥美，有可观者，而诗始盛矣。其流弊模拟缘饰，神骨消亡，而诗乃衰矣。及天明、宽政间，稍觉其可厌，而未得其人，乃竞新争奇，人人自喜。论密而艺疏，说高而语卑，萎苶不振，以至于今日焉。①

与俞樾的分期较接近。但二人对第三期的评价不同，俞樾赏誉晚期诗风"愈唱愈高"，而筱崎氏却斥其"说高而语卑"，"萎苶不振"。江户诗家对中、晚期诗风之变关注甚多，如川合春川《诗学还丹》称："享保诸先生徂徕、南郭之徒提倡明诗，虽诗风大兴，而至近世，好奇特议论，渐陷宋人之陋风。"② 津阪东阳《夜航诗话》云："元享以来，明诗盛行，宋诗则弃如粪土耳。近日专主张宋诗，黄口儿皆趋彼，几令明人无处生活。"③ 其观点也大体一致。

近、现代学者论及江户诗学之流变，也有"三期""四期"

---

① 筱崎小竹：《山阳诗钞序》，载赖山阳《山阳诗钞》卷首，天保四年（1833）刊本。

② 川合春川：《诗学还丹》卷上，安永六年（1777）序刊本。

③ 津阪东阳：《夜航诗话》卷六，收入池田四郎次郎《日本诗话丛书》卷二，凤出版，大正九年（1920），第531—532页。

之说，如佐久节、神田喜一郎、芳贺矢一、富士川英郎等主张将江户诗学分为三期，中村幸彦、次田润、前川三郎、松下忠等持四期说，分期的时间界线各有不同。本书以友野和俞樾的分期为基础，综合各家之说，并详加考察此二百六十余年江户诗学发展的实际，结合当时社会政治、思想、文化背景，将江户诗学分成前、中、晚三期，标示出江户诗学由创立、鼎盛至蜕变的发展过程。晚期情况较为复杂，故亦分为二段，是为“三期四段”。具体如下：

分期		**时长 重要年号**	**起止年代**	**主要代表人物 及其流派**	**主要 诗学宗尚**
前期（创立）	第一阶段 **过渡阶段**	七十七年 元和 宽永 宽文	庆长八年至延宝七年（1603—1679）	**朱子学派**：藤原惺窝、林罗山、石川丈山、松永尺五、那波活所、木下顺庵、林鹅峰、林梅洞、林凤冈 **堀川派（古义学派）**：伊藤仁斋 **性灵派**：元政	宗宋、兼宗唐宋，渐转为宗唐
中期（鼎盛）	第二阶段 **尊唐阶段**	一百零九年 元禄、 享保	延宝八年至天明八年（1680—1788）	**木门派（朱子学派）**：木门十哲（新井白石、室鸠巢、南部南山、祇园南海、雨森芳洲等） **萱园派（古文辞派）**：荻生徂徕、太宰春台、服部南郭、安藤东野、山县周南、高野兰亭等 **堀川派（古义学派）**：伊藤东涯、鸟山芝轩、入江若水	宗唐、尊明，取法格调派

分　期		时长 重要年号	起止年代	主要代表人物 及其流派	主要 诗学宗尚
晚期（蜕变）	第三阶段 **宗宋阶段**	四十一年 宽政 文化	宽政元年至文政十二年（1789—1829）	六如、山本北山、市河宽斋、大窪诗佛、古贺精里等	宗宋，取法性灵派
	第四阶段 **兼取阶段**	三十八年 天保	天保元年至庆应三年（1830—1867）	赖春水、赖山阳、广濑淡窗、梁川星岩、广濑旭庄、大沼枕山等	宗唐、尊清，兼宗各派，集大成

江户前期（1603—1679），共七十七年，为江户诗学的创立时期，亦为“过渡阶段”。从庆长八年至延宝七年，即第一代将军家康至第四代将军家纲执政时期，以元和、宽永、宽文为中心。这一阶段完成了五山诗学向江户诗学的转变，既承五山诗学之余绪，又开江户诗学之新风。代表人物有朱子学派的藤原惺窝、林罗山、石川丈山、松永尺五、那波活所、贝原益轩、木下顺庵等，古义学派的伊藤仁斋，性灵派的元政。江户前期是程朱理学即朱子学最为盛行的时代，重要的诗人、诗论家几乎都是朱子学者。诗学宗尚由宗宋、唐宋兼宗，逐渐转向尊唐。

江户中期（1680—1788），共一百零九年，为江户诗学的鼎盛时期，亦为“尊唐阶段”。从延宝八年至天明八年，即第五代将军纲吉至第十代将军家治执政时期，以元禄、享保时代为中心。这一时期政治稳定，经济繁荣，文化昌盛。儒学、诗学皆发展至巅峰。元禄时期的代表人物有朱子学派木下顺庵的弟子“木门十哲”：新井白石、室鸠巢、雨森芳洲、南部南山、祇园南海等，

“堀川派”（古义学派）的伊藤东涯、鸟山芝轩、入江若水；享保时期的代表人物主要有“萱园派”（古文辞派）的荻生徂徕及其弟子：太宰春台、服部南郭、安藤东野、山县周南、高野兰亭、入江南溟、久野凤洲、松崎观海等。这一时期最具影响力者无疑是“木门派”及“萱园派”，二派哲学主张虽不一样，但诗学上皆宗盛唐之音。比较而言，“木门派”诗宗盛唐，但对明代诗学的推举远不及“萱园派”，其中仅有新井白石、南部南山等受明人影响较明显。“萱园派”则既尊奉唐音，又推举明诗，追随李攀龙、王世贞，表现了明显的“格调派”诗学趣味。

江户晚期（1789—1867），共七十九年，为江户诗学的蜕变时期，又可分为前、后两段。前一阶段从宽政元年至文政十二年（1789—1829），即第十一代将军家齐执政时期，以宽政、文化时代为中心。这一阶段诗学风气发生较大转变，整个诗坛批驳明七子模拟之风，对萱园派的明诗、唐诗鼓吹也十分不满，转而提倡唐、宋清新之诗，甚或独举宋诗，由“格调”转向“性灵”，代表人物有六如、山本北山、市河宽斋、大窪诗佛等。后一阶段从天保元年至庆应三年（1830—1867），共三十八年，即第十一代将军家齐至十五代将军庆喜执政时期，以天保时代为中心。这一阶段多种诗学主张一时出现，或重新倡导唐诗，或折中唐宋，或提倡清诗，还出现了熔铸各家、出以己意的主张。其中较为重要的是提倡清诗和折中各家，代表人物有赖山阳、广濑淡窗、梁川星岩、广濑旭庄、大沼枕山等。梁川星岩选编《清六大家绝句抄》，另还有不少诗家关注到了王渔洋、袁枚、沈德潜、赵翼等清人的诗作，可知清诗已受到日本诗坛的重视。此外，以赖山阳、广濑淡窗等为代表，不拘一格，独抒己怀，倡导“诗无唐宋明清”①，折中诸家，走向融合。

江户诗学受到儒学的极大影响，因而这一时期诗学也被称为儒林诗学。诸派之中朱子学派的势力最大，影响时间最长，可谓贯穿始终。江户前期的藤原惺窝及其弟子，中期的木门派，晚期的宽政“三博士”及赖春水、赖山阳等，皆为朱子学者兼为重要诗论者。其次为“古文辞派”的荻生徂徕及其弟子，在江户中叶影响如日中天。另还有“古义学派”的伊藤仁斋及其弟子等，在诗坛也有着举足轻重的作用。

这些儒者思想倾向和诗学倾向各有不同，为诗坛的繁荣及多样发展提供了良好的契机。如朱子学者重视诗歌的教化功能，强调性情之正，注重光风霁月“风流”人格的养成，欲以诗境证悟道境。在经与诗的关系上，或主张经为本、诗文为从，或经诗兼修。“古文辞派”则认为诗文为经国之大业，主张经诗并重，较大地提升了诗歌的地位。另外，他们虽以宋儒为“腐阔”，但仍重视经书的研习。徂徕称世间诗多“清弱无力，枯槁不丰”，而儒者若直以经语入诗，又平仄不调，拙劣无味，必得“经书之语与诗家之语浑然用之”②。这些观点体现了徂徕对于诗歌艺术性的重视，亦见出欲将儒学与诗学平等视之，令二者妙合无间的用心。“古义学派”哲学上反对程朱理学，仁斋称：“圣人能识天地之一大活物，而不可以理字尽之。”③ 反对将“理”视为宇宙之本源。又称

① 广濑淡窗：《淡窗诗话》下卷，博闻社，明治十六年（1883），第 13 页。
② 荻生徂徕：《徂徕先生诗文国字牍》，浪花书林，享保十三年（1842）写本。
③ 伊藤仁斋：《童子问》卷中第六八章，宝永四年（1707）序刊本。

"心者活物也"[①]，"诗活物也"[②]，故心能感万物，诗必流通变化、千汇万态，要"因情而感通"。"活物论"是仁斋思想的一个关键[③]，以此论诗，体现了对诗歌的独特性、情感性等方面的重视。

第三节　江户前期诗学的趋向及理学色彩

江户前期（1603—1679）为江户诗学的创立期，其重要性自不待言。但是，一方面，这一阶段受五山诗学的强烈影响，似未表现出鲜明的时代新风；另一方面，这是朱子学最盛行的时期，重要诗家几乎皆为朱子学者，他们以治经研史为要务，大多无专门的论诗著作，因而，历来诗论家对这一时期诗学关注较少[④]，给予的评价也较低，且极为简略，或称"尚沿五山缁徒之陋习"，或称"犹沿袭宋季之派"，其他如"诗风淳朴未开，率学宋而鄙粗"[⑤]，"率出于性理之绪余，乏温柔旨"[⑥] 等。总体而言，认为江户前期诗学具有两大特质，一是继承五山诗学的传统，二是宗奉宋诗。这是将江户前期诗学完全视为五山诗学的延续，然实际情

---

① 伊藤仁斋：《童子问》卷下第二四章。

② 伊藤仁斋：《论语古义》卷一，正德二年（1712）刊本。

③ 伊藤东涯在《读诗要领》中称其父仁斋论诗大旨为"诗活物"，此语在《论语古义》中数次称言。

④ 学术界对于江户前期诗学多集中在石川丈山、元政的个案研究上，对藤原惺窝、林罗山、松永尺五、那波活所、林鹅峰、林梅洞等人的诗学关注较少，亦缺乏对这一时期的整体考察。

⑤ 筱崎小竹：《山阳诗钞序》，载赖山阳《山阳诗钞》卷首。

⑥ 江村北海：《日本诗史》卷三，平安书肆刊行，明和八年（1771）刊本。

形并非如此。

江户前期诗学近八十年，上承五山之旧，下启时代之大潮，这一阶段已完成了新与旧的转关，仅以“尚沿五山缁徒之陋习”为评，不足以涵括此间诗学发展、变化的动态过程。考索江户前期诸位诗家的诗学观念，可以梳理出五山诗学向江户诗学演变的轨迹，探明日本诗坛由“宗宋”向“尊唐”转变的发展脉络。

以江户前期各种诗集、文集为依据，参考江村北海《日本诗选》、友野霞舟《熙朝诗荟》、俞樾《东瀛诗选》、松下忠《江户时代的诗风诗论》等选录的诗家名单，可列出江户前期诗家及其著作如下：

人　名	生卒年	流　派	主要诗文著述
藤原惺窝①	1561—1619	朱子学派	《惺窝文集》（林罗山编）、《续惺窝文集》（菅得庵编）、《惺窝先生文集》（藤原为经编）、《文章达德纲领》
菅得庵	1581—1628	朱子学派	
林罗山	1583—1657	朱子学派	《罗山林先生文集》《罗山林先生诗集》
石川丈山	1583—1672	朱子学派	《覆酱集》《新编覆酱集》《新编覆酱续集》《诗法正义》《北山纪闻》（部分疑伪）
堀杏庵	1585—1642	朱子学派	
松永尺五	1592—1657	朱子学派	《尺五先生全集》

① 名字下有画线者为本书专题研究对象。

人　名	生卒年	流　派	主要诗文著述
那波活所	1595—1648	朱子学派	《活所遗稿》
林鹅峰	1618—1680	朱子学派	《鹅峰先生林学士文集》《鹅峰先生林学士诗集》
木下顺庵	1621—1698	朱子学派	《锦里文集》《恭靖先生遗稿》
元政	1623—1668	日莲宗	《草山集》《元元唱和集》
伊藤仁斋	1627—1705	古义学派	《古学先生文集》《古学先生诗集》《童子问》
贝原益轩	1630—1714	朱子学派	《慎思录》《文训》《初学诗法》《损轩诗集》《西归吟稿》
宇都宫遁庵	1633—1707	朱子学派	《遁庵诗集》
林梅洞	1643—1666	朱子学派	《梅洞林先生诗集》《梅洞林先生诗续集》《梅洞林先生文集》
林凤冈	1644—1732	朱子学派	《凤冈林先生全集》

表中列有十五人，主要活动时间在江户前期，并被上述四种参考文献中的二种以上收录，且有个人诗文集及论诗言论，故列入考察范围。这一时期一个显著的特点即是朱子学者兼为诗家占有绝对优势，上述十五人中有十三人为朱子学者，仅有元政为日莲宗僧人，伊藤仁斋为古义学派。因而考察朱子学派的诗学思想是把握江户前期诗学之关键。

上述诸家，学术上多有渊源，几乎皆为藤原惺窝谱系，即京师朱子学派之人物。为便于清楚了解其师承关系，特作藤原惺窝谱系图以说明：

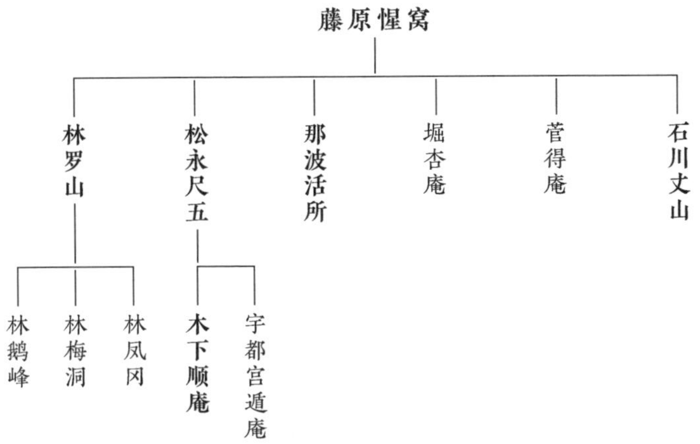

藤原惺窝门下高足有：林罗山、松永尺五、那波活所、堀杏庵、菅得庵、石川丈山，前四位有“藤门四天王”之称。其中林罗山开创了林家朱子学，林鹅峰、林梅洞、林凤冈等出其门。松永尺五筑“讲习堂”，弟子云集，木下顺庵、宇都宫遁庵为其中翘楚。其中木下顺庵开创了“木门派”，日后成为藤原谱系中最重要的一支。石川丈山是惺窝弟子中独以诗名世者，才华倾世，为江户前期最著名的诗人。除了上述诸人，还有三人未进入惺窝谱系，元政、伊藤仁斋和贝原益轩，贝原益轩素被视为海西朱子学之巨擘，在日本儒学史上地位显赫，但其思想较为复杂，晚年对程朱之学颇有疑议，故本书未纳入考察。

本书以江户前期各种刊本、写本为依据，检视朱子学派诗论家的序跋、书信、诗文等具体材料，重点考察九位朱子学者：藤原惺窝、林罗山、松永尺五、那波活所、石川丈山、木下顺庵、林鹅峰、林梅洞、林凤冈的诗学思想①，以期较为全面、准确地把握江户前期诗学思想之要旨，探究五山诗学向江户诗学转变的过程。

江户前期诗学大体而言呈现三种倾向：

其一是藤原惺窝的“宗宋”思想。藤原惺窝仅在江户时代生活了十余年，诗学宗尚基本沿袭了五山传统，尚苏、黄，尊杜诗，表现了明显的“宗宋”倾向。其诗学思想的渊源为宋儒思想，他捃集中国历代诗文评，辑成《文章达德纲领》，引录最多的就是理学家之语，其中朱子言论征引达百余条之多，远远高于其他人，足见惺窝对朱子之重视。

其二是藤原惺窝弟子林罗山、松永尺五、那波活所、堀杏庵、菅得庵，以及林家诸人鹅峰、梅洞等，皆主张“唐宋并尊”。他们生活在元和、宽永至宽文时代，其哲学思想、诗学观念大致相近，一方面继承了惺窝“以经为本”及“宗尚宋诗”的思想；另一方面，开始接触明代诗学观念，对于唐诗表现了较多的认同，大体皆有“唐宋并宗”的倾向。林罗山将韩、柳、欧、苏视为文之至，将李、杜、黄、陈视为诗之至。② 松永尺五文章大段征引、化用严羽《沧浪诗话》和高棅《唐诗品汇序》的内容③，此二书是提倡“诗宗盛唐”的典范之作，可知尺五已接触并一定程度接受了“尊唐”诗学观念。尺五“唐宋并尊”的言论较多，其称：“惟至

① 其他三位朱子学者：菅得庵、堀杏庵、宇都宫遁庵因论诗言论过少，未作专题研究。又，林凤冈按其生卒，晚年已至江户中叶，但其诗学思想更多继承了林家传统，与罗山、鹅峰颇为接近，故放在江户前期进行考察。

② 详见林罗山：《罗山林先生文集》卷六六《随笔》，宽文元年（1661）序刊本。

③ 详见松永尺五：《覆酱集序》，载石川丈山《新编覆酱集》卷首，延宝三年（1675）刊本。

唐声律大备，文质彬彬，得风人之体。”又云：“宋兴以降，文明之祥臻，雅颂之风又起，礼乐追还三代，诗赋颉颃汉唐。”① 将唐、宋视为风、雅之正传，兼取唐、宋之意甚明。那波活所也有相似的主张，江村北海《日本诗史》中更将活所视为最早接受明七子者。林家诸人鹅峰、梅洞、凤冈等，继承了罗山诗学，主张兼取唐、宋，某种程度而言，对唐诗甚至表现出了更为浓厚的兴趣。

“唐宋并尊”是江户前期诗学之主流，当时诗家几乎都既尊奉唐诗之高妙，亦推举宋诗之奇崛，或称扬李、杜之尊显，或赏誉苏、黄之特出，甚少门户之见。对于唐诗也较少分初、盛、中、晚，表现出了颇为包容的诗学观念。但另一方面，其观念也较为驳杂、含混。究其实，根源于其诗学思想既留存有宋代诗学，乃至宋儒的影响，又开始为明人观念所浸染；既背负了五山传统，又欲开出新的路径，故而显得习而未化、包而未融。“唐宋并尊”的思想比较典型地体现了江户前期诗学承上启下的过渡性特点。

其三是被誉为“日东李杜”的石川丈山“首倡唐诗”，创作上呈现出重情韵、兴味的唐诗风貌。石川丈山在“宗宋”或“唐宋并尊”的诗学潮流中，独以“尊唐”面目示人，令江户诗风为之一新。丈山“尊唐”最突出的表现是在创作上，他一扫诗坛好用典、喜议论的旧习，脱去宋调，渐趋唐风。林罗山评丈山诗：“公（丈山）之出言，与唐体交书，而人难辨其异同。”② 鹅峰称

① 松永尺五：《覆酱集序》，载石川丈山《新编覆酱集》卷首。
② 野间三竹：《覆酱续集序》，载石川丈山《新编覆酱续集》卷首，延宝三年（1675）刊本。

其“专效唐诗”①。丈山还屡屡指斥时人不读李杜、不知唐、不学唐之弊②，提出“甘盛唐之遗味，漱浣花之余流”③，以救“好奇”“险怪”的诗病。石川丈山“尊唐”的倡导在当时并未形成风气，但为诗坛带来了新声，也为江户中叶的宗尚唐诗开了先路，标示着江户诗学即将脱离五山诗学之藩篱，走向独立。

江户前期虽有“宗宋”“唐宋并尊”及“尊唐”三种诗学倾向，但与一般各派间门户森严，甚或相互诋讦颇有不同。主张这三派的诗家都是藤原惺窝谱系中人，罗山、尺五、活所等与丈山相交甚笃，诗学上虽有所不同，但常常互相切磋、彼此包容、相互影响。不同思想观念间的相激相荡，形成一种合力，共同推动了诗学风气由“宗宋”向“尊唐”的转移。

这一时期诗学总体而言，表现了浓厚的政教色彩。在经学与文学的关系上，其基本立场是以经为主，诗文为从。藤原惺窝引朱子语“道者文之根本，文者道之枝叶，惟其根本乎道，所以发之于文皆道也”④，作为论诗论文之纲领。林罗山亦称：“有道有文，无道无文。”“道也者文之本也，文也者道之末也。”⑤ 鹅峰云：“圣经者本，文艺者末也。”⑥“我于经史，犹鱼与熊掌，而诗赋文章其次也。”⑦ 梅洞亦称“诗者学之余也”⑧ 等。这一类言论几乎在每个

---

① 林鹅峰：《覆酱集总序》，载石川丈山《新编覆酱集》卷首。
② 详见石川丈山：《新编覆酱续集》卷一四《答武杏仙》。
③ 石川丈山：《新编覆酱续集》卷一五《答野静轩》。
④ 藤原惺窝：《文章达德纲领》卷三《瑕疵》，引朱熹语，文化七年（1810）刊本。
⑤ 林罗山：《罗山林先生文集》卷六六《随笔二》。
⑥ 林鹅峰：《鹅峰先生林学士文集》卷一一七《广广文选》。
⑦ 林鹅峰：《鹅峰先生林学士文集》卷二九《再寄卜幽》。
⑧ 林梅洞：《梅洞林先生诗集》卷九《苟得即笔》。

朱子学者的文集中都能找到。但是，另一方面，随着文运之勃兴，对诗文的重视也愈加突出。松永尺五“讲习堂”教授弟子，实际是经诗并重，“入尺五堂，翱翔六经之芳苑，溯洄诸家之诗流”①，“晨师邹鲁濂洛关闽之圣贤，昏友汉魏唐宋元明之豪杰”②。鹅峰教授忍冈弟子也同样是经诗并重，甚至被称为经诗兼修之先驱③。

值得注意的是，这一时期的朱子学派诗论家皆深为服膺周敦颐、邵雍、朱子、二程、许衡、薛瑄等的人格与学说，多用理学家的眼光来评诗、解诗。惺窝引薛瑄语评杜诗：“少陵诗‘寂寂春将晚，欣欣物自私’，可以形容物各付物之气象。少陵诗曰‘水流心不竞，云在意俱迟’，从容自在，可以形容有道者之气。”④ 这是一种超越诗文技法的理学式批评。透过诗境，探寻造化之理。从自然万象中，洞见精妙幽微之“道”。这种批评模式，在江户前期广为盛行。惺窝的“天真”说，罗山的“风月”与“风流”说，鹅峰的“儒者之诗”高于“诗人之诗”，从陶诗“木欣欣”句中感“元气之周流”，活所以“慎独”之“独”解析千古诗文，无一不是用理学的思维和义理进行文学批评，从而赋予了江户前期诗学浓郁的理学色彩。

---

① 松永尺五：《尺五先生全集》卷二《庆安三年三月五日依泷川玄育秀才佳招游洛东丰国》。

② 泷川昌乐：《尺五堂昌三恭俭先生全集序》，载松永尺五《尺五先生全集》卷首。

③ 参看松下忠：《江户时代的诗风诗论——兼论明清三大诗论及其影响》，范建明译，学苑出版社，2008，第237页。

④ 藤原惺窝：《文章达德纲领》卷六《诸家》。

第三章　藤原惺窝

藤原惺窝（1561—1619），名肃，字敛夫，号惺窝、北肉山人、柴立子、广胖窝等，播磨（今兵库县）人，为日本和歌名门冷泉家之后裔。幼颖悟非常，人称神童。少时于京都相国寺削发入释，名蕣，号妙寿院。“虽读佛书，志在儒学”①，遂蓄发归儒。广泛阅读性理之书，文禄二年（1593），为德川家康讲《贞观政要》。后欲航海求学于中国，遇飓风，终未如愿。《行状》载此事：

> 思当世无善师，而忽奋发欲入大明国，直到筑阳泛溟渤，逢风涛漂着鬼海岛。先生常慕中华之风，欲见其文物，虽然，其盛志不遂而归。先生以为“圣人无常师，吾求之六经足矣”。②

① 林罗山：《惺窝先生行状》，载藤原惺窝《惺窝先生文集》卷首，享保二年（1717）刊本。

② 林罗山：《惺窝先生行状》，载藤原惺窝《惺窝先生文集》卷首。

对于中华学术之热忱可见一斑，惜未能遂志。此后以程朱为师，专奉洛、闽之学，以兴起圣道自任。朝鲜刑部员外郎姜沆见惺窝，称“朝鲜国三百年以来有如此人，吾未之闻也。吾不幸虽落于日本，而遇斯人，不亦大幸乎?”① 惺窝将“四书五经”及性理之书，加以训点、注释，使日人能读理学著作。后隐居京都，授徒讲经，声誉极隆，门生众多，公卿侯伯大多自执弟子之礼，程朱之学遂得以盛行。藤原惺窝成为日本近世儒学史上的开山人物。

林罗山称道惺窝之功业云：“昔仲尼没千有余年，周茂叔独接不传之统，道不在兹乎？若先生则是欤？是又我朝之景运，天下文明、五星聚奎之际欤？不亦盛乎?”② 荻生徂徕《与都三近》评价藤原惺窝在日本文化史上不朽之地位，其称：

> 昔在邃古，吾东方之国，泯泯乎罔知觉。有王仁氏，而后民始识字；有黄备氏，而后经艺始传；有菅原氏，而后文史可诵；有惺窝氏，而后人人言则称天语圣。斯四君子者，虽世尸祝乎学宫可也。③

这一段话在原念斋《先哲丛谈》、黄宗羲《日本国志》、朱谦之《日本的朱子学》等著作中皆被引用，可知得到普遍的认同。王仁将汉字、《论语》传入日本；黄备即吉备真备，为创立片假名做出卓越贡献；菅原道真为日本“文学之神”，使日人学会吟诗作

---

① 林罗山：《惺窝先生行状》，载藤原惺窝《惺窝先生文集》卷首。
② 林罗山：《惺窝先生行状》，载藤原惺窝《惺窝先生文集》卷首。
③ 荻生徂徕：《徂徕集》卷二七《与都三近》，南纪书林、浪华书林刊行，宽政三年（1791）刊本。

文；藤原惺窝则令圣贤之学遍布日本。徂徕认为这四人可享受万世之祭礼，惺窝地位之崇高于此可见。惺窝对于儒学最大的贡献，一是将中世以来附庸于禅学的儒学独立出来，打破“儒佛一体”的模式，使儒学成为独立、完备的学术体系；另一方面，将占据主导地位的汉唐注疏之学，变为宋儒义理之学，迎来了儒学发展的全新气象。

藤原惺窝作为一代儒宗，亦兼习诗文，其思想对江户汉文学发生了重要影响。友野霞舟选编日人汉诗，辑成《熙朝诗荟》一百一十卷，列惺窝为江户诗人之首，其称：“录其诗以冠诸编，以示国家文明之运所由兴矣。”① 正是体察到惺窝对于日本近世思想、文化乃至文学所发生的重要作用。惺窝无专门论诗论文的著作，其诗文集有林罗山编辑的《惺窝文集》五卷、菅玄同编《续惺窝文集》三卷以及藤原为经编《惺窝先生文集》十五卷，藤原为经编辑的《惺窝先生文集》，以《惺窝文集》《续惺窝文集》为依据，取惺窝手笔遗稿订讹补阙、检校而成，颇为精严。卷首有庆安四年（1651）后光明帝所作《御制惺窝先生文集序》，“御制赐序，实希世之宠也”②。此外，藤原惺窝还捃集中国历代诗文评，撰成《文章达德纲领》六卷，亦能体现其诗文观念。今以藤原为经所编《惺窝先生文集》及惺窝《文章达德纲领》等为主要材料，考察其诗学思想及对当时、后世文坛之影响。

藤原惺窝的生平资料较为丰富，《本朝儒宗传》《先哲丛谈》

---

① 友野霞舟：《熙朝诗荟》卷四，弘化四年（1847）序刊本。

② 藤原为经：《重修惺窝先生文集跋》，载藤原惺窝《惺窝先生文集》卷首。其云：“御制赐序，实希世之宠也。在昔菅家三世文集，延喜皇帝赐诗褒称，其它大家巨笔，虽不乏其人，而圣言冠首，吾未之闻也。”

《近世丛语》《先哲像传》《近世大儒列传》《古今诸家人物志》《儒林姓名录》《学问源流》《汉学纪源》《斯文源流》《明良洪范》《举白集》《茅窗漫录》《梅村载笔》《日本诗史》《锦诗》等书俱载其传记，可作参考。

第一节　藤原惺窝的理学思想

藤原惺窝尊奉程朱理学，将“理”视为宇宙、人生最本质的存在。他处处本于程朱之说，如《五事之难》论“天道”“性”“理”：

> 夫天道者理也，此理在天，未赋于物曰“天道”，此理具于人心，未应于事曰“性”，性亦理也。盖仁义礼智之性与夫元亨利贞之天道，异名而其实一也。凡人顺理，则天道在其中，而天人如一者也；徇欲则人欲胜其德，而天是天，人是人也。①

天道即理，故“理”具有绝对性，在弟子林罗山的《惺窝答问》中惺窝多次阐释此意：

> 先生曰：“理之在也，如天之无不帱，似地之无不

① 藤原惺窝：《惺窝先生文集》卷九《五事之难》。

载。此邦亦然，朝鲜亦然，安南亦然，中国亦然，东海之东，西海之西，此言合，此理同也。南、北亦若然。是岂非至公、至大、至正、至明哉？若有私之者，我不信也。”①

“理”至公、至大、至正、至明，天地之间，不分东、西、南、北，皆同此“理”。因而，“格物”“穷理”成为儒者最重要的修养方法和目标：

道春昔尝问格物之义，惺窝先生答曰：“程朱谓之穷理，由是言之，天地所以为天地者何？上而积气者天也，下而厚形者地也。水火所以为水火者何？虽千万里之外内有炎上者，虽不名火而必火也，虽千万年之前后有润下者，虽不称水，而必水也。寒暑昼夜亦然，虽一草一木、微禽昆虫亦各有其理，而况人乎？就人身言之，目曰视曰明，耳曰听曰聪，口曰言曰恭，心曰思曰睿。故曰：‘人者，天地之灵、五行之秀也。’此心此理，豁然贯通，谓之格物。曰物，事也，有物则有事。而唯言事则虚，言物则实。父子、君臣皆物也，有亲有义者事也，所以然者，理也。推其类以致于蕴奥者，穷此心之量，所谓格物。”②

---

① 林罗山：《罗山林先生文集》卷三二《惺窝答问》，宽文元年（1661）序刊本。
② 林罗山：《罗山林先生文集》卷三二《惺窝答问》。

这些皆是遵循程朱理学。其他还论及“诚”“敬”“明德”“五常”“大学”等，无不本于朱子。

学术之外，惺窝在日常活动中处处实践、运用程朱思想。文禄二年（1593）惺窝谒德川家康，受到家康礼遇，旅居间作《四景我有解》（卷七），较为典型地体现了惺窝的思想观念，其云：

> 何地无山，山之无色者，意之懒也；何地无水，水之不清者，心之忙也。所谓“意懒山无色，心忙水不清”，古人云我亦云……尝闻佳山水者，触发道机。仲尼之登泰山，在川上，有所以哉！文禄癸巳蒙八州牧伯源君亚相之佳招，而游武之江城而逾年矣。旅寓环堵之室中，书“我有”之二大字而扁之。
>
> 有客笑曰：“子之萧然之行李，未有尺地，未有小屋，未有一物，何以为‘我有’哉？”
>
> 予曰：“甚哉，汝之拘矣；陋哉，汝之隘矣。‘我有’一字，不假工巧，不费修补。汝却不知哉。圆颅于上，是我栋宇也；方趾于下，是我基址也。载我佚我，到处有我屋，不可言无矣。我屋之所在者，乃我地也，不可言无矣。瞻前忽后者，皆我尤物也，悉我珍具也，不可言无矣……万象者，屋里之有也，不可与人。①

这是惺窝在广泛阅览理学著作之后建立的新的世界观。充分肯定

① 藤原惺窝：《惺窝先生文集》卷七《四景我有解》。

"我"及"有"的价值，此"我"不仅仅是五尺之躯的肉身，而是"万物皆备于我"的"我"，"客"只知物为物，我为我，以物、我为对立，惺窝却以"圆颅于上，是我栋宇也；方趾于下，是我基址也。载我佚我，到处有我屋"，又称"万象者，屋里之有也"。"我屋"即"我心"。无处不是"我屋"，无物不容于"我屋"。惺窝进一步阐析"我有"之意：

> 客曰："吁，子之言者，扬子之'为我'也，君子者不可称矣。"曰："然也，众人者，屋里之人也，可以与之。"客曰："子之言者，墨子之'兼爱'也，君子者不可语矣。"曰："然也。""然则何如？"曰："物皆有主，岂无主也耶？欲自有不可得，欲与人亦不可得。物皆有主，属主而已……
>
> 恍然自适，则非四景而已，非八州而已，非六十州而已。四极八纮游览之美，举在一身。天下之山色，不入而目染；天下之水清，不洗而耳濡；天下之至理，不思而心得。心广体胖，而初是为人而已。斯游乐哉！地其不广乎？屋其不大乎？物其不备乎？斯游不亦悦乎？不亦乐乎？实威武不能屈，富贵不能夺，贫贱不能移，意必固我既绝之后，优哉游哉！"①

此"我有"不是杨子之"为我"，也不是墨子之"兼爱"，而

---

① 藤原惺窝：《惺窝先生文集》卷七《四景我有解》。

近于张载《西铭》“天地之塞吾其体，天地之帅吾其性”[①] 之意，实本于宋儒“理一分殊”的思想。惺窝称：“学问之道，分别义理，以理一分殊为本。”若执于“理一”，则流于墨子“兼爱”一端；执于“分殊”，又落于杨子“为我”之弊，必以“理一分殊”为宗，才能无弊。[②] 心蕴天理，心知物理，一旦豁然贯通，则自然万象，无不包举于心内。由此，四极之游举在一身，“天下之山色，不入而目染；天下之水清，不洗而耳濡；天下之至理，不思而心得”。心之屋何其大，躯之地何其广。“于是乎室有空虚，心有天游，纳隅河于瓢中，挟筑山于诗中”，“诗兴乎彼”。[③] 若能“穷理”“明道”，恍然自适，则德自备，心常乐，诗能兴。

因而，“我有”之本质是我有“此心”。如朱子所言：“人只是此一心……以至千载之前，千载之后，与天地相为终始，只此一心。”[④] 学术界多称程朱主张“性即理”，陆王主张“心即理”，这是就其大概而言，事实上，“朱子未尝外心言性，亦未尝外心言理”。[⑤] 朱子云：“心与理一，不是理在前面为一物，理便在心之中。”[⑥]“此心虚明，万理具足，外面理会得者，即里面本来有底，

---

① 张载：《张子全书》卷一《西铭》，文渊阁《四库全书》本。

② 程颐《答杨时论西铭书》：“《西铭》明理一而分殊，墨氏则二本而无分。分殊之蔽，私胜而失仁；无分之罪，兼爱而无义。”（《河南程氏文集》卷九，载程颢、程颐《二程集》上，王孝鱼点校，中华书局，2004，第609页。）按：惺窝与“客”问答，即以“分殊”矫墨子的“兼爱”，以“理一”济杨子之“为我”。

③ 藤原惺窝：《惺窝先生文集》卷七《四景我有解》。

④ 黎靖德编《朱子语类》卷一三《学七》，王星贤点校，中华书局，1986，第225页。

⑤ 钱穆：《朱子心学略》，载钱穆《中国学术思想史论丛》第5册，东大图书有限公司，1978，第131页。

⑥ 黎靖德编《朱子语类》卷五《性理二》，第85页。

只要自大本而推之达道耳。”[①] 可知朱子与陆王亦有同处，也正因此，惺窝虽以程朱为宗，但并不排斥陆王。这是惺窝理学思想的特别处。

《答林秀才》一文较为充分地体现了他这一倾向，其称：

> 如朱夫子者，继往圣开来学，得道统之传者也。后生区区，置异论哉！如陆文安者，有信而最学之者，有疑而未决之者，有排而斥之者。信者排者，置不论焉。以其疑者言之，在同时者，张敬夫、吕伯恭，于紫阳为丈人行，而共发挥我道为己任者也，然亦以文安不为全非；在有元者，北有许文正，南有吴文清，又共发挥我道为己任，如文清，亦于朱陆左之右之，未偏执；在皇明者，儒门一代巨擘，皆有冤陆之疑，故余亦疑其所疑而已，非信而学。唯见罗整庵、霍渭厓、陈清澜等，党同伐异，排陆之诸编，未见金谿家乘、文集、语录、年谱，及门人故旧之手录，故曰非敢信者，疑而未决者。[②]

惺窝梳理了自宋、元以迄明以来对待陆学的三种态度，“有信而最学之者，有疑而未决之者，有排而斥之者”，惺窝特举第二种“疑而未决者”，以为未偏执，最可取。对排陆者，惺窝以为“党同伐异”，颇不足观。又论及朱、陆之同，是为可以兼取的前提，其云：

---

① 黎靖德编《朱子语类》卷一一四《朱子十一》，第 2763 页。
② 藤原惺窝：《惺窝先生文集》卷一〇《答林秀才》。

余姑以疑者论之，则盐梅相济、瑕瑜不掩，亦复有此理。微、箕、比干、周武、伯夷所为，各如不同，而所欲亦如不异。故仲尼兼称并取，不偏废。眷夫风雩日省，父子异气象，异中有同。故元气周流之先圣，与其志，传其道。座春、门雪之伯叔，异天资，异中有同。故光风霁月之先生，授其图，接其统。同气尚然，况他人哉？

由是推之。紫阳质笃实而好邃密，后学不免有支离之弊；金谿质高明而好简易，后学不免有怪诞之弊，是为异者也。人见其异，不见其同。同者何哉？同是尧舜，同非桀纣，同尊孔孟，同排释老，同天理为公，同人欲为私。然则如何？学者各以心正之，以身体之，优柔餍饫，圆机流转，一旦豁然贯通，则同欤异欤，非见闻之智，而必自知然后已矣。尝闻有因周、程、张、朱之言，讥谤韩子者。敬轩薛氏论曰："在周、程、张、朱诚可也，在他人不免不识己量之罪。"至哉昌言！余所惧又在兹矣。①

孔子兼取众善而成其大，程朱之学内部亦有同有异，实不必强求一致。至于朱、陆等派，"同是尧舜，同非桀纣，同尊孔孟，同排释老，同天理为公，同人欲为私"，实可兼取，以心正之，以身体之，才能圆机流转，豁然贯通。所谓"同"与"异"，不能仅以"见闻之智"，徒做知识上的分辨，而要身体力行。这些见解显示了惺窝豁达、通脱的襟怀。在《惺窝答问》中，调和朱、陆之意

① 藤原惺窝：《惺窝先生文集》卷一〇《答林秀才》。

更明。其称：“圣贤千言万语，只要人理会得，故所示不同，所入即一也。且古人各自有入头处，如周子之主静，程子之持敬，朱子之穷理，象山之易简，白沙之静圆，阳明之良知，其言似异，而入处不别。”① 指出宋儒皆具异中之同，“言似异，而入处不别”，超越表相之异，直指本质之同。《惺窝答问》中处处有对宋儒之博取，亦有对心学之修正，如：

（罗山）问：“阳明谓见鸟兽草木之哀鸣折伤而悯惜之，是仁与鸟兽草木为一体。”（惺窝）先生曰：“以格物之眼见之，则万物皆莫不然，却不待其哀鸣折伤也。”因示庭前之松竹，而谓余曰：“便是如是看，如是好。”

（惺窝）先生曰：“阳明出而后皇明之学大乱矣，必又有可畏之君子者出焉而一之。”惺窝批曰：“非以阳明为乱，以天下学者为乱。”②

其见解通透如此。事实上，惺窝并不掩饰对陆、王的欣赏。其云：“陆文安公天资高明，措辞浑浩洒落，自得之妙亦不可掩焉。”③ 又称“阳明诗洒落可爱”④。“洒落”实是惺窝追求的一种生命境界，其称：“平生举言‘洒落’之二字。”⑤ 又云：“诚敬之工夫，彻上彻下，洒落在其中欤！”⑥ 由“诚敬”做工夫，其中亦

① 林罗山：《罗山林先生文集》卷三二《惺窝问答》。
② 林罗山：《罗山林先生文集》卷三二《惺窝答问》。
③ 藤原惺窝：《惺窝先生文集》卷一二《与林道春》。
④ 藤原惺窝：《惺窝先生文集》卷一一《与林道春》。
⑤ 藤原惺窝：《惺窝先生文集》卷一一《与林道春》。
⑥ 藤原惺窝：《惺窝先生文集》卷一一《与林道春》。

有“洒落”的风采[1]。

宋人喜以“洒落”形容道者气象。朱熹《延平答问》云：

> 尝爱黄鲁直作《濂溪诗序》云：“舂陵周茂叔，人品甚高，胸中洒落，如光风霁月。”此句形容有道者气象绝佳。胸中洒落，即作为尽洒落矣。学者至此虽甚远，亦不可不常存此体段在胸中，庶几遇事廓然，于道理方少进，愿更存养如此。[2]

“洒落”是胸中所有，行为所现，是存养而成。惺窝好言“洒落”当亦受此书影响。惺窝甚为重视《延平答问》，其云：“《延平遗录》二册读了，幸幸！非足下之幸，而余之幸也，然非余之幸而已，阖国之幸也，万人之幸，万世之幸也！盖足下体认涵濡，以至洒落也。”[3]“体认涵濡”为修养的方法，“洒落”为体证之后的风光。这里极言《延平答问》的重要价值。何以如此？惺窝实将此书视为朱子传授弟子修习之法要[4]，也就是说，惺窝极为重视

---

① 蔡仁厚认为，理学家之“洒落”，“亦不是从风貌意态上看，而是从心体上说。平常所谓任放、流荡，固然不是洒落，而潇洒、飘逸，亦仍然不是洒落。凡是气质上的清新俊逸，丰神绝俗，超出尘表，全都不是阳明所谓洒落。唯有心体莹澈，天理常存，物来顺应，不累于欲，随时随事皆自得，从心所欲不逾矩；如此，乃能谓之洒落。”详见蔡仁厚：《敬畏与洒落》，载《王阳明哲学》，三民书局，1974，第208页。

② 朱熹：《延平答问》，文渊阁《四库全书》本。

③ 藤原惺窝：《惺窝先生文集》卷一一《与林道春》。

④ 惺窝对罗山云：“《延平问答》尝染指否？紫阳师弟授受所自来，学者不可不读焉。有其书乎？若无之，则借余之所有而已。”见《惺窝先生文集》卷一一《与林道春》。

儒者的修炼方法、实践工夫，以及呈现出来的生命境界。基于此，他在一定程度超越了朱、陆的义理之辨[①]，而对宋明儒者“光风霁月”“胸次洒落”“生意自得”的气象表现了一致的倾慕。这其中实亦蕴含着一种独特的审美趣味，这种理学美学趣味深刻地影响了惺窝弟子及其后学[②]，成为朱子学派的诗学思想的基调。

第二节　理学诗学之创立

江村北海《日本诗史》评藤原惺窝：“以斯文自任，人惮其端严，而亦能风雅，不废文字之业。”[③] 颇为接近事实。藤原惺窝作为伟大的思想家，以经为本、以道为本必然是其根本立场。但是，惺窝仍对诗文给予了足够的重视，他亲自编选中国历代诗文，辑成《文章达德录》一百卷，以垂范后世。又颇喜陶、杜、白等诗人诗作，屡有赞词，还称誉《古文珠玑》：“篇篇璨璨，炳耀圭荜。珠玑非珠玑，而古文之为珠玑，真珠玑也。”[④] 皆可见对于诗文的热情。但惺窝不甚留意诗文技法，也几乎不从文学的角度来评价作品，他在诗学方面最大的贡献是用理学思想及思维方式品评诗

---

① 林罗山尝问惺窝“理气之辨”，惺窝曰：“设使宋元之名儒在于今日之座，不若书之所记精而详也，我之所言者，如汝之所见。”（林罗山《惺窝答问》，载《罗山林先生文集》卷三二）这一类的记载在《惺窝答问》中有好几处，可知惺窝并不热衷于纯粹义理的空谈。

② 惺窝弟子在理学美学趣味上传承其师较多，但“朱陆之辨”上，大多严守朱子，这一点与惺窝不同。

③ 江村北海：《日本诗史》卷三“藤原惺窝”条，平安书肆刊行，明和八年（1771）刊本。

④ 藤原惺窝：《惺窝先生文集》卷一二《与林道春》。

歌，树立新的诗学典范和理想境界，这对于江户前期的诗坛影响极大。

一 “濂洛风雅”及陶渊明的典范意义

宋、元之际理学家金履祥编辑《濂洛风雅》六卷，选编宋代四十八位理学诗人之韵文，称其“濂洛诗派”。这一以周敦颐为开山、以朱熹为中心的理学正传，既创立了一种哲学体系，实也构建了一种独特的美学范式，即“濂洛风雅”。①

藤原惺窝及其弟子不仅开创了近世日本之理学，建立了日本程朱理学的思想体系，同时，也将“濂洛风雅”的美学精神、诗意境界在日本发扬光大，构建起一种新的审美范式，即“理学诗学”。

藤原惺窝在《庭草交翠问答》中与林罗山就“庭草交翠”“木欣欣以向荣”诸语有以下对话，较能体现“濂洛风雅”之内涵：

> （罗山）问曰：“周茂叔窗前草不除，曰：‘与自家意思一般。’与渊明所谓‘木欣欣以向荣’有异同乎?”（惺窝）答曰：“天地生物之意，生生不息之妙，亦是仁也。茂叔体此仁者也，故察萌动、见青青，而造化之妙，协我心，故庭草不扫。若夫渊明之见解，虽未浴光霁，

① 参见王利民：《濂洛风雅论》，《文学遗产》2006年第2期。

殆仿佛乎。至其工夫，盖渊明之所不及乎。”[①]

上述品评，既是一种哲学思考，亦是一种审美体验。周敦颐从“窗草”中体察到天地生生之仁，觉知造化之妙，浑然与物同体，故称“与自家意思一般”，这是“将一己的生命与宇宙自然生生不息的天机打成一片”[②]。渊明“欣欣以向荣”则是诗人以诗性直觉创造的审美境界，而此境界应和着天地之精神，近于道，与道仿佛，然渊明并未以明道为旨归，故称其工夫不及茂叔。

“濂洛风雅”最为重要的一点即是将心的修证，“落实到眼前当下春光明媚与流水清远间的诗意吟咏”[③]。在静观万物、风月清和中，体验道通天地的乐趣，在物物自在、生意盎然中，洞见天机。因而，内向的证道体验与宇宙的活泼生机融合无间，此时悟道与审美合二为一，哲学理性与诗学感象相互生成。孔子的“吾与点也”，周子的“庭草不除”“光风霁月”，程子的“吟风弄月”“傍花随柳”，都是将哲学境界、生命体验转化为诗学境界。这是理学对于诗学一大贡献。

藤原惺窝及其弟子也常以此“风雅”立身行世，作诗评诗。他的一些诗歌将抒情、言志、明理、写景融为一体，具冲和、明静之美。以下几首诗，即有“濂洛风雅”的意味：

---

① 林罗山：《罗山林先生文集》卷三二《庭草交翠问答》。

② 顾易生、蒋凡、刘明今：《宋金元文学批评史》下册，上海古籍出版社，1996，第761页。

③ 韩经太：《性情与心性：宋型文化语境中的诗学自觉》，载《中国审美文化焦点问题研究》，人民文学出版社，2015，第406页。

和风吹万物，物自不曾知。是故有生意，三春贯四时。①

藉甚京师百万家，新年景象竞豪奢。自今春服言吾志，六七人童处处花。②

独乐园中是汝家，从来何用事骄奢。春情蔼蔼皆诗料，月上栏干移影花。③

“自今春服言吾志”用“吾与点也”之典，这是理学家最为喜爱的文化场景之一。“和风”“春情”“春服”，“新年”“生意”“影花”，以理学之眼观照自然物色，万物皆散发着和平、温润的气息，在春日风物中感受天地之蔼蔼和气。这里的“春”，实成为具有象征化、符号化意义的物象，是“仁”的感性呈现，也是理学家“如春阳之温”的人格显现。朱熹称：“春时尽是温厚之气，仁便是这般气象。”④“惟春气温厚，乃见天地生物之心。”⑤ 惺窝及其弟子们好写春景，好言春意、春风，写出天地之中的一派活泼生机，皆具此意。

藤原惺窝品评诗文也多具浓郁的理学意味。他评《本朝文粹》多“气象温厚”之作⑥，评王阳明诗“洒落可爱”，皆以体道为本位。特别值得关注的是，惺窝对于陶渊明及其诗歌的标举，完全

---

① 藤原惺窝：《惺窝先生文集》卷一《和风堂》。
② 藤原惺窝：《惺窝先生文集》卷四《文禄丙申次焉耳再叠韵三首》其一。
③ 藤原惺窝：《惺窝先生文集》卷四《文禄丙申次焉耳再叠韵三首》其三。
④ 黎靖德编《朱子语类》卷六《性理三》，第112页。
⑤ 黎靖德编《朱子语类》卷二〇《论语二》，第467页。
⑥ 林罗山：《罗山林先生文集》卷三二《惺窝答问》。

继承了宋儒传统，陶渊明实为惺窝以理学思想建立的诗意人格之典范。

藤原惺窝对陶渊明十分倾慕，《行状》中记载：

> 先生常慕彭泽之为人也。故古画彭泽小影，往往题赞焉。一旦，见林兆恩《桃源寓言》，有云武陵人捕鱼为业者，谓心之活泼，如鱼之悠然自乐也。山有小口，豁然开朗者，谓方寸地虽狭，而心本广大也。避秦时乱者，谓离俗尘也。后遂无问津者，谓心学之不明于后世，不行于天下也。先生读之至此微笑曰："此所谓陶渊明有志于我道也。"①

惺窝为陶渊明所作诗文有十余篇，数目遥遥领先其他诗人甚至理学家，如《题渊明画轴并诗》《题三笑图》《题归去来兮图》《渊明栗里画轴涂抹以还之道圆盖因嗜好可知其人云》等，其中最多的是为归去来兮图题诗。宋儒慕陶、效陶、和陶，蔚为风气，惺窝及朱子学派多沿袭此风。上文引述了林兆恩《桃源寓言》中的一段话，林兆恩为明嘉靖时人，创立三一教，倡导儒、道、释"其教虽三，其道则一"。林氏解陶，实过于穿凿附会，句句皆作引申，惺窝读来不免一笑，当亦有所保留。但是，惺窝确实也是将陶渊明视为"体道""近道"之人，而非普通诗人对待。如以下几首题归去来兮图，可以看出惺窝解读的角度：

---

① 林罗山：《惺窝先生行状》，载藤原惺窝《惺窝先生文集》卷首。

《题归去来兮图三首》

陶写胸中妙，画成目下诗。葛巾并竹杖，天地一吟髭。

窗下自羲上，简中无宋年。孤松并五柳，别置一山川。

寻壑亦经丘，委心任去留。此中松菊趣，乐只与天游。①

《归去来兮图》

僮迎稚候指舟轻，泉始涓涓木向荣。归去来兮心入画，渊明身后复渊明。②

《题归去来兮图》

乞食有诗尊，储饼无粟存。漉酒巾中容宇宙，没弦琴上易寒暄。③

《归去来兮》是江户前期最受欢迎的古诗，惺窝为归去来兮图所作的诗歌大多化用陶诗的典故，以“松菊”“丘壑”“舟轻”“五柳”“泉涓涓”“木向荣”等意象，营造朴茂、宁静、冲淡、闲远的田园乐境，而以“葛巾并竹杖，天地一吟髭”，“委心任去留”，“乐只与天游”等语刻画陶潜，实将其视为以身践道者，其高情远识、冲粹温厚的风仪，抱朴含真的修为，堪称千古一人。故惺窝《赞归去来兮图》中盛誉其才德：

① 藤原惺窝：《惺窝先生文集》卷一《题归去来兮图三首》。
② 藤原惺窝：《惺窝先生文集》卷五《归去来兮图》。
③ 藤原惺窝：《惺窝先生文集》卷六《题归去来兮图》。

菊兮菊兮，花中陶也。陶兮陶兮，人中菊耶。嗟尔蓻生，生竟不息。仁寿转更遐，色其文章香其德。千载人兮千载花，见之犹可，夫亦何加？岁云暮，修小笆。①

菊为花中陶，陶为人中菊，人花不二，“千载人兮千载花”，赞其不朽；“色其文章香其德”，文章之美，因有德润，有德香，赞其才德兼备，文质彬彬。惺窝还将自己与陶并提，有“予生千载后，尚友千载前”② 之意，极见倾慕之情，如：“悠悠采菊见南山，千载渊明对暮颜。不隔异邦霜下色，岁寒节操伴清闲。”③ “靖节先生千载人，画中非假认为真。北窗高卧东轩啸，我亦南村邻曲宾。”④

值得关注的是，惺窝在《题渊明画轴并诗》一文中长篇累牍，将陶渊明作为一种人格典范加以推崇，并对其精神做深刻剖析。其云：

医生正意隐于医，而最嗜诗酒。一日持此轴来曰：“是靖节先生归隐之图也，装潢新成矣，上有楮隙。幸请书一语焉。”凡见世之医家者流，贮蓄古画像而为尊崇者，多羲农轩岐以及扁鹊也。盖因景仰其原始也耶？靖节于医何有哉？适读先生元集，略获其一二矣。

---

① 藤原惺窝：《惺窝先生文集》卷八《赞归去来兮图》。

② 朱熹：《晦庵先生朱文公集》卷七《陶公醉石归去来馆》，《四部丛刊》影印明嘉靖本。

③ 藤原惺窝：《惺窝先生文集》卷一《菊花副诗赠山前》。

④ 藤原惺窝：《惺窝先生文集》卷五《渊明栗里画轴涂抹以还之道圆盖因嗜好可知其人云》。

世人唯言先生者，以为晋宋之间诗酒之人也，浅乎哉知之。先生不作诗，唯写其妙；先生不饮酒，唯逃其踪。唯其非晋宋之人物，无怀氏之民也，葛天氏之民也，羲皇上世之人也。其诗曰：“此中有真意，欲辨已忘言。”医之于先生有余师，意生是知之乎？生也愕尔曰：“靖节何以通医？”

曰：“生也非不知先生而已，读轩岐之书，而未熟所谓《上古天真》者也夫？是所谓上古不在上古，而时时即上古也。喜怒之未发，一念之上古也。鸡鸣之孜孜，一日之上古也。一念之上古也，肺腑之春。一年之上古也，大人之赤子。一生之上古也，真在其中。欲辨忘言，真岂可辨乎？道中有一真，天下无二理。读《礼》而知补阴之说者朱彦修，而读《易》得治泻之法者黄子厚也。殷帝论瞑眩药，宋儒议承气汤，伟矣！医人医国，元唯一真矣。生也其读轩岐书，认先生之真；读先生之书，认轩岐之真。正看背看，左看右看，精义入神，有得则生亦无怀氏之民也，葛天氏之民也，羲皇上世之人也，始是轩岐之徒也。于医有余蕴乎？

身对画前，神游园中，则先生我奇文欣赏之友也，疑义与析之师也。时是涸阴冱寒之底，满怀回春，春风吹物，物自欣欣。丸药黄莺啭，卷帘白鹭飞。会得则活泼泼地，不会得则唯是弄精魂。生也归家读所谓《天真论》者，必有靖节先生之真赞在其中来。[①]

惺窝为儒医堀杏庵（正意）所藏陶渊明画轴作此文。杏庵为惺窝高足，理学造诣颇高，身为医家，却甚喜陶渊明。惺窝从“道”的角度阐释陶渊明的经典性。惺窝认为陶渊明不只是“晋宋之间诗酒之人”，他本质是合于“道”之“真”人。“先生不作诗，唯写其妙；先生不饮酒，唯逃其踪。唯其非晋宋之人物，无怀氏之民也，葛天氏之民也，羲皇上世之人也。”称其为“上古”之人，这是本于陶渊明之自称，陶“自谓是羲皇上人”。何为“羲皇上人”？真朴、淳厚，无巧饰、少欲望，“真”为其最重要的特质，“悠悠上古，厥初生民。傲然自足，抱朴含真”[②]。而后世渐失其“真”，“自真风告逝，大伪斯兴”[③]，“羲农去我久，举世少复真”[④]。

陶渊明所称之“真”，更倾向于道家意味。《庄子》云：“真者，所以受于天也，自然不可易也。故圣人法天贵真，不拘于俗。”而惺窝却本于理学思想来阐释“上古”及“天真”。惺窝认为“上古”并非历史学范畴的“上古”，时时可为“上古”，有一念之上古，一日之上古，一年之上古，一生之上古。“喜怒之未发”为一念之上古，“大人之赤子”为一年之上古，“真”在其中，为一生之上古。“喜怒之未发”出自《中庸》，“大人之赤子”出自《孟子》：

---

① 藤原惺窝：《惺窝先生文集》卷九《题渊明画轴并诗》。
② 袁行霈：《陶渊明集笺注》卷一《劝农一首》，中华书局，2003，第 34 页。
③ 袁行霈：《陶渊明集笺注》卷五《感士不遇赋》，第 431 页。
④ 袁行霈：《陶渊明集笺注》卷三《饮酒二十首》，第 282 页。

喜怒哀乐之未发，谓之中；发而皆中节，谓之和。中也者，天下之大本也；和也者，天下之达道也。（《中庸》）朱注：喜、怒、哀、乐，情也。其未发，则性也，无所偏倚，故谓之中。……大本者，天命之性，天下之理皆由此出，道之体也。①

又：

孟子曰："大人者，不失其赤子之心者也。"（《孟子·离娄章句下》）朱注：大人之心，通达万变；赤子之心，则纯一无伪而已。然大人之所以为大人，正以其不为物诱，而有以全其纯一无伪之本然。②

喜怒未发时，一念未起，私欲未生，此为"性"，天理由此出，故为一念之上古。"大人之赤子"，通达万变，且葆有纯一无伪之本然，此为一年之上古。将一念之上古，涵养、体贴，终为念念上古，故能明于天理，葆有纯一，为一年之上古。而一生之上古，"真"在其中。惺窝将"真"视为"道"的本质属性，"道中有一真，天下无二理"。可知惺窝所称之"真"，不同于庄子之"真"，是更具宇宙本体意义，近于"理"，或"天理"。通达天理，能无一丝之伪，无一念之私，故为一生之上古。"天理"是绝对的，明于天理，则可通达万事，因而，"读《礼》而知补阴之说者朱彦

① 朱熹：《四书章句集注·中庸章句》，中华书局，2011，第 20 页。
② 朱熹：《四书章句集注·孟子集注》卷八《离娄章句下》，第 272 页。

修，而读《易》得治泻之法者黄子厚也。殷帝论瞑眩药，宋儒议承气汤”，这是称大儒通于医。“读轩岐书，认先生（陶渊明）之真；读先生之书，认轩岐之真”，渊明、黄帝之书皆有悟道之“真”在其中，故可相互印证。

由此，读陶之诗，契其性，可以穷理、悟真、识仁，如是，则盈天地间，生机洋溢，“满怀回春，春风吹物，物自欣欣。丸药黄莺哢，卷帘白鹭飞”，“会得则活泼泼地，不会得则唯是弄精魂”。悟天理，察天机，则一派活泼泼景象，否则，徒然耗费精神。

通过上述阐释，藤原惺窝将陶渊明完全“理学化”。然陶之思想实具儒、道二种倾向，“陶渊明作为中古时代孤明先发的大思想家，其成就，不仅应当包括创立新自然说，而且应当包括对失落已久的儒家人性思想的重新发明，和人性修养工夫的实践；包括对庄子心斋哲学的独立洞见，和心斋哲学工夫的实践”[①]。惺窝去除了后者，消弭其思想中老庄哲学的部分，重在发掘其儒家思想观念及对心性修养工夫的实践。由此，陶渊明被惺窝及理学家们树立为符合理学规范的理想人格和诗意典范，作为“道”的实践者、觉悟者，被景仰和追模。陶渊明成为了既合于道德，又超于道德，既是审美，又超于审美的文化经典，从这一角度来看，他几乎是独一无二的。当然这是藤原惺窝等理学家诠释出来的陶渊明。

---

① 邓小军：《陶渊明的思想创获与实践工夫》，载香港浸会大学编《人文中国学报》第 11 期，上海古籍出版社，2005，第 324—325 页。

二　论“感”与“诚”

“感”是中国哲学、诗学非常重要的概念，《周易·易传》《礼记·乐记》等儒家典籍对“感”已有较多讨论。《周易·系辞上》云：“《易》，无思也，无为也，寂然不动，感而遂通天下之故。”《彖》曰：“咸，感也。柔上而刚下，二气感应以相与。”儒家认为世界为“一气化生”，宇宙万物本为一体，故物物之间，人物之间，皆能“感”而“通”，“感”而“应”。“感”是世界存在与运行的基本方式。

藤原惺窝基于儒家思想的立场，也十分重视“感”，他认为在人类活动中“感”发挥着重要的作用及影响。天地之间，物物相“感”，心物亦能因“气”而“感”。在《莺求友探得龟字寄林道春》中他以诗的形式形象地描述了“感”的存在：

由来春日载阳时，人意鸟声求友期。始识清新相感气，仓庚训故读章龟。①

《诗经·豳风·七月》云：“春日载阳，有鸣仓庚。”春日载阳，春气萌动，天地间充盈着清新、和暖的气息，人鸟、草木皆能“感”此气而欣欣。《周易·彖》云：“天地感而万物化生，圣人感人心而天下和平。观其所感，而天地万物之情可见矣。”人之七

① 藤原惺窝：《惺窝先生文集》卷四《莺求友探得龟字寄林道春》。

情也是感物而生。惺窝在《呈赤松氏并序》中阐释了人心感物而动，故需“慎感”以得其“中正”的观点：

> 钟鼓管弦以饰喜，𫓧钺干戈以饰怒。盖人心者因物感，感则化，化则有善，有不善，实可惧矣。凡有土者，为人物之主宰也。其所以喜，其所以怒，得中正，则纲纪整，而治教明也。乐器之和人心，兵器之威人心，亦如是乎？①

上述观点本于《礼记·乐记》。《乐记》云：“人心之动，物使之然也，感于物而动。”又称：“夫乐者，先王之所以饰喜也；军旅𫓧钺者，先王之所以饰怒也。故先王之喜怒，皆得其侪焉。喜则天下和之，怒则暴乱者畏之。”人心受外物的感召，七情萌动。钟鼓管弦可以感发人之“喜”，𫓧钺干戈可以感发人之“怒”。因情利导，故“感”能化导人心，而化导有善、恶两种方向，所以一定要谨慎地对待“感”的力量，使人情中正不偏，如此，则“纲纪整，而治教明”。这是利用“人心感物而动”的机制，通过“感”来培植人心“中正”之气、“中和”之情，以此来治理世道。

惺窝又进一步阐发“德”在感发人心上的重要作用，其云：

> 弹五弦琴，歌《南风》者，有虞之德也，饰喜不在

① 藤原惺窝：《惺窝先生文集》卷二《呈赤松氏并序》。

兹哉？否则牛饮三千之鼓，乐则乐，为德者未也，徒是浮荣而已。以一戎衣惧天下者，武王之德也，饰怒不在兹哉？否则鸡斗三千之剑，勇则勇，为德者未也，徒是戏剧而已。吁！兵云乐云，钟鼓、铁钺云哉！在人不在物。①

舜、周武王具德性，感发人之“喜”“怒”皆具正气，但同样是乐器，同样是兵器，感发人心的力量绝不一样。诗文之道亦然，诗文具有“感发兴起”人之情性的作用，惺窝提出要辨别诗文之“邪正”，以助心性之存养。在《与顺知诗并序》中，他较为细致地阐发了这一思想：

知生从余于笔砚之间而游者也，敦庞好学，傍邃于医。春夏秋之际，爱龙安山中之幽闲爽朗，僦浮屠一室，而读诗读书，略了大义，志气之正可观焉。属者访生于山中，而赋山中物色者，唐律一篇及倭歌，以示生。蒹葭科斗者，观于池者也；菌蕈苓兹者，松肪土膏之蒸以成之，而采于山者也。物色何止兹哉！所以感，所以规，亦在兹而已矣。

古人见物寓怀，数百千岁之后读之，其时其事，历历在眼中。溅泪之花，惊心之鸟，所以感时乎！瓜田之履，李下之冠，所以规人乎！余亦写一时之怀。虽然，当其感

① 藤原惺窝：《惺窝先生文集》卷二《呈赤松氏并序》。

发兴起之时，不觉气象志意，有自不可掩所养之邪正。犹以犀革裹南宫万，以辒辌车载吕政。可堪恧缩也耶？生幸今读诗书，请以之质之，不有益于生，必有益于我。若知有邪正之所在，则诗书之为诗书也，其亦岂在外哉！①

顺知是惺窝的弟子，好读诗文，“略了大义，志气之正可观”，得到惺窝的赞许。惺窝曾于山间访其居，并作律诗及和歌，咏山间风物，“物色何止兹哉！所以感，所以规，亦在兹而已矣”，明言其吟诗作文的功用和目的。又举古人诗文，可以“感时”“规人”者，千百载之后，仍有“感兴”“规束”人心的作用。“溅泪之花，惊心之鸟，所以感时乎”，特以杜甫作为代表②。可知惺窝推崇的能“感动人心”的类型，实即具有儒家思想的作品。这是指阅读作品时的“感兴”力量；另一方面，惺窝还指出当人写作时，也是在“感发兴起之时”，其“气象志意”，亦有邪正，此由性情与存养所决定。因而，涵养“性情之正”，对于创作及阅读都极为关键。

在人物相“感”，物物交“感”时，“诚”起着非常重要的作用，藤原惺窝屡屡言及此意。他认为文辞之感人，必要有至诚。惺窝与朝鲜刑部员外郎姜沆极为投契，皆尚朱子之学，姜沆旅居日本期间，二人书信往来，虽有语言不通之憾，但惺窝云：

书中以言语不通为恨，至情至兹，感佩不可言。虽然，古云“目击道存”“言不尽意”。意若有诚，则于物

① 藤原惺窝：《惺窝先生文集》卷六《与顺知诗并序》。
② 惺窝十分推崇杜甫，后文有专门论述。

尚感通，人之至灵，岂待言哉！然则，言之通亦可喜，不通亦不恨。①

“意若有诚，则于物尚感通，人之至灵，岂待言哉”，此语包含三层意思，物物、心物皆能“感通”，“感通”的重要条件是“意有诚”，人为天下之至灵，其感通力尤盛。

在《若州刺史祖母挽诗五首并序》更详论“诚”与“感”：

言者心之发也，文者言之粹也。故简淡平易，心有诚而不感人者未有焉。刻雕藻绘，不有诚而能感人者盖寡矣。若州刺史属者居祖母之丧，作哀词数篇……平生至孝之诚，隐然溢于词表，不觉悲泪无从，不克终卷。走闻读《蓼莪》诗而废业，读《陈情表》而堕泪。以彼诚感我诚，谁不堕泪，谁不废业。铜山洛钟，气类相感，物皆无不然，况人哉！

……

刺史文思之高，养气浩然，笔势之妙，风神萧散，共是除近时之弊，复古道之旧。虽然，刺史者阖国望族，丰臣贵戚，而万人所赖也。养德制行，从来远矣。词翰者殊其余事而已，非所期焉，充扩孝悌之诚，推己化人，发为修齐治平，施为礼乐刑政，则谁不感而化？所谓本立而道生者。……虽非言之粹，又心之发而有诚，感之

① 藤原惺窝：《惺窝先生文集》卷一〇《答姜沆》。

应之，不得止者也耶？①

惺窝认为文学能感发人心、感动人情，“诚”是其中最重要的要素，“简淡平易，心有诚而不感人者未有焉。刻雕藻绘，不有诚而能感人者盖寡矣”②，将“诚”视为文章可以感染人心的必备条件。又举《诗经·蓼莪》及《陈情表》，其中皆有至诚，至诚之文，必含真情，其感人也深。“彼诚感我诚，谁不堕泪，谁不废业”，作者之“诚”能感发激起读者之“诚”，何以然？惺窝从哲学的高度来阐释宇宙万物存在及活动的方式，即“气类相感”，“铜山西崩，灵钟东应”③，物物都能相互感应，人心更能彼此感通。

惺窝又言及“诚”与“德”之关系。由“孝悌之诚”，扩充广大，推己及人，养气养德，则文思之高、笔势之妙，自然具足。自此，惺窝由“诚”归于“德”，有诚有德，足以感化人心，治理世道，这是其大用。至于文章之道，“词翰者殊其余事而已，非所期焉”，以文为末，体现了惺窝理学家的立场。

惺窝对于“诚”的重视，实本于儒家思想。《中庸》《孟子》《荀子》等论“诚”较详，《中庸》云：“诚者，天之道也；诚之

① 藤原惺窝：《惺窝先生文集》卷四《若州刺史祖母挽诗五首并序》。
② 此语本于《孟子·离娄章句》：“至诚而不动者未之有也，不诚未有能动者也。”
③ 刘义庆《世说新语·文学》：“殷荆州曾问远公：‘《易》以何为体？’答曰：‘《易》以感为体。’殷曰：‘铜山西崩，灵钟东应，便是《易》耶？’远公笑而不答。”刘孝标注引《东方朔传》：“孝武皇帝时，未央宫前殿钟无故自鸣，三日三夜不止。诏问太史待诏王朔，朔言：‘恐有兵气。’更问东方朔，朔曰：‘臣闻铜者，山之子；山者，铜之母。以阴阳气类言之，子母相感，山恐有崩弛者，故钟先鸣。《易》曰“鸣鹤在阴，其子和之。”精之至也，其应在后五日内。’居三日，南郡太守上书言山崩，延袤二十余里。”

者，人之道也。”将“诚”视为天道，即宇宙的法则，天道真实无欺，故能生物；追求“诚”则是人效法天道的行为，人若能达于“至诚”，则“可赞天下之化育”，“唯天下至诚为能化”。宋儒将“诚”进一步理学化，周敦颐以“诚”为成圣之本：“诚者，圣人之本。诚者，至实而无妄之谓，天所赋、物所受之正理也。”“‘大哉乾元，万物资始’，诚之源也。”① 张载认为：“性与天道合一存乎诚。”② 朱熹云：“诚者，真实无妄之谓，天理之本然也。”③ 在他们看来，“诚”不仅是宇宙本体的特性，亦成为人们修养身心、通于天道、明于天理的关键。

惺窝十分重视“修诚”，其称：“诚敬之工夫，彻上彻下，洒落在其中欤!”将“诚敬”作为日常修养，以涵濡心性、体认大道，工夫纯熟时，自有“心体莹澈，天理常存，物来顺应”之从容洒落。

惺窝将重要的哲学概念“感”与“诚”联系起来，并运用到文学理论中。他认为“感发兴起”在写作与阅读中都发生着重要作用。人受到外物之“感兴”，遂有创作的冲动，作品即是心物相感的产物；而人们在阅读作品时，亦能被唤起情绪，有所“感发”。文学作品的感发力量又跟“诚”有着极大关系。有“诚”则必有“感”，无“诚”则难有“感”，视“诚”为文学作品最重要的感发力量。这实已关注到了文学的一些本质属性。本于此，他倡导“简淡平易”的文风，反对“刻雕藻绘”的形式主义，对于文坛的发展确有裨益。

---

① 周敦颐：《周敦颐集》卷二《通书·诚上第一》，陈克明点校，中华书局，1990，第 12 页。

② 张载：《正蒙·诚明篇第六》，载《张载集》，章锡琛点校，中华书局，1978，第 20 页。

③ 朱熹：《四书章句集注·中庸章句》，第 32 页。

三　论文学的“变”与“不变”

藤原惺窝还谈到了文学的继承与发展诸问题。五山末期，诗学陷于追求奇绝、工巧，一味求新求变，流弊丛生。惺窝从修辞立诚、感发人心等角度，对此进行了批判。同时，惺窝还以复兴王朝时期质朴、浑厚的诗风为号召，以复古为新变。这种倡导受到一些诗家的反对。如何看待诗歌的“变”与“不变”，继承与发展，惺窝在《次韵梅庵由己并序》等文中进行了探讨。文中针对有人提出的“时势之变”与“诸家之别”，惺窝进行了反驳，其云：

> 予见倭俗近时之诗，窃有疑。尚矣，夫古人之于诗也，所评所判，为工为巧，为奇绝者，与今时之制作评品，决不吻合，故疑之。或曰：“诗之为诗也，有时势之变，有诸家之别。子以今人之不合古人、诸家之不同一家疑之者，陆之舟、水之车，非愚而狂哉！”予曰：“以时变、以人别者，实然也。所以为其好不好者，实不然。古今彼此，岂有异哉？其犹相梨橘柚，味各不同，而皆可于口，其不可口者非正味。味不同者，古今之异也，诸家之别也。可口者，诗之好也，不可口者，诗之不好也。”论以至此，其疑弥深，其惑益远。虽然，予素不学诗，何能辨其惑、决其疑哉？①

① 藤原惺窝：《惺窝先生文集》卷三《次韵梅庵由己并序》。

有诗家认为："诗之为诗也，有时势之变，有诸家之别。子以今人之不合古人、诸家之不同一家疑之者，陆之舟、水之车，非愚而狂哉！"① 他们强调诗歌具有时代性、个体性特征，批驳以古非今，以一种风格作为绝对标准的倾向，"意调发于性情，取材存乎所遇"，风格的多样性是合理且必然的。这些言论关注到诗歌"变"与"异"的方面，有其合理性。

惺窝肯定"时变""人别"的存在，但是，他主张透过纷繁的表象，去洞见内在、本质的同一性。其称："古今彼此，岂有异哉？其犹柤梨橘柚，味各不同，而皆可于口，其不可口者非正味。"从诗歌本质来看，古今、彼此并没有不同，就如同"柤梨橘柚"，味道各异，但是，其好与坏，却有一种根本标准，即是否"可口"，是否"正味"。这一段话从用典来说，出自《庄子·天运》："三皇五帝之礼义法度，其犹柤梨橘柚邪！其味相反而皆可于口。"又，《庄子·齐物论》："民食刍豢，麋鹿食荐，蝍蛆甘带，鸱鸦耆鼠，四者孰知正味？"但其思想则本于宋儒。惺窝既肯定了事物的不同属性，又强调事物间有着内在的同一性。这就是"理一分殊"的思想。"理一分殊"最早由程颐提出，程颐在《答杨时论西铭书》中称张载《西铭》为"明理一而分殊"②，又云"万物皆是一理"③，

---

① "时势之变""诸家之别"或本于明代徐世溥《食研堂集序》，徐世溥称："自黄初、建安有时代之异，曹、刘、陶、谢有诸家之别。于是人师所好，仿效声辞，尺趋寸步，以求必肖夫？意调发于性情，取材存乎所遇。"《明文海》卷二七六，清涵芬楼钞本。

② 程颢、程颐：《河南程氏文集》卷九《答杨时论西铭书》，载《二程集》上，第609页。

③ 程颢、程颐：《河南程氏遗书》卷一五《入关语录》，载《二程集》上，第157页。

“一物之理即万物之理”①。朱熹亦称：“天下之理万殊，然其归则一而已矣，不容有二三也。”② 皆是强调事物既具差异性，更有同一性。

基于此，惺窝认定诗文虽各具风味，各有其理，但终可归于一理。从这一角度来说，“古今”“彼此”并没有不同。惺窝又称：“味不同者，古今之异也，诸家之别也。可口者，诗之好也，不可口者，诗之不好也。”显然，惺窝超越了一般诗家论诗的方法，而是从哲学上探讨文学之“异”与“同”，“特殊”与“普遍”，“变”与“不变”。指出在分殊之事相（时势之变、诸家之别）中，必定蕴藏着恒长之“理一”（可口或正味）。

惺窝从事物共同性的角度回答了这一问题，但他自认为“予素不学诗，何能辩其惑、决其疑哉”，仍有疑虑在心。其后，偶与友人闲话，从友人即兴赋诗中，更加确信自己当初的答案是符合文学发展的规律。其称：

> 癸巳之夏，予随黄门君秀俊游肥之前州名护屋之海城。梅庵翁亦侍相国公。尝公事之暇，一日招予闲话。话未尽，璧（应为“壁”——引者）阴之窗渐昏，灯雨之床将曙之顷，一小虫翩翩然入座隅扑灯火。翁指点赋一诗示之，落句曰：“书窗话尽十年雨，笑见夏虫来扑灯。”予不觉手舞足蹈，问曰：“翁诗何似古人？杜老之

① 程颢、程颐：《河南程氏遗书》卷二上《元丰己未吕与叔东见二先生语》，载《二程集》上，第13页。

② 朱熹：《晦庵先生朱文公文集》卷六三《答余正甫》，《四部丛刊》影印明嘉靖本。

'注目寒江倚山阁'，苏氏之'笑见饥鼠上灯檠'，黄氏之'出门一笑大江横'，比比与翁之句如一模脱出。夺胎乎？换骨乎？抑又暗合乎？于是益知或者之言之妄，而予之疑之有征。从前来愤悱之怀，不启而瓦解；凝团之心，不破而冰释。①

友人一句"书窗话尽十年雨，笑见夏虫来扑灯"，令其幡然有悟。此诗句从词藻、诗境等方面来论，并无过人之处，但惺窝评价甚高，将其与杜诗"注目寒江倚山阁"，苏轼"笑见饥鼠上灯檠"，黄庭坚"出门一笑大江横"并提，以为"如一模脱出"，实为过誉。但是，对这句诗的推举，更多是出于弘扬其诗学主张的目的。惺窝称：

因始悟今时之诗，小巧浅露，而多为用事属对所牵强，失优游不迫之体，却谓古人之诗甚不工。盖知镂冰文章之为工巧，而不知着水盐味之为密藏者也耶？蒙庄之言云："日凿一窍，七日而混沌死。"于诗亦如斯欤？意也，体也，于首尾，于胸腰，斧凿之不至死句者未有之。活句乎？活句乎？养混沌之德者，非翁而又谁欤？②

惺窝反对今时之诗，"小巧浅露"，以刻画为工巧，注重用事属对，

① 藤原惺窝：《惺窝先生文集》卷三《次韵梅庵由己并序》。
② 藤原惺窝：《惺窝先生文集》卷三《次韵梅庵由己并序》。

失却优游不迫的气象。他提倡的是内含混沌、淳厚之德，有一意贯通的文气、文理，外则不为工巧，不尚浮华，以简易、平淡为宗。因而，梅庵翁的“笑见夏虫”句，是当“璧阴之窗渐昏，灯雨之床将曙之顷”，二人闲谈正欢，小虫翩翩而入之际，率性而赋诗，诗句情味深切、意态宛然，有朴实、真率之气，无雕琢、刻画之痕，故为惺窝所推举。

从友人诗中，惺窝品味出与杜、苏、黄的相似处，并称：“夺胎乎？换骨乎？抑又暗合乎？”“夺胎”“换骨”，以及后文所称“活句”，皆是宋人诗法。“夺胎”“换骨”出自黄庭坚，其称：

> 诗意无穷，而人之才有限。以有限之才，追无穷之意，虽渊明、少陵不得工也。然不易其意而造其语，谓之换骨法；窥入其意而形容之，谓之夺胎法。①

大约指取前人诗意，再创新境之法，这种创作方法被江西诗派奉如教旨。“参活句”源于禅宗，原指破除对佛教名相、义理的固化理解，以直觉观照、体悟，得其慧解。宋人以禅喻诗，将其用于诗法：“学诗如参禅，慎勿参死句，纵横无不可，乃在欢喜处。”②即注重在体会前人经验时，超越形迹，获得个体的自由创造。惺窝无疑对上述诗法有着一定的认同度，事实上，惺窝不仅熟悉，

---

① 惠洪：《冷斋夜话》卷一《换骨夺胎法》，中华书局影印，丛书集成初编，1985，第 5 页。

② 曾几：《茶山集·读吕居仁旧诗有怀其人作诗寄之》，载陈思编、陈世隆补《两宋名贤小集》卷一九〇，文渊阁《四库全书》本。按：四库本曾几《茶山集》未收此诗。

而且对以江西诗派为代表的宋代诗学是较为接受的。他一方面反对刻画、雕镂之风，追求诗中之“至诚”与“真情”，另一方面，又摄取黄庭坚“夺胎换骨”等诗学主张，这反映了身处五山末、江户初期的惺窝仍未能摆脱五山诗学之藩篱，其诗学宗尚上有着较为浓厚的五山旧习。

第三节 《文章达德纲领》及其诗学思想

藤原惺窝建立道统之时，也欲编纂一部合于道学规范的诗文总集，“取《文章辨体》考之本集，加写释笺，且增其所未载者数百篇，用舍随意，撰定为编，名曰《文章达德录》”①。同时，又辑录重要的文章家、诗家之言论，以建立写诗作文之规范，“以今时人不知作文规格，故捃集古今名公诗话文评，撰著《达德录》《纲领》”②。《文章达德录》和《文章达德纲领》二书是惺窝为日人学习、研究中国诗文精心整理的文献集成及指南，原欲合刊，因《文章达德录》一百卷仅成草稿，故《文章达德纲领》于宽永十六年（1639）单独刊行。

一 《文章达德纲领》的体例及引书

《文章达德纲领》虽是捃集中国历代诸家诗文评而成，但体

---

① 林罗山：《惺窝先生行状》，载藤原惺窝《惺窝先生文集》卷首。
② 林罗山：《惺窝先生行状》，载藤原惺窝《惺窝先生文集》卷首。

例谨严、选取精当、自成体系，颇能见出编撰者的文学眼光。藤原惺窝十分重视这部著作，文集中多次提及编撰该书的用心。在与弟子林罗山的书信中说："《达德纲领》未脱稿，且此编唯类聚古人之成说而已，曾不著一私言乎其间，是恐其僭逾也，然亦竢他日。愚平素懒于涉笔而作书，无复侍辈之可代此劳者。"① 可见编撰此书态度之庄敬、谨严。惺窝弟子堀杏庵在书序中提及此书的重要地位云：

> 先生之门，成德、达材、答问，不乏其人矣。先生没而二十年于兹矣，其道大行，不得为先生之徒而私淑者，依归此书，而开导诱掖，提撕警悟，以益其所不能，以新其所日进，则材可达，而德可成。②

学先生之道者，应"依归此书"，则材可达，德可成。这是不仅仅把《文章达德纲领》当做论诗论文的书籍对待，实欲以此德才双修，成就圣贤人格。

《文章达德纲领》（下简称《纲领》）设"入式""辨体"二科，各分"内录""外录""杂录"三类，再下设若干条目立论，建立了较为成熟、完整的诗文理论体系。具体如下：

卷之一　入式内录：读书　穷理　存养

卷之二　入式外录：抱题　布置　篇法　章法

---

① 藤原惺窝：《惺窝先生文集》卷一〇《与林道春》。

② 堀杏庵：《文章达德纲领序》，载藤原惺窝《文章达德纲领》卷首。

句法　字法

卷之三　入式杂录：叙事　议论　取喻　用事

形容　含蓄　地步　关键

开合　抑扬　起伏　响应

错综　鼓舞　顿挫　繁简

伸缩　陈新　华实　雅俗

工拙　大小　逆顺　常变

死活　方圆　险易　撑柱

步骤　瑕疵

卷之四　辨体内录：辞命　议论　叙事　诗赋

杂著　题跋

卷之五　辨体外录：骈俪（连珠　判　律赋）

律诗（排律　绝句　杂体诗

联句诗）　近代词曲

卷之六　辨体杂录：历代　诸家

"入式内录"论作者修养，"入式外录"为诗文之法，"入式杂录"为风格论、技法论；"辨体内录""外录"为文体论，"辨体杂录"简述中国历代诗文之流变、诸家之风格。全书以卷一的作家修养论及卷六的历代诗文总论、诸家论最为重要。

《纲领》引用的典籍较为丰富，皆为宋、元、明时期著作。其引用书籍大致如下：1. 宋代：《源流至论》、《文章精义》、《近思录》、《文则》、《鹤林玉露》、《文章正宗》、《续文章正宗》、《崇古文诀》、《古文关键》、《文章轨范》、《续文章轨范》、《皇朝类苑》

（即《事实类苑》）、《四六话》、《珊瑚辨体》（即《珊瑚钩诗话》）、《宾退录》、《后山诗话》、《蔡宽夫诗话》、《西清诗话》、《墨客挥犀》、《韵语阳秋》、《容斋随笔》、《朝野佥载》、《遯斋闲览》、《通书》；2. 元代：《文式》、《文筌》、《修辞鉴衡》、《文献通考》、《事文类聚》；3. 明代：《性理大全》、《读书录》、《文章辨体》、《文章一贯》、《文章辨体汇选》、《明文衡》、《易蒙引》、《学范》、《明文选》、《明文苑》等。上述引用书籍，从时代而言，以宋代居多，从种类而言，以文论为主，略及诗论著作。

《纲领》虽引书丰富，但是各书的引用率却相差极大，有些书籍引用率很高，有些仅见一二，为了准确考察各书对《纲领》的影响，以最重要的卷一、卷六为例，统计引用率最高的七种书籍名及引用次数，具体如下：

卷一（读书；穷理；存养）

著者类型	著者、书籍名	引用次数
理学家	明薛瑄《读书录》	六十二
理学家	明胡广《性理大全》（引朱熹语二十条，程颐语五条）	三十
儒者兼文章家	元陈绎曾《文武》	二十五
理学家	宋李性学《文章精义》	九

卷六（历代；诸家）

著者类型	著者、书籍名	引用次数
理学家	明胡广《性理大全》（引朱熹语 71 条，程颐语 11 条）	九十五
理学家	明薛瑄《读书录》	四十
儒者兼	宋林駉《源流至论》	二十
	（佚名）《合并文宗》	十六

著者类型	著者、书籍名	引用次数
儒者兼文章家	元陈绎曾《文筌》	七
儒者兼文章家	明吴讷《文章辨体》	四
理学家	宋朱熹、吕祖谦《近思录》	三

著者类型	著者、书籍名	引用次数
儒者兼文章家	元陈绎曾《文筌》	十五
儒者兼文章家	元陈绎曾《文式》	十二
理学家	宋李性学《文章精义》	十一

从上述引录情况看，《纲领》最为重要的材料来源是理学家的言论、著作，引用最多的是明代胡广等编纂的《性理大全》、明代理学家薛瑄的《读书录》。两卷共引《性理大全》一百二十五次、《读书录》一百零二次，远远高于其他书籍的引用次数。其次，宋、元、明时期的一些文话著作也颇受关注，特别是宋代林駉《源流至论》、李性学《文章精义》、元代陈绎曾《文式》《文筌》、明代吴讷《文章辨体》，这几部书也是《纲领》的重要参考文献。

《性理大全》七十卷，明胡广、杨荣等奉朱棣之命编纂，永乐十三年（1415）与《五经四书大全》同辑成并刊行于世。此书收录了宋元理学家之著述与言论，对后世影响极大。《性理大传》传入日本，江户初期由于惺窝及弟子的大力推行，受到朝廷、幕府的重视，多次刊印，对日本程朱理学的兴起发生了重要影响。

《纲领》对《性理大全》的引录主要集中在宋元理学家有关读书、明理、载道、养气、论文、谈诗等方面的言论。最为关注的是朱熹、二程，仅卷六引《性理大全》之朱子语就达七十一条、程颐语十一条。全书还引录了《性理大全》中周敦颐、邵雍、张载、程颢、杨时、尹和靖、张栻、陆九渊、吕祖谦、真德秀、许衡、吴澄诸家之言，可以说宋元时期重要的理学家几乎都被惺窝收入囊中。《性理大全》设有“道”“德”“心性情”“读书法”“存养”“论诗”“论文”等卷，这些卷次从编排、命名到内容都对《纲领》有较大影响。《纲领》卷一列“读书”“存养”“穷理”三类，视为作文之根本，其受《性理大全》的影响一望而知。

薛瑄《读书录》，引录仅次于《性理大全》。薛瑄为明代理学大家，黄宗羲《明儒学案》列其为河东学派之首，亦为明代关中理学之始。《读书录》是薛瑄最重要的著述，“于读书心中有所开时，随即札记”①。据门人阎禹锡所作《行状》，《性理大全》正是薛瑄撰《读书录》的主要阅读书籍：“手录《性理大全》一书，潜心读诵，每至夜分方寝。值冬夜雪飘盈几，读诵不辍。或思有所得，即起而燃烛记之。或通宵不寐，味而乐之，有不知手舞而足蹈者，遂积为《读书录》。”② 因而，《读书录》亦成为明代儒士阅读《性理大全》时的辅助书籍。惺窝极重《读书录》或亦与此有关。《惺窝先生文集》中多处记载惺窝重视此书，称“学者不可不读焉”③。《纲领》论读书路径、诗文之沿革、养气之法，论文学之兴替，许多皆本于《读书录》。《性理大全》与《读书录》共同组成了《纲领》一书之思想内核。

宋、元、明时期几部重要的文话著作，林駉《源流至论》、李性学《文章精义》、陈绎曾的《文式》《文筌》、高琦《文章一贯》、吴讷《文章辨体》等从文与道之关系、诗文法、文章风格、

---

① 薛瑄：《读书续录》卷一，载《读书录附续录》，文渊阁《四库全书》本。

② 阎禹锡：《礼部左侍郎兼翰林院学士薛先生行状》，载薛瑄《薛瑄全集》下，孙玄常、李元庆、周庆义、李安纲点校，山西人民出版社，1990，第1613页。

③ 藤原惺窝：《惺窝先生文集》卷一一《与林道春》。

诗文源流诸方面为《纲领》提供了重要参考。

《源流至论》四十卷，著者宋林駉，博极群书，九经注释，暗记成诵，以《易》魁乡荐。《四库全书总目》称《源流至论》，"是编于经史百家之异同、历代制度之沿革，条列件系，亦尚有体要"①，评价颇高。《纲领》论历代诗文之源流、沿革，极重其说，多处整篇、整段引录，如卷六《诸家》《总论》部分，仅采录了《源流至论》一书，可见重视的程度。

明吴讷《文章辨体》五十卷，开明代"辨体"之风气。吴讷《明史》有传，称云："讷博览，议论有根柢。于性理之奥，多有发明。所著书皆可垂于后。"②《文章辨体》在当时已颇有声誉，以"精博"名世，议论多本于理学。程敏政作《明文衡》录其序题，甚重之。惺窝对《文章辨体》十分推崇，编撰《文章达德录》即效法吴讷的《文章辨体》。《纲领》卷四、卷五、卷六之诗文辨体部分，大量援用《文章辨体》。

《纲领》卷二、卷三论诗文之法，采录元陈绎曾《文筌》《文式》、明高琦《文章一贯》甚多。《纲领》卷二列有六目：抱题、布置、篇法、章法、句法、字法，《文章一贯》上卷设六类：立意、气象、篇法、章法、句法、字法，所设类目相当接近，内容也大量重合。《纲领》卷三有：叙事、议论、取喻、用事、形容、含蓄等目，《文章一贯》卷下有：起端、叙事、议论、引用、譬喻、含蓄、形容等，相似处也有不少。《纲领》中有关诗文布置、写作手法、篇章结构方面的重要资料无疑皆从这些书而来。

---

① 永瑢等撰《四库全书总目》卷一三五《源流至论》，中华书局，1965，第1151页。

② 张廷玉：《明史》卷一五八《吴讷传》，中华书局，1974，第4318页。

《元史》称陈绎曾“诸经注疏，多能成诵。文辞汪洋浩博，其气烨如也”[1]。因而《文筌》《文式》虽论文章之法，皆以“道”为根本，注重个体人格之培养，故为惺窝所重。高琦《文章一贯》乃抄撮众书而成，其中超过半数的内容引自《文筌》。该书在中国早已亡佚，《四库全书》未著录，日本有宽永二十一年（1644）和刻本，明治时期还出现了集解本，可见在日本受到的重视。《文筌》在江户中叶以《文章欧冶》之名刊行。这一类文话书籍在中国并未受到重视，在日本却能风行起来，除了本身较为简易、适于日人阅读以外，与《纲领》对它们的重视也很有关系。

二 《文章达德纲领》的诗学思想

《纲领》之主旨在姜沆的《文章达德纲领叙》中交待得很清楚：

> 其所谓达者，孔子之所谓辞达而已矣者也。所谓德者，孔子之所谓有德者必有言者也。此一编之纲领，而作文之根柢也。……使来世之求翰墨畦径者，如入正门，寻坦道，则其所得可谓盛矣，所志可谓勤矣。[2]

“达”即辞达之意，“德”即有德者必有言，此二字是“纲领”，

---

① 宋濂：《元史》卷一九〇《儒学二·陈绎曾传》，中华书局，1976，第4348页。

② 姜沆：《文章达德纲领叙》，载藤原惺窝《文章达德纲领》卷首，文化七年（1810）刊本。

是作文的根柢，也是作文之“正门”“坦道”，这是姜沆对书的宗旨的概括，应十分契合惺窝之本怀。而如何辞“达”，如何养“德”，便成为全书关键。要言之，《纲领》文学思想之根本有三：

（一）“文以载道”与“道本文枝”

惺窝号为“接得濂溪伊洛之道脉”“讲晦庵之集注”①，其文学思想深受程朱理学的影响。在文、道关系上，主张“文以载道”，“道为本，文为末”。这是惺窝论文之主旨，也成为江户前期最为盛行的文道观。《纲领》卷一引周敦颐《通书·文辞》云：

> 文所以载道也，轮辕饰而人弗庸，徒饰也，况虚车乎？文辞艺也，道德实也，笃其实而艺者书之，美则爱，爱则传焉。贤者得以学而至之是为教。故曰：“言之无文，行之不远。”然不贤者，虽父兄临之，师保勉之，不学也，强之不从也。不知务道德而第以文辞为能者，艺焉而已。噫，弊也久矣！②

又引《通书·陋》：

> 濂溪先生曰：“圣人之道入乎耳，存乎心，蕴之为德

① 松永尺五：《尺五先生全集》卷一《惺窝先生三十三回忌日拈香并序》，宽文九年（1669）序刊本。
② 藤原惺窝：《文章达德纲领》卷一《穷理》，引周敦颐语。

行，行之为事业。彼以文辞而已者，陋矣。”①

此为影响中国文论极为深远的“文以载道”说。韩愈提出“文者，贯道之器也”，代表了古文家的文道观。周敦颐进一步发展，提出了理学家的文道观，即“文以载道”说，将“文”视为载道的工具。以道为实，文为虚，反对不知务道而徒以文辞为能的倾向。但周敦颐并不废除“文饰”，“笃其实而艺者书之”，载道之文辞仍需加以修饰，他反对的是不载道的“徒饰”。

惺窝又大量引述朱熹的“文道”言论，奉若圭臬。如：

朱子曰：“道者文之根本，文者道之枝叶，性（应为“惟”——引者）其根本乎道，所以发之于文皆道也。三代圣贤文章皆从此心写出，文便是道。今东坡之言曰：‘吾所谓文必与道俱。’则是文自文，而道自道，待作文时旋去讨个道来入放里面，此是他大病处。只是他每常文字华妙，包笼将去，到此不觉漏逗，说出他本根痛（应为“病”——引者）痛所以然处。缘他都是因作文，却渐渐说上道理来，不是先理会得道理了方作文，所以大本都差。欧公文，则稍近于道不为空言，如唐《礼乐志》云：‘三代而上治出于一，三代而下治出于二。’此等议论极好，盖犹知得只是一本，如东坡之说则是二本，

① 藤原惺窝：《文章达德纲领》卷一《穷理》，引周敦颐语。

> 非一本矣。”①

又如：

> 朱子曰：“有德者和顺积中，英华发外，能言者或便佞口给而已。”②

朱熹剖析“文”与“道”的关系十分深细，“道者文之根本，文者道之枝叶，性（惟）其根本乎道，所以发之于文皆道也”。一方面，将二者视为同一整体；另一方面，二者又有“根本”与“枝叶”的区别。可知他主张的是“文道一体”的思想，“道与文是统一的，不是分立的”③，即“道外无文”，“文皆是道”。因而与韩、欧古文家不同，亦与周敦颐等小异。

藤原惺窝兼取周、朱等理学家的文道观。惺窝认为，“道”为宇宙之本源，必然也是“文之本”，“文皆从道中流出”。因道生文，文只是道之体现。故明道者、得道者，文自能变化万千，否则，文辞纵然华美，并不能称为好文。简言之，从文之功用来说，惺窝主张“文以载道”；从文与道之关系而言，主张“以道为本”。二者共同构成了江户时期朱子学派最为重要的文学观念。惺窝通过《文章达德纲领》建立的理学文道观，其主旨即在培养

---

① 藤原惺窝：《文章达德纲领》卷三《瑕疵》，引朱熹语。按：朱熹所称苏轼语，实为欧阳修语。

② 藤原惺窝：《文章达德纲领》卷一《穷理》，引朱熹语。

③ 罗根泽：《理学派的诗文道流说》，载《中国文学批评史》下册，商务印书馆，2015，第 890 页。

“道学”人格，破除五山以来诗坛、文坛重文辞、尚雕琢之陋，“脱今时浅露艰涩之弊，而复古人之正雅”①。因而，惺窝引述理学家之言论，将“众人之文”与“圣贤之文”相比较，倡导以“圣贤之文”为楷模。

> 圣贤之文自道中流出，如江河之有源而条理贯通，后人不知道而有意为文，犹断港绝潢之无本。虽强加疏凿，终亦不能贯通为一，真无用之赘言也。
>
> 圣贤学性理，学其本；众人学词章，学其末。
>
> 不根道理之书与文皆无用之冗物，如梁元帝之徒，虽好文著书，动辄数千百卷，皆不根道理，何救于乱亡。
>
> 圣人之言皆自天理中流出，所以为载道之文。②

圣贤之文，自道中流出，内蕴天理，因而，如水之有源，能条理贯通，又如天地自然之文物，物物皆具华彩；而众人之文，为有意作文，若不知“道”，徒然将一世之精力专注于工巧、词章，所作之文则必为无用之赘言。这些观点，表现了鲜明的“重道轻文”倾向。惺窝自称“予素不学诗”，虽是自谦之语，也反映了他无意于诗文的态度。又称：“道外无文，文外无道”，“所谓山林园圃之花，在经史之中者”，皆能见出其“以道为本”的思想。③

---

① 藤原惺窝：《惺窝先生文集》卷三《次韵绍意子二首》。
② 藤原惺窝：《文章达德纲领》卷一《穷理》，引薛瑄语。
③ 藤原惺窝：《惺窝先生文集》卷一一《与林道春》。

惺窝虽重道，但并不废文。在《诣天满之菅庙迅笔书小诗聊充贽礼盖有思梦观之旧咏因及兹》中盛赞他最为倾慕的日本文学家菅原道真，其云："偶谪尘中亚圣才，元和天上一灵梅。花其文思实芳德，六百年来又几回。"① 赞菅原道真既具德美，又具文思之华。在《与林道春》中更称："大抵四六文辞等虽非志道学者之所必，古今之变亦因焉。可知非玩物丧志。""细雨稍催花，诗兴何如？"② 可见其对于诗文的兴致。

（二）个体之修养论：读书、穷理、存养

《纲领》之《入式内录》设三目：读书、穷理、存养。其要义在如何修养人格，如何"得道""证道"。

其一，多读圣贤经籍。《纲领》开篇即引李性学言："《大学》《论语》《孟子》《中庸》《礼》《书》《诗》《春秋》《易》皆圣贤明道经世之书，虽非为作文设，而千万代文章皆从是出。"③ 以"四书五经"为万世文章之根柢。又引柳宗元语曰：

> 本之《书》，以求其质；本之《诗》，以求其恒；本之《礼》，以求其宜；本之《春秋》，以求其断；本之《易》，以求其动。此吾所以取道之原也。参之穀梁氏，以厉其气；参之孟荀，以畅其支；参之庄老，以肆其端；参之《国语》，以博其趣；参之《离骚》，以致其幽；参

---

① 藤原惺窝：《惺窝先生文集》卷四《诣天满之菅庙迅笔书小诗聊充贽礼盖有思梦观之旧咏因及兹》。

② 藤原惺窝：《惺窝先生文集》卷一一《与林道春》。

③ 藤原惺窝：《文章达德纲领》卷一《读书》。

之太史公，以著其洁。此吾所以旁推交通而以为之文也。[1]

详说读书次第，以经为本，广参史、子、集部之书，既可“取道之原”，又能“旁推交通”，旨在为学子们开出一条读书、明道、作文之正途。又，读圣贤书发心极重要，其引薛瑄语云：“学举业者读诸般经书，只安排作时文材料用，与己全无干涉，故其一时所资以进身者，皆古人之糟粕，终身所得以行事者，皆生来之气习，诚所谓书自书、我自我，与不学者何以异？”[2] 读书之根本不在作好文章，不在功名举业，而在明达至理、修养澄明的心性。如此，甚至连“作好文章”这一念也是修道障碍，《纲领》引朱子语云：“才要作文章便是枝叶，害着学问，反两失也。”[3] 直将其意发挥到了极致。读书虽有益于作文，但读书只能单纯地为“明道”而设，为“修养”而读，存心于作文，便失了诚意。这种意见对于理学家惺窝而言是极重要的。

其二，穷理与存养。读书为“穷理”“达理”，唯“达理”者能文。《纲领》中引录许多此类言论：“惟达理者辞能达意，达意之外，而过求之，非以繁多为富，则以华美为丽，正理反为所蔽，本意反以不达矣。”[4]“文章俗学所以浅者，由不知大本大原自天出而赋于人物。故虽博极群书，识达古今，驰骋文章，建立事功，

① 藤原惺窝：《文章达德纲领》卷一《读书》，引柳宗元语。
② 藤原惺窝：《文章达德纲领》卷一《穷理》，引薛瑄语。
③ 藤原惺窝：《文章达德纲领》卷一《穷理》，引朱熹语。
④ 藤原惺窝：《文章达德纲领》卷一《穷理》。

终为无本原而浅。"[1] 惺窝以"达理"为作文之至简法，也是至妙法。"达理""知道"才能知本知天，舍此为文章、为事功，终究落于"浅""俗"。可知"明理""知道"既是读书之目标，亦是作文之关键。

读书、明理，必得济以涵养之功夫，才能成就圣贤人格、不朽文章，此即"存养"之意。《纲领》引《文筌》养心、养力、养气之"三养"说，即"养心"三法：地步高则局段高，见识高则意度高，气量高则骨格高；"养力"二法：读书多则学力富，历世深则材力健；"养气"二法：养元气以充其本，养题气以极其变。如何地步高、见识高、气量高，其引《文筌》云：

> 欲地步高何法而可？曰立伊尹之志，为颜子之学，立脚峻绝，操心诚立，自然高出千载。
>
> 欲识见高何法而可？曰此心之灵与神明通，默而识之，游于造化之祖，天机出入，陟降左右，则妙与神明通矣。
>
> 欲气量高何法而可？曰熟读《孟子》以昌吾气，细看《尧典》以恢吾量，参以《史（记）》以博其趣。[2]

皆言以读书、立志、明道来涵养作者的心气。关于"养元气以充其本，养题气以极其变"等内容，《纲领》亦全部引《文筌》详加说明。值得注意的是，《纲领》虽一一引录这些内容，但省去了"养心""养力""养气"三个名目，仅列"存养"一类，未加区

---

① 藤原惺窝：《文章达德纲领》卷一《穷理》，引薛瑄语。
② 藤原惺窝：《文章达德纲领》卷一《存养》。

别，这是惺窝的高明处。在他看来，此皆为涵养个体之心智，强分“心”“力”“气”，未免琐细。《文筌》的这些地方也正为《四库全书总目》所诟病，称其“体例繁碎，大抵妄生分别，强立名目”①。惺窝作为一代儒宗而建立的诗文体系，较为务本务实，比之宋明文章家，多了些通脱之气。

（三）诗文之法：尚“自然”

“道”“理”为诗文之本，具体到诗文之法，《纲领》卷二、三亦列有若干条目，包含着风格论、结构论、体制论等，但是，崇尚“文皆从道中流出”的惺窝，其论诗文之法时，必然首重“自然”。这是第一义之法，余则为第二义。

《纲领》引程颐语云：

> 圣人文章自然，与学为文者不同，如《系辞》之文，后人决学不得。譬之化工生物，且如生出一枝花，或有剪裁为之者，或有绘画为之者，看时虽似相类，然终不若化工所生，自有一般生意。②

以“化工生物”喻圣人文章，二者皆循自然之理，后世作文者“剪裁”“绘画”，虽似而终不及，所缺者就在“一般生意”，此“生意”乃与天机相触，蕴含天道、天理。这里以“自然”二字标举圣人之文，是为后世立出作文最高之法。本乎此，惺窝最为

---

① 永瑢等撰《四库全书总目》卷一九七《文筌》，第1799页。

② 藤原惺窝：《文章达德纲领》卷一《读书》，引程颐语。

心仪的诗人是陶渊明，称道陶乃“委心任去留”“乐只与天游”[①]的证道者。评陶之风格，多引宋理学家之语，拈出“自然”二字：“渊明诗平淡出于自然，后人学他平淡，便相去远矣。”[②]“陶渊明诗所不可及者，冲淡、深粹出于自然，若曾用力学诗，然后知渊明诗非着力之所能成，私意去尽，然后可以应世。”[③] 陶诗最可贵就在自然，其冲淡、深粹之美皆出于自然。而自然又不可用力而“学”，“私意去尽”方可得。惺窝在《次韵梅庵出己并序》中谈到“养混沌之德”[④]，不死在句下，方可得“自然”之法，“养混沌之德”即存有“天真”之德性。所以，惺窝以“自然”为文法，其根本仍是以“道”为法，以“德”为根基。

由此，惺窝对于文风之奇并不一味反对，奇亦存于自然之中，他反对的是刻意为“奇”。他引韩愈语：“《易》奇而法，《诗》正而葩。”[⑤] 奇、正并举，两立其极，各臻其妙。但是对于为奇而奇，《纲领》引《后山诗话》进行了批驳：

> 杨子云之文好奇而卒不能奇也，故思苦而词艰。善为文者，因事以出奇，江河之行，顺下而已。至其触山赴谷，风搏物激，然后尽天下之变。子云唯好奇故不能奇也。[⑥]

---

① 藤原惺窝：《惺窝先生文集》卷一《题归去来兮图三首》。
② 藤原惺窝：《文章达德纲领》卷六《诸家》，引朱子语。
③ 藤原惺窝：《文章达德纲领》卷六《诸家》，引杨时语。
④ 藤原惺窝：《惺窝先生文集》卷三《次韵梅庵由己并序》。
⑤ 藤原惺窝：《文章达德纲领》卷一《读书》，引韩愈语。
⑥ 藤原惺窝：《文章达德纲领》卷六《历代》，引陈师道语。

扬雄文章为奇而奇，失掉了自然，思苦、词艰，反不能奇了。惺窝录此，亦有救时弊之用。五山时期日人学东坡、山谷写作汉诗，多尚奇崛，末流正陷于“思苦”“词艰”。惺窝总体而言对尚奇之风较为包容，但是必得不悖于自然。善出奇者，如江河之行，触山赴谷，风搏物激，应自然之变，得造化之理，是不得不变，自然成奇。如此一来，将“奇”“变”与“自然”之法统一起来了。“自然”成为了总的原则，非一种单纯风格而存在，可以兼有众妙，可以蕴含万机，变化自在其中。这些“自然观”使得《纲领》之论诗论文，较为丰富和融通。

《纲领》之文学主旨，皆本于宋明理学，以道为本，注重个体之修养，诗文之法尚自然，亦求其变化。这些主张，对于廓清五山缁流文学之弊，建立江户汉文学的新风具有重要的作用。但是，过分强调“道”之绝对性、根本性，个人德行对文学的决定意义，势必消解了文学的独特价值，因而对于文学之兴盛亦有一定的阻碍。这也是为何江户汉文学之大兴要到江户中叶荻生徂徕崛起，“徂徕派”居主流时才真正到来。

三 《文章达德纲领》之杜诗观

杜诗传入日本始于平安时期，约九世纪末以前，但一直以来并未受到日人重视。五山禅僧多学东坡、山谷诗，虽有重杜者，如义堂周信《空华日用工夫略集》中有讲习杜诗、喜好杜诗的记载，但未成风气，即或崇杜，亦多因苏、黄而及之。至江户，杜甫渐为世所重，享有独尊之地位，此与江户前期理学家之力倡大有关涉。藤原惺窝以理学家的眼光来看待“诗圣”杜甫，开江户诗坛尊杜之先声。其弟子林罗山、松永尺五、那波活所、堀杏庵，尤其是石川丈山皆极力推举杜甫，尊奉杜甫遂成江户诗坛之主调。

惺窝喜好杜诗，文集中常有阅读杜集的记载：

> 文锦四册，杜集五策，还遣焉。杜集比分类之古本，则注甚简也。然亦其取舍之当否，未细检。时架上无杜集，不可比校也。①
>
> 澄公所惠之和歌，隽永无穷，朗吟不措，五关之烦，为之洗了。快活，快活，多谢有余。文锦四册，杜集五册，三四日间抹过以还之。即今小冗，不涉繁辞。磬折。②

惺窝读杜集甚细，关注到了杜诗注释及选录标准诸问题。又，阅读杜诗，常能感同身受，产生强烈的共鸣：

> 手牍欣欣，明日明明未可应佳招。佳月即中秋，中秋必非中秋，思之思之，冥冥之雨，有老杜之叹，而无老杜之诗，弥可叹者也。③
>
> 昨晡劳迎接，特旅宿之中，盘饤桂玉之困，在默存里。虽然，曾子当时说三费，亦学者之明诫也……奈何！

---

① 藤原惺窝：《惺窝先生文集》卷一二《与林道春》。

② 藤原惺窝：《惺窝文集》卷三《寄林三节》，宽永四年（1627）序刊本。

③ 藤原惺窝：《惺窝先生文集》卷一一《与林道春》。

秋雨之叹，满怀不可言，老杜之旧题，讽诵聊遣兴而已。心曲并竢跫音之日，草草不悉。①

秋雨之夕，老杜沉郁悲慨之诗味，最切惺窝心怀，足以遣兴称情。

惺窝阅读的杜集中《杜诗通》应为较重要的一种，他的文集特别记载了购买此书之事："《杜诗通》之价白银十钱，遣之。疾风甚雨，目下萧索，雅候如何？"② 林罗山也提及惺窝阅读《杜诗通》，并对其中某些评注持有异议：

《杜诗通》若干卷，是子美诗之注也。《兖州城楼》诗注云："甫十七岁作"云云。惺窝谓余曰："恐是非少年所作，以诗语意而见之，只似老成。起句云：'东郡趋庭日，南楼纵目初。'"③

《杜诗通》十六卷，明张綖撰，《四库全书总目》称其"颇能去诗家钩棘穿凿之说，而其失又在于浅近。《本义》四卷，皆释七言律诗。大抵顺文演意，均不能窥杜之藩篱也"④，评价不甚高。《登兖州城楼》诗家普遍认为作于早期，《杜诗通》亦持此看法，惺窝以起句之语意似老成，而质疑其说，结论虽未必成立，但亦由此可知惺窝对于杜诗风格及诗事皆较为熟悉。

惺窝诗文创作中受到杜诗影响颇多，但是惺窝较少对杜诗做

---

① 藤原惺窝：《惺窝先生文集》卷一二《与顺知》。
② 藤原惺窝：《惺窝文集》卷四《与玄同》。
③ 林罗山：《罗山林先生文集》卷七五《随笔十一》。
④ 永瑢等撰《四库全书总目》卷一七四《杜诗通》，第 1532 页。

直接评述。《纲领》中却大量引述宋、元、明诸家论杜之语，通过考察这些内容，可以较为全面、系统地了解惺窝的杜诗观。

《纲领》卷六专论历代诗文之变迁，评述历代诗文家之风格，其中最为关注的是杜甫，《纲领》中辑录论杜条目三十余条，是收录条目最多的诗人。下表是《纲领》中主要的论杜言论：

论者	典籍	引录内容
宋 林駉	《源流全论》	1. 杜工部平生诗集模写风景，拳拳爱君，读之令人洒洒然生爱心，故山谷谓有《三百篇》之旨。 2. 以诗而论人，如苏李之高妙、陶阮之冲澹、曹刘之豪逸、谢鲍之峻洁、徐庾之华丽，此盖有声于诗坛者，而前辈特称子美之诗，此无他，不以文论文，以经论文也。 3. 而老杜一集，本以五言为体，山谷谓有《三百篇》之旨……大抵得圣人之意，则自然暗合于道。 4. 杜陵之诗，黄鲁直称其灵丹一粒，杨大年薄其为村夫子。 5. 胸中无国子监，不可读杜甫诗。……张燕公谪兵（岳）州而诗益凄婉，人以为江山之助，杜工部自夔州后所著篇什，皆不待斧斤而自合。
宋 朱熹	明胡广 《性理大全》	1. 杜甫夔州以前诗佳，夔州以后自出规模，不可学。 2. 杜诗初年甚精细，晚年横逆不可当。 3. 杜子美诗好者亦多是效选诗。 4. 人多说杜子美夔州诗好，此不可晓。鲁直一时固自有所见，今人只见鲁直说好，便却说好，如矮人看场耳。 5. 文字好用经语亦一病，老杜诗致远思，恐泥。 6. 杜子美“暗飞萤自照”，语只是巧。 7. 作诗先用看李杜，如士人治本经，本既立，次第方可看苏黄，以次诸家诗。 8. （今人）作诗不学六朝，又不学李杜，只学那峣崎底。

论者	典籍	引录内容
宋 陆九渊	明胡广 《性理大全》	1. 杜陵之出，爱君悼时，追蹑骚雅，而才力宏厚、伟然，足以镇浮靡诗家，为之中兴。
宋 罗大经	宋罗大经 《鹤林玉露》	1. 作诗惟拙句最难，至于拙则浑然天全……以杜陵言之如“两边山木合，终日子规啼”“野人时独往，云水晓相参”……杜陵云“用拙存吾道”，夫拙之所在，道之所存也，诗文独外是乎？
元 吴澄	明胡广 《性理大全》	1. 诗之变不一也。……唐陈子昂变颜谢以下，上复晋魏汉。而沈宋之体别出，李杜继之因子昂而变，柳韩因李杜又变。 2. 宋氏王、苏、黄三家各得杜之一体。
元 黄至道	元陈绎曾 《文式》	1. 范德机得杜工部之骨，柳仲弘得杜工部之皮，虞伯生得杜工部之肉，揭曼硕非李非杜自成一家。
明 薛瑄	明薛瑄 《读书录》	1. 少陵诗“寂寂春将晚，欣欣物自私”，可以形容物各付物之气象。 2. 少陵诗曰“水流心不竞，云在意俱迟”，从容自在，可以形容有道者之气。 3. “江山如有待，花柳自无私”，唐诗皆不及此气象。 4. “人实不易知，更须慎其仪”，杜诗之近理者也。
明 宋濂	明吴讷 《文章辨体》	1. 杜子美复继出，上薄风雅、下该沈宋，才夺苏李、气吞曹刘，掩颜谢之孤高，杂徐庾之流丽，真所谓集大成者。 2. 刘梦得步骤少陵而气韵不足。 3. 苏之笔力横绝，宗杜子美。 4. 元祐之间，苏黄挺出，虽曰共师李杜，而竞以己意相高，而诸作又废矣。 5. 陈去非虽晚出，乃能因崔德符而归宿于少陵，有不为流俗之所移易。

上表引论杜语录共二十七条，引自八人：林駉、朱熹、陆九渊、

罗大经、吴澄、黄至道、薛瑄、宋濂；出自六种文献：林駉《源流至论》、罗大经《鹤林玉露》、陈绎曾《文式》、胡广《性理大全》、薛瑄《读书录》、吴讷《文章辨体》。辑录的论杜条目，既有对杜诗风格的总论，亦有摘句评析，还有关于杜诗源流、诗史地位的评论。总括而言，可梳理出其杜诗观以下几个要点：

（一）尊杜与宗经

《纲领》中的评杜条目皆引自理学家或有理学素养的文章家的著作，没有一条出自诗话诗论，也就是说惺窝的杜诗观皆来自理学家、文章家的影响，这是惺窝杜诗观的一大特色。理学家与文章家的杜诗观有一个较突出的倾向，即常将“尊杜”与“宗经”“明道”相关联。《纲领》引《源流至论》的一段话，最能代表其主张：

> 以诗而论人，如苏李之高妙、陶阮之冲澹、曹刘之豪逸、谢鲍之峻洁、徐庾之华丽，此盖有声于诗坛者，而前辈特称子美之诗，此无他，不以文论文，以经论文也。[①]

提出了两种批评标准：“以文论文”和“以经论文”。“以文论文”，诸诗家各擅其美，“以经论文”则杜诗称圣。“以文论文”是文学的眼光，“以经论文”则重在诗文之大义，即“以六经为准的”来论诗。这里实包含着解读杜甫的一大关键：“尊杜”与“宗经”相并。《纲领》屡引此类条目：“杜工部平生诗集模写风

---

① 藤原惺窝：《文章达德纲领》卷六《诸家》，引林駉语。

景，拳拳爱君……故山谷谓有《三百篇》之旨。”“大抵得圣人之意，则自然暗合于道。”“杜陵之出，爱君悼时，追蹑骚雅。”“杜子美复继出，上薄风雅”① ……这些引述，皆将杜诗视为《三百篇》之正传。“尊杜”通于“宗经”“明道”，注重的是杜诗内在的圣贤气象，忠厚蔼然之意、中正平和之情，并非仅从体制上论其渊源。故论者将“尊杜”与“宗经”相并，实欲以杜之典正、浑厚，矫诗家之浮靡、颓败，以建立合于风雅之诗道。江户之初，大乱方治，惺窝及弟子以羽翼斯文自任，欲建立合于儒教的诗道、文统，选取“杜诗”为典范之用心或在于此。林罗山云：“诗者以《三百篇》为规范，其次之者三闾大夫乎，浣花居士是其亚也。《三百篇》之正而葩，《离骚》之忧而忠，少陵之兼众家之妙，足下其察之。正以治心，忠以励志，兼妙以出言，则诗岂外求哉!”②《诗》《骚》为万世之诗源，杜诗为不二之正传，以三者合，诗道足立。

（二）杜诗源流

杜诗源流是中国诗论较为关注的问题。《纲领》对此也有引录，引宋濂语云：

> 杜子美复继出，上薄风雅、下该沈宋，才夺苏李、气吞曹刘，掩颜谢之孤高，杂徐庾之流丽，真所谓集大

---

① 以上皆出自藤原惺窝：《文章达德纲领》卷六《诸家》。

② 林罗山：《罗山林先生文集》卷七《示石川丈山》。

成者。[1]

论杜诗渊源，本于元稹，亦为中国诗家之公论，杜诗乃广采博取而集其大成。惺窝无疑最重视的还是“风雅”之源，《纲领》中引录这一类议论最多，这是杜诗内在的思想源头、精神所本。又引吴澄语：“诗之变不一也。……唐陈子昂变颜谢以下，上复晋魏汉。而沈宋之体别出，李杜继之，因子昂而变，柳韩因李杜又变。”[2] 吴澄以为“诗变”为万古不移之理。李杜是继承子昂而变化，柳韩又继承李杜而再变，将陈子昂作为李杜之近师，这是超越了诗歌体制形貌之异，而寻找到了李杜与子昂“兴寄”“风骨”上之同，正是这种精神气象上的传承，成就了盛唐气象，吴澄此论颇具识见。《纲领》引录此条，也是对杜甫“有因有变”所秉持的肯定态度。

《纲领》之《诸家》还引录了历代学杜诸家，如：“刘梦得步骤少陵而气韵不足。”“苏之笔力横绝，宗杜子美。”“苏黄挺出，虽曰共师李杜，而竞以己意相高，而诸作又废矣。”“陈去非虽晚出，乃能因崔德符而归宿于少陵……”[3] 诸条论唐、宋学杜者，出自宋濂《答章秀才论诗书》，可以看出宋濂对杜甫之推崇，对苏黄诸人学杜“以己意相高”之不满，这些皆深得惺窝认同。惺窝颇为欣赏宋濂的这篇文章，全文引录，且在文后特下按语云：“此篇论诗之源流，祖述时代之格调变迁，毫发不遗，非宏才博学、

---

① 藤原惺窝：《文章达德纲领》卷六《诸家》，引宋濂语。
② 藤原惺窝：《文章达德纲领》卷六《诸家》，引吴澄语。
③ 藤原惺窝：《文章达德纲领》卷六《诸家》，引宋濂语。

达诗之本者不足以语此。”推崇备至。《诸家》还引述了黄至道论元人学杜语，惺窝对此亦有所认同。《纲领》详细引录杜诗源流，彰显出杜甫在中国诗学史上独一无二之地位，对于江户诗坛逐渐兴起的学杜风潮无疑起到了推进作用。

（三）杜诗鉴赏

中国传统诗歌批评中有摘句评这种形式，《纲领》中也有杜诗的摘句评析，大多引自薛瑄《读书录》，如：

> 少陵诗“寂寂春将晚，欣欣物自私”，可以形容物各付物之气象。
>
> 少陵诗曰“水流心不竞，云在意俱迟”，从容自在，可以形容有道者之气。
>
> “江山如有待，花柳自无私”，唐诗皆不及此气象。①

春将暮，天地寂寂，万物欣欣，自在自足，涵泳这份诗境，体味出“物各付物”之气象；水流心静而不逐，云在意清俱迟迟。天地清明，心静神远，深味之，可以见从容、自在之道者气。然这种解读并非杜甫本怀，张谦宜《茧斋诗谈》评云：“‘水流心不竞，云在意俱迟’，无心入妙，化工之笔。说是理学不得，说是禅学又不得，于两境外别有天然之趣。”② 实无关于禅学、理学，乃

---

① 藤原惺窝：《文章达德纲领》卷六《诸家》，引薛瑄语。

② 张谦宜：《茧斋诗谈》卷四，收入郭绍虞编选《清诗话续编》上，上海古籍出版社，1983，第835页。

"无心入妙"，"暗与理合"。薛瑄从"道"入手，以诗境证道境，这种评诗方法有其独特价值。评者超越了对诗歌词句、章法、意义、背景的具体评价，透过活泼诗境，直探造化之理，从山川风物中，窥见幽微精妙的大道。这是带有浓郁理学色彩的"证道式批评"①，自邵雍已开其端。邵雍所称"成诗为写心""诗扬心造化"等，皆将道学与诗学联结起来，这种评诗法，"可以一言契道，而不坠理窟，不落理障，同时也不致破诗人之格"。②

惺窝颇为喜爱这种方法，不仅鉴赏杜诗如此，《纲领》中多处可见"证道式批评"。卷六"诸家诗评"开篇引用程子评邵雍诸人诗，就是最经典的证道式批评："'梧桐月向怀中照，杨柳风来面上吹'，真风流人豪也。""'乐意相关禽对语，生香不断树交花'，此语形容得浩然之气。"以理学家之眼观物，山川、花鸟、风月皆获得了一种全新的意义，鸢飞鱼跃、莺啼草长，无物不可见道。这是理学对文学的渗透，有其积极价值，既增加了诗学的哲理意蕴，亦激起了哲学的诗意阐发。

这种诗歌批评与前一节所说的"濂洛风雅"实为同一旨趣。也就是说，从本质来看，这不仅仅是一种批评方式，它体现着理学家们一以贯之的精神生活意态，其充盈、明澈、莹洁的生命境界，实已具足心性哲学与心性诗学之"双美"，即其人生志向、生命境界常能转化为当下的诗意体验；而诗意体验中又无不渗透着他们对宇宙、人生的洞见与觉悟。

① "证道式批评"，见顾易生、蒋凡、刘明今《宋金元文学批评史》下《理学家的文学观》，上海古籍出版社，1996，第761页。
② 郭绍虞：《中国文学批评史》下册，商务印书馆，2010，第174页。

本此精神来评诗、吟诗，甚而以诗歌作为感发道情的力量，建立起诗、道相融的生活方式。惺窝受此影响颇深，他在文集中述其生活云：

> 傍花随柳昔闻风，不管世情闲与忽。若识自家生意在，四时浑是一春中。①
>
> 万福莺花触拨人，新年景象赏心频。山川富贵得时处，草木文章瑞世春。②
>
> 和风吹万物，物自不曾知。是故有生意，三春贯四时。③
>
> 逍遥山水村，目击道相存。见趣高耶下，读书不待言。④
>
> 光风和霭满身春，一日岁新心亦新。⑤

傍花随柳，春逝秋空，悟得天理，识得自性，心便安住乐境；和风吹万物，物虽不知，生意一片；光风和气，春景满怀，岁新心亦新。在这些诗句中，人、景、理、情融洽一体。惺窝作为一个异国儒者，能够深刻地体悟理学与诗学的内在精神，并尽力沟通二者，实践着他在《纲领》中建构的道学、文学理想，由此开启了一国思想、文学之新风，无怪日人称扬其可享万世之祭礼。

① 藤原惺窝：《惺窝先生文集》卷四《林道春寄小律一篇足起予呰窃偷生之懒乃次韵答来惠》。
② 藤原惺窝：《惺窝先生文集》卷二《试毫》。
③ 藤原惺窝：《惺窝先生文集》卷一《和风堂》。
④ 藤原惺窝：《惺窝先生文集》卷一《次韵渊生山中即事二首》。
⑤ 藤原惺窝：《惺窝先生文集》卷二《文禄癸亥试笔》。

第四章　林罗山

藤原惺窝高足中，最具影响力者为林罗山，《先哲丛谈》首列惺窝，次则林罗山。《日本诗史》称："罗山林先生际会风云，首唱斯文于东土。芝兰奕叶，长为海内儒宗。"[①] 罗山于诗坛影响亦深，"举世皆谓儒宗、文豪、诗杰，悉皆备于一人"[②]。其诗不计工拙，独以气韵胜，俞樾《东瀛诗选》将林罗山置于首卷第一人，称云："虽词不工，其言足征者甚多。余谓不工何病，大辂始于椎轮，岂当较其工拙哉？……善押险韵。气力雄厚，已足使举鼎膑绝者望而却步矣。"[③] 确为公允之论，其在日本诗学史上之地位亦可知。

林罗山（1583—1657），名忠，一名信胜，字子信，号罗山、浮山、罗浮、罗洞、梅村等。先祖为加贺（石川县南部）人，父始居

① 江村北海：《日本诗史》卷四。

② 林鹅峰：《罗山先生集序》，载林罗山《罗山林先生文集》卷首，宽文元年（1661）序刊本。

③ 俞樾：《东瀛诗选》卷一，曹升之、归青点校，中华书局，2016，第 1 页。

于京师。罗山生而神采秀彻，《先哲丛谈》记其少时记忆力超群：

过父读《太平记》，罗山时年八岁，一闻记之，即背诵者数十张。又尝造某许，讲《论语集注》，中脱一叶，乃操笔暗写以补葺之，一字不谬。其强识率此类也。①

据《年谱》记载，罗山“十二岁既通国字，读演史小说，粗窥见中华之书，记忆不忘”，“十三岁登东山，入建仁禅寺大统庵古涧慈稽长老室读书”，精研汉籍，驰骋百家，十七岁已立志于经学。② 其云：“常览群书，其言皆有所由来，唯五经不然，则历代载籍无不本于五经者，当世学者窥其末不知其本也。初余在东山读唐宋诗文，归家读三史、《文选》，而后知其皆本于五经也。自是专志于经学。”③ 十八岁读《朱子集注》，心服之，是年开门授徒讲说“四书”新注，轰动四方，亦惊动了德川家康。《年谱》详记此事，此亦为日本思想史上的重要事件：

十八岁，学业大进，声名藉甚。当时清原家儒者讲四书，唯《学》《庸》用朱子章句，而《论》《孟》犹读何、赵注，皇侃、邢昺疏，未见集注，而五经唯仅窥汉唐注疏而已。此时惺窝藤敛夫，虽为儒宗，避世不接人，先生独教徒弟讲宋儒之书，本朝道学之兴，权舆于此。

---

① 原念斋：《先哲丛谈》卷一“林罗山条”。
② 林鹅峰：《年谱上》，载林罗山《罗山林先生集》附录卷一。
③ 林鹅峰：《年谱上》，载林罗山《罗山林先生集》附录卷一。

……

二十一岁，聚徒弟开筵讲《论语集注》，来闻者满席，外史清原秀贤忌其才，奏曰："自古无敕许则不能讲书，廷臣犹然，况于俗士乎？请罪之。"遂闻达于大神君，大神君莞尔曰："讲者可谓奇也，诉者其志隘矣。"于是秀贤缄口。自是先生讲书不休，加训点于《四书章句集注》，专以程朱之说为主。①

庆长五年（1600），日本儒学之主流仍为汉唐注疏，惺窝虽已倡宋学，但"避世不接人"，独罗山授徒讲授宋学，"道学之兴，权舆于此"。庆长八年（1603），罗山在京都讲授朱熹《论语集注》，明经家清原秀贤等忌其才，向德川家康将军弹劾，将军以"讲者可谓奇也，诉者其志隘矣"回复，黜博士之议。这一事件标志着由明经家讲授儒学时代的结束。②

其时，藤原惺窝已倡理学于京师，罗山景仰其学，遂师从惺窝。二十三岁为家康召见问学，当时大学问家清原秀贤、承允、元佶皆在侍，然罗山学问之淹博已难有人及：

清原秀贤、相国寺承允长老、元佶长老侍御前，大

① 林鹅峰：《年谱上》，载林罗山《罗山林先生集》附录卷一。

② 《先哲丛谈》卷一"林罗山"条亦记此事："罗山少时，世未有奉宋说者。罗山年十八，始读《朱子集注》，心服之。遂聚徒讲朱注。清原博士议之曰：'自古无敕许，则不得讲书，朝绅犹然，况处士抗颜讲新说。不可不罪也。'东照君（德川家康）黜博士之议，而称罗山为有所见。于是罗山益攻其学。"按：这一年也是德川家康受封为征夷大将军的时间，家康建立德川幕府，日本进入江户时代。

君问曰："光武于高祖，世系如何?"三人不能答，大君顾先生曰："汝知之否?"应声对曰："九世之孙也。"又问曰："汉武返魂香出何书乎?"对曰："史、汉不记之，《白氏文集》《新乐府》及《东坡诗注》有之。"又问曰："兰多种品，抑屈原所爱为何?"对曰："据朱文公注，则泽兰也。"①

罗山对于中国典籍的熟悉令人称叹。其后，大被将军宠任，起朝议，定律令，幕府所需文书、法度皆经其手。罗山一生历仕家康、秀忠、家光、家纲四代将军，地位极为显赫。后朱子学定为官学，其功至伟。

林罗山学问极为博洽，于学无所不通。长野丰山《松阴快谈》云：

本邦儒先如藤惺窝、林罗山、木顺庵、室鸠巢诸公者，皆忠厚质直，千载传之无弊之学也。罗山、凤冈二先生，其学该博，和汉古今之书，靡所不窥，可谓前无古人，后无来者矣。②

凤冈为林罗山之孙，承袭家学，亦为一代硕学。林氏一门，多出硕学鸿儒，罗山、凤冈二人更为特出，长野丰山称其博学"前无

① 林鹅峰：《年谱上》，载林罗山《罗山林先生集》附录卷一。

② 长野丰山：《松阴快谈》卷一，收入池田四郎次郎《日本诗话丛书》卷四，文会堂书店，大正九年（1920），第325页。

古人，后无来者”，评价甚高，大体符合史实。罗山一生著述极丰，有一百五十余种，其中校订整理有《本朝文粹》《群书治要》《日本纪》等，补正《宋朝类苑》，据足利版《五经正义》校勘《十三经》本之《五经》，训点《四书》《五经》注本，及《五经大全》《春秋胡氏传》《周易传义》《蔡氏书传》《周礼》《仪礼》《公羊传》《穀梁传》《尔雅》《国语》《陶渊明集》等，诗文方面有《汉魏六朝唐宋百人一诗》《白氏文集首卷注》《长恨琵琶抄》《文选序表考》《一人一首》《倭汉诗歌合》《诗文机缘》《诗仙》等，另有《罗山林先生诗集》七十五卷、《罗山林先生文集》七十五卷、《梅村载笔》三卷，其诗学思想大部分皆载于后三部著作。关于林罗山传记资料也十分丰富，重要的有《先哲丛谈》《先哲像传》《近世丛语》《儒职家系》《近世大儒列传》《儒林传》《玉滴隐见》《明良洪范》《日本诗史》《锦天山房诗话》等。其子林鹅峰所作的《年谱》载于《罗山林先生集》附录，是研究罗山生平事迹的重要文献。

第一节　理学与文学

林罗山终生服膺程朱之学，称扬朱子“集诸儒之大成，遂使道统传至于无疆”[1]，其思想观念无疑皆本于宋明理学。作为藤原惺窝之高足，其经学、诗学思想，大体承袭师说，但亦不乏自己

① 林罗山：《罗山林先生文集》卷五一《朱子真迹跋》。

的创见，形成了颇具特色的林家朱子学和林家诗法，并对当时的日本产生了广泛的影响。学术界对于林罗山儒学思想的研究较为充分，这里仅从儒学、文学关系的角度做一探讨。

一 “以道为本”与“文道一体”

林罗山被朱谦之称为“日本文艺复兴期的大人物”[①]，他所复兴的即是孔子及其儒学。罗山将孔子视为近于“神”的存在，其《圣像赞》称：

> 圣人后天地而生，知天地之始；先天地而设，知天地之终。故曰：仲尼元气周流也，亘宇宙而无穷继。[②]
>
> 玉振金声，兹集大成。阴阳合德，日月均明。今古天下，圣哉至诚！[③]
>
> 天不生仲尼，万古如长夜。日月代明然，古言今不讶。[④]

赞孔子“元气周流也，亘宇宙而无穷继”，“阴阳合德，日月均明”，可谓奉之若神。又极赞孔子所传之“道”具至高无上的地位：

---

① 朱谦之：《日本的朱子学》，人民出版社，2000，第187页。
② 林罗山：《罗山林先生文集》卷四六《圣像赞》。
③ 林罗山：《罗山林先生文集》卷四六《圣像赞》。
④ 林罗山：《罗山林先生诗集》卷六七《圣像》。

道在宇宙，理无古今。明明一系，鸣呼，至哉！圣贤心。[1]

道兼天地通，大圣德无穷。祖述宪章际，存神过化中。一言成世教，六艺起皇风。[2]

“道”至高、至大，与天地并存，且无所不在：“道与天通，宇宙无穷。鸢飞鱼跃，仁在其中。君臣父子，惟孝惟忠。”[3]“物理不空，宇宙无穷。鸢飞鱼跃，道在其中。”[4] 在无垠的时空及万事万物中，道处处显现。道为世界的存在方式，因而，“以道为本”成为罗山诗学思想的一大关键。

在“经学”“诗学”关系上，罗山主张“道本文末”“文道一体”。这与惺窝的观念如出一辙，其云：

有道有文，不道不文。文与道，理同而事异。道也者，文之本也；文也者，道之末也。[5]

道之外无文，文之外无道，若文与道榛塞为二，则岂文也哉？[6]

文能弘道，非道弘文。文外无道，道外无文。故曰贯道之器也。[7]

---

① 林罗山：《罗山林先生文集》卷四六《道统传赞》。
② 林罗山：《罗山林先生诗集》卷六七《圣像》。
③ 林罗山：《罗山林先生文集》卷六八《随笔四》。
④ 林罗山：《罗山林先生文集》卷六八《随笔四》。
⑤ 林罗山：《罗山林先生文集》卷六六《随笔二》。
⑥ 林罗山：《罗山林先生文集》卷五《示堀正意》。
⑦ 林罗山：《罗山林先生文集》卷六六《随笔二》。

四书六经为古文，是皆道德之器也，所以载道而之后世也。①

唯文与道贯通为贵，谓之真之文章也，复谓之道德之文章也。②

这是从三个角度来讨论“文”“道”之关系。从根本上说，道无所不在，故“文外无道，道外无文”，“文道一体”；从功用上说，文是贯道之器，载道之具，贯道之文乃为真文章；从地位而论，道与文又有本、末之分。虽有三种说法，本质是一样的。道是文之根本，文是道之外显。道从文中流出，文中必要含藏天理。值得注意的是，罗山既主张“文以载道”说，又处处标举“文以贯道”说，虽仅一字之别，但一为理学家的观念，一为古文家的思想，罗山能兼取二者，可知对于韩、柳等古文家也是较为认同的。

基于“以道为本”的观念，林罗山主张写诗作文，要以“六经”来涵养性情，“凡为文者，不本乎经，则驳杂而已，何足观之乎？”③ 所谓“驳杂”，皆以其性情不淳厚故。若要文章光彩照人，必要以经书来涵养人格、性情。另一方面，六经为一切诗文之源，故能令人文彩焕然。其称：“黄山谷诗：‘寒炉余几火，灰里拨阴何。’阴铿、何逊也。诗文亦然。予亦曰：‘凄凉六籍寒灰里，拨出文章万丈光。’以六经作为文章则善乎！”④ 要以六经养心，以

---

① 林罗山：《罗山林先生文集》卷六六《随笔二》。
② 林罗山：《罗山林先生文集》卷五〇《诗联句序》。
③ 林罗山：《罗山林先生文集》卷六五《随笔一》。
④ 林罗山：《罗山林先生文集》卷六六《随笔二》。

经籍为诗料，可以长养出文章的万丈豪光。

在《武州州学十二景·灵池皓月》中林罗山写道：

> 水有寒光月有阴，一波不动鉴空心。清冷分得文王沼，夜色明明白鸟沉。①

这是罗山以理学家之眼看到的世间风景，充满着清莹、澄明的诗境。天下既无理外之物，也无物外之理。触目所及，可为悟道之机，在水、月的光影里，究明天理、体悟天机。“清冷分得文王沼”，在“道”中与千载之上的文王遥契；“夜色明明白鸟沉”，当天机触动，天理流行，唯觉万物自在，万境澄静。这与周敦颐、邵雍之风流实遥遥相接。

二 “文德错杂而后君子道生”

林罗山与藤原惺窝在“以道为本”的观念上有着高度的契合，但是，对于诗文的态度有所不同。惺窝无意于为诗文，对诗文的重视较为有限。而林罗山虽“以道为本”，但仍对诗文有着浓厚的兴趣，故在认同理学家文道观的同时，亦较能接受古文家一派的思想，一定程度地表现出“文道兼重”的倾向。如其云：

> 四书六经之外，可作文章之典范者，有《左传》《国

① 林罗山：《罗山林先生诗集》卷九《武州州学十二景·灵池皓月》。

语》《战国策》《楚辞》《庄子》《史记》《汉书》，另外还有韩文、柳文、欧阳、东坡。[①]

明确树立韩、柳、欧、苏为文之典范，还试图从理论上论证文、道并重：

> 子贡曰："夫子之文章，可得而闻也；夫子之言性与天道，不可得而闻也。"是则自文章而后至乎性与天道者也，不闻文章而闻性道者，未之有也。后来之学者，一言性道而不言文章，譬如舍筌蹄而欲得鱼兔也，遂不可得，终日唯劳劬而已。故经传者，道之筌蹄也；学问者，文章之筌蹄也。[②]

从儒家思想内部寻找根据，证明"文"的重要价值。性道是抽象的存在，若欲至其境，必不能舍文章而得之，"不闻文章而闻性道者，未之有也"。

因而，其理想之境是"文"与"道"并生：

> 夫道德者，我实也；文章者，我华也……华实彬彬，然后我文我道无蓁塞，谓之君子之文章矣。[③]

---

① 林鹅峰：《梅村载笔》，元文二年（1737）写本，原昌平坂学问所旧藏，现内阁文库藏。

② 林罗山：《罗山林先生文集》卷六六《随笔二》。

③ 林罗山：《罗山林先生文集》卷六六《随笔二》。

文、德错杂而后君子之道生焉。①

君子之文章有文有道，缺一不可，故“华实彬彬”。文、德兼备，君子之道生。如此，林罗山论文就有着较为浓厚的“文道并重”的色彩了。

从罗山一生读书、治学经历也可以看出他有“文道兼修”的倾向。罗山最初接触到的汉籍是集部之书，据《年谱》所载，八岁即能谙诵《太平记》，十三岁“读唐宋诗文，求东坡全集于市，手自加朱句以终编，人皆叹美之”，十四岁已注抄《长恨歌》《琵琶行》。

特别值得关注的是，庆长九年（1604），罗山二十二岁开列《既见书目》，记有四百余种图书，其中诗文类较重要的有：

《文选》六臣注、《楚辞》朱子注、《陶渊明集》、《唐诗三体》、《古文真宝》、《李白集》、《杜甫集》、《韩文》、《柳文》、《白氏文集》、《樊川集》、《欧阳集》、《王荆公诗集》、《三苏文集》、《东坡诗集》、《东坡全集》、《山谷集》、《后山全集》、《放翁诗集》、《中州集》、《击壤集》、《阳明诗集》、《丘浚诗集》、《诗人玉屑》、《风雅集》、《诗格》、《百二十咏》、《词林广记》、《诗学正宗》、《唐诗正音》、《唐诗品汇》、《唐诗拾遗》、《玉山名胜集》、《衢村集》、《（唐）才子传》、《瀛奎律髓》、《风雅

① 林罗山：《罗山林先生文集》卷六六《随笔二》。

翼》、《岑嘉州诗集》、《真西山文集》、《律赋》、《鲲溟诗集》、《花潭文集》、《刘随州诗集》、《皇明诗选》、《杨仲弘诗集》、《大雅集》……《唐音遗响》、《鼓吹续编》、《寒山诗集》……①

《诗经》《楚辞》，汉魏六朝、唐、宋、元人诗文别集、总集，唐诗选本，宋、元人诗话，多一一列出。诗文以外，还广涉稗官小说、类书等。如《鹤林玉露》《汉魏丛书》《通俗演义三国志》《说苑》《博物志》《图像山海经》《酉阳杂俎》《太平广记》《事文类聚》《类说》《容斋随笔续笔》《列仙传》《续仙传》《游仙窟》《西厢会真记》《长恨歌传》《开天遗事》等。

除了上述书目，在其《梅村载笔》中亦有汉籍目录，分四书、五经、七书、三注、文、诗、史、字书、类书、家集、宋儒书（附元明）、明人家集、刑书、地志、医书、杂、释书等十七类，每类下著录有若干部典籍。其中诗文类所占比率颇重，分布在文、诗、家集（汉至宋人别集）、明人家集（明人别集）及部分杂类之中，且数量颇多。仅以文、诗两类（大都是总集）为例：

文

《文选风翼纂》《古文苑》《唐文粹》《文苑英华》《宋文鉴》《文章正宗》《续文章正宗》《崇古文诀》《文章规范》《续文章规范》《续文选》《文章辨体》

① 林鹅峰：《年谱下》，载林罗山《罗山林先生集》附录卷第二。

《古文珠玑》《文选奇正论》《国朝文类》《续国朝文类》《皇朝文则》《四续文宗》《古文正宗》《古文真宝》《名世文宗》

诗

《风雅翼》《百家唐诗》《唐音》《鼓吹续编》《万首唐人诗》《三体诗》《联珠诗格》《唐诗选注》《古人诗删》《全唐风雅》《诗绪笺》《皇元风雅集》《风骚规范》《唐诗品汇》《瀛奎律髓》《唐诗百家评》《皇朝诗评》《濂洛风雅》《李杜诗抄》《杜律虞注》《杜律》《杜律詹言》《唐十二先生诗》《千家诗》《禅林风月集》《全唐诗话》《渔隐丛话》《诗林广记》《诗法源流》《木天禁语》《诗人玉屑》《唐才子传》《草堂联锦》①

此外，“家集”及“明人家集”中还著录了汉至宋、元及明中叶前重要的诗文别集。林罗山对于诗文的重视于此可见，这份书目也反映了中国典籍在江户前期流行的情况。

宽永四年（1627），罗山四十五岁，“凡比年所涉猎之书，所作为之诗文甚多”②。去世前三年，即承应三年（1654），罗山七十三，除了教授其子弟五经句读外，“教之以《左氏传》《文选》，李、杜、苏、黄诗集，且见彼所作小诗，屡赐和章”③。这几部诗文集实为罗山一生最为喜好的著作。

---

① 林罗山：《梅村载笔》。
② 林鹅峰：《年谱下》，载林罗山《罗山林先生集》附录卷二。
③ 林鹅峰：《年谱下》，载林罗山《罗山林先生集》附录卷二。

第二节　林家诗法：“本于唐诗，参于宋”

日本诗学受中国诗学影响极深，诗学风气随之而屡变。近江、奈良、平安朝诗尚《文选》及白体，五山文学偏于宋调，江户前期诗学风气既承五山之余绪，习宋调，又开始接受明代诗学之影响，喜唐风，具有承上启下的过渡性特点，林罗山正是其中关键性人物。罗山的诗学宗尚较为开明，取法门径甚为开阔。一方面，他能博采众长，兼取历代；另一方面，又能基于其诗学理念，建立以唐宋大家为典则的诗学理想。

一　博取历代

明历元年（1655），林罗山编撰了《汉魏六朝唐宋百人一诗》，又编《一人一诗》选录初唐至明万历间诗人佳作，体现了罗山对汉魏六朝及唐、宋、元、明兼而取之的态度。在《百人一诗跋》中他写道：

> 汉魏六朝唐宋之诗名于世者多矣，其中擢一人一篇，则人与诗同是一百也，而限之以百，其取舍之际，何容易哉？①

① 林罗山：《罗山林先生文集》卷五二《百人一诗跋》。

对于上自汉魏、下至唐宋的诗歌皆能兼取广参。汉魏六朝诗文又以《文选》为范本，故罗山对《文选》的点校、注释颇下过一番功夫。文集记载其事：

《文选》有李善注本，有五臣注本，有六臣注本。其六臣注本中，又有就善本而加五臣者，有就五臣而添善注者。今此者就五臣而添善注者也。此本近岁米泽黄门景胜，陪臣直江山城守某开板于要法寺，余请秋元但马守泰朝，而后泰朝告景胜而得之以寄余。余先是倩友人及佣书者为之朱墨点，往往佣点之中舛谬多矣。后再借唐本加改正，犹非无疏略，特注中文字鱼鲁陶阴不少矣，它日之暇又宜校雠焉。古云："《文选》烂，秀才半。"读之者，能熟烂则下笔不能自休，岂翅武仲而已哉！然则此本亦是吾家之敝帚，享千金耶！①

《文选》各种版本罗山皆较为熟悉，并一直多方搜罗，又亲以唐本校雠、注释，重视、珍爱之意毕现。罗山每校一卷二卷必于卷后附记时间、心情及相关事宜，如《题选诗补注七八卷后》云：

守胜雇人写《选诗》，此第七八，早至，故怡悦目下，时把丹墨校雠之，自日午至戌亥之交一周览，附朱毕。癸未三月十二日②

---

① 林罗山：《罗山林先生文集》卷五四《五臣注文选跋》。
② 林罗山：《罗山林先生文集》卷五四《题选诗补注七八卷后》。

记录了罗山校雠《文选》之谨严及读后“怡悦”。林鹅峰在怀念早逝的长子林梅洞的《西风泪露》中还谈及罗山所藏《文选》及其他诗文集的情况：

> 先考（罗山）使侍史写《文选》，旧点四五部，其中善本余传之，罹丁酉之灾，其副本各一部，靖（罗山四子，鹅峰之弟）及汝（梅洞）传之，熟读之。如李、杜、苏、黄等集，家本数部，余及靖与汝各分得之。余讲经无暇，公务屡敦，故不能熟览之。靖大概谙诵之，汝亦能记忆之。先考有韩、柳古本，旧点两部，余及靖各得一部，汝别得新本蒋注，与旧本参校之，全部加朱句毕。其余六朝百名家及唐宋诗集、文集，靖悉一览之，汝亦一览之，且见《唐文粹》《宋文鉴》《元文类》等，汝于诗文之学可谓勤矣。①

林罗山家藏《文选》有四五种，善本传至罗山三子鹅峰，副本传给四子靖及长孙梅洞，李、杜、苏、黄集也有数种，子、孙各得一部，韩、柳古本两部，三子、四子各得一部，其他六朝诗文集、唐宋诗文集，及《唐文粹》《宋文鉴》《元文类》总集，罗山及其子弟皆一一阅览点校。罗山对于历代诗文广泛学习、摄取，这种读书法，事实上成为了林家家学，一直流传数代。

罗山还为多种诗文集作跋、序、后记，如《楚辞王注跋》《楚

---

① 林梅洞：《西风泪露》，宽文六年（1666）写本。

辞朱注跋》《五臣注文选跋》《题选诗补注》《题选诗谢灵运诗后》《杜诗绝句跋》《柳文跋》《白氏文集跋》《题琵琶行后》《题长恨歌后》《题万首唐人绝句跋》《题击壤集后》《陈后山集跋》《题杨诚斋诗抄后》《寒山集跋》《五山文编序》等，涉及汉魏、唐、宋历代诗文家，罗山对上述诗文皆有赞词，充分体现了他融通、宽和的诗学精神。

宽永十七年（1640），罗山五十八岁，自述其治学门径及次第，较为全面、典型地体现了他对于经、史、诗、文博取兼采的态度，对于历代诗文亦不执一端，广泛学习，其云：

> 《二程全书》《邵子全书》《龟山文集》《小学》《近思录》《伊洛渊源录》《朱子大全》《语类》《性理大全》《大学衍义》，并补许鲁斋、吴临川集、薛氏《读书录》、胡氏《居业录》……等理学之书，或一见或再见，往往加点朱。至若象山、阳明、林兆恩之书，亦电览之。如老庄、列、荀、扬、文中子，或讲之，或加朱墨。其余诸子，粗概见之。①

首列程朱理学之书，包罗宋、元、明的理学大家，次则陆王心学之书，再次则为老庄等诸子书。此外，辅之以诗文集及类书等：

> 曾加训点于《陶渊明集》，涉猎汉魏六朝之文。若

① 林鹅峰：《年谱下》，载林罗山《罗山林先生集》附录卷第二。

李、杜、韩、柳、香山、樊川、荆公、苏、黄、后山、简斋集，《文章正宗》《宋学士集》，往岁既熟览之。顷年写《刘禹锡集》《豫章全集》《杨诚斋全集》，其余《古文苑》《艺文类聚》《文粹》《文鉴》《文类》及唐宋元明诸家随其所见而无不终编。

又尝再见《事文类聚》全部加朱，而如《太平御览》、《广记》、《文苑英华》、杜氏《通典》、《白孔六帖》、《玉海》、《汉魏丛书》、《百川学海》、《稗编》、《稗海》、曹氏《十二代诗选》等，大部一考再校。①

诗文类首列《陶渊明集》，对陶渊明的重视与惺窝同一旨趣。然后分三类，一为往年熟读之书，有汉魏诸家，唐则李、杜、韩、柳、香山、樊川六人，宋则王安石、苏、黄、后山、简斋五人，明代则独列理学家宋濂，上述唐、宋诸家实为罗山最重视的诗人；次为近年阅读之书，有刘禹锡、黄庭坚、杨万里全集及唐、宋类书；三为宋、明类书、丛书、书志等，点校考订，以增广识见。这份书目较完整地体现了罗山治学门径及诗学宗尚，以经为本、诗文相辅，诗学广涉汉魏、唐、宋，唐则盛、中唐皆取。值得关注的是元、明诗人集未列一部，罗山对于元、明诗的态度也间接得到反映。

---

① 林鹅峰：《年谱上》，载林罗山《罗山林先生集》附录卷第一。

二　唐宋并尊

林鹅峰在《西风泪露》中总结林罗山的诗学要旨云："我家诗法，先考别立一家之法，本于唐诗，参于宋，而元明及丛林之体亦不必舍焉。"指出在涉猎各类诗文的基础上，林罗山还设立了学习的重点，即本于唐、参于宋，其诗学的核心实为"唐宋并尊"。

罗山对于唐宋元明诗有一个总的评价，其称：

> 诗学盛于唐，理学盛于宋，然而宋诗犹差肩于唐，至于元明，而诗法萎苶。①

他认为宋诗可比肩于唐，而元、明则诗法萎苶，缺乏骨力。明确主张唐宋并尊。因而，对于"常慕盛唐""专学唐体"的友人石川丈山，罗山委婉相劝：

> 足下嗜诗常慕盛唐，其志尤可也。求而不已，则超六朝逼汉魏，乃及于古乎？今之日月与古之日月无以异也，人虽异诗何异？诗者，志之所之也，志者，心之所趣也，古今此心同，此理同，故也。②

诗是言志之具，古今心同、理同、性情同，则何必将诗定于一尊、

---

① 林罗山：《罗山林先生文集》卷七《示石川丈山》。

② 林罗山：《罗山林先生文集》卷七《示石川丈山》。

拘于一时？本乎此心即可。由是，唐可，宋亦可。又从诗歌发展史的角度倡言宋诗足与唐诗媲美：

> 诗学盛于唐，宜哉，嗜好之有意也。虽宋亦有好诗，而奈唐何哉？唐一再变至于汉魏乎？六朝亦未必无所择取焉，况其言语虽唐宋之诗句有所援据乎？汉魏虽几变不可至于周也。①

诗道屡变，周、汉魏、唐、宋，每代都有每代的诗风，都是对前代“变”的结果，这是诗道发展的必然规律，因而唐诗、宋诗各臻其妙，各具其美，宋诗不必也不可能成为唐诗。这是从诗歌流变的角度为宋诗的价值寻找依据。中、日诗家推举宋诗多有两大理由，一是主“变”，因诗有代变，故唐、宋诗各有其价值；二是主“性情”，诗言志，“志”与“性情”方是诗歌的内核，千古同此心，同此性，则不必定于一代、尊于几家，故唐、宋皆可师可法。罗山也是从这两个角度来阐述“唐宋并尊”之意。

唐宋诸家中，林罗山最为推崇的是韩、柳、欧、苏之文，李、杜、黄、陈之诗，他盛赞：

> 文云文云，韩、柳、欧、苏云乎哉！诗云诗云，李、杜、黄、陈云乎哉！《易》云：“观天文”，《诗》云：“思无邪”，至矣！尽矣！②

---

① 林罗山：《罗山林先生文集》卷七《示石川丈山》。
② 林罗山：《罗山林先生文集》卷六六《随笔二》。

“文之至”者韩、柳、欧、苏，“诗之至”者李、杜、黄、陈，林罗山以“至矣”“尽矣”为评，尊奉之至。何以然？天下之至文，必包蕴天理，所谓“观天文”；诗之根本，在其有性情而归于无邪，即“思无邪”。[①] 林罗山在《诗经跋》亦云：“诗者言性情，要之，归于正而后止耳，故曰：‘《诗三百》一言以蔽之，曰思无邪。’”有性情且归于正，这是他心目中理想的诗歌境界，而唐宋大家皆可臻于其境。罗山从儒学角度来进一步推举唐宋诗，合于道，明于理，具中正之气、中和之情，故可为取法的典型。

江户初诗坛对于唐诗，尤其是初、盛唐诗的喜爱渐渐兴起，但是好之者众，而知其妙者仍不多。[②] 林罗山云：“唐初以王杨卢骆之杰，然未免轻薄之哂，独有陈子昂拔其群。逮开、天之际，李太白、杜子美擅风骚之美，可谓盛大矣。李杜全集到今家家户户有之，然能读者不多。”林罗山的标举对于江户诗坛唐诗的兴盛实起到了积极作用。

（一）尊杜：“诗者以少陵为宗”

唐、宋诗虽代表不同的美学范型，但仍有内在的关联，杜甫是连接二者的一大关键。罗山称：“若乃少陵以后，黄、陈、陈、曾有‘诗家正法’之号。”[③] 又称：“三谷、后山共学杜老。”[④] 认为少陵为诗家之正宗，而黄、陈、陈、曾得少陵之衣钵，号称“诗家正法”。这是江西诗派的观点，罗山接受了这一观念，以开掘唐、宋诗的内在关联性。因而，罗山既以“变”来论证唐、宋

---

① 林罗山：《罗山林先生文集》卷五三《五经大全跋·诗经》。
② 林罗山：《罗山林先生文集》卷七三《随笔九》。
③ 林罗山：《罗山林先生文集》卷七《示石川丈山》。
④ 林罗山：《罗山林先生文集》卷七三《随笔九》。

诗各具其价值，又以“正”来阐发唐、宋诗内在的统一性。所谓“正”，更多指向得风、雅之遗旨，这与明人从格调的角度来论“正宗”具有不同的意义。

因而，杜甫在罗山诗学中占据着不同寻常的位置。其称：

> 陈后山曰：“杜陵以诗为文，昌黎以文为诗，各千载一人者乎！”樊川所谓“倩麻姑爬痒处”，信哉！①
>
> 诗者以少陵为宗。②
>
> 杜甫每篇皆好，何可容喙！③

其地位可称独一无二。罗山还屡屡言及杜诗，如：

> 杜甫诗：“文章一小技，于道未为尊。”……学者不可不知焉。④
>
> 世传菅相公遭谮之西州也，作诗曰：“离家三四月，落泪百千行。万事皆如梦，时时仰彼苍。”此则唐杜甫之作，而公亦偶同耳。⑤
>
> 杜甫曰：“何时一樽酒，重共（应为“与”——引者）细论文。”李白曰：“杜甫太瘦生，从来为诗苦。”“苦”字御杜，“细”字御李也。⑥

---

① 林罗山：《罗山林先生文集》卷六六《随笔二》。
② 林鹅峰：《年谱下》，载林罗山《罗山林先生集》附录卷第二。
③ 林罗山：《罗山林先生文集》卷七《示石川丈山》。
④ 林罗山：《罗山林先生文集》卷六六《随笔二》。
⑤ 林罗山：《罗山林先生文集》卷六五《随笔一》。
⑥ 林罗山：《罗山林先生文集》卷六六《随笔二》。

杜诗为诗家的“正宗”，学诗者应常习、苦参，得其正大。罗山在《杜甫绝句跋》中称道杜诗可治人诗病即为此意，其云：

> 丈山丈人自洛寄书东武，言医法眼三竹颐疗之暇，拔老杜绝句副诸律诗，以便阅览，将锓之梓，请余一言书其后。其丸药莺啭，其诵诗疟愈……医相关涉者有之乎？想丈人之无诗病，学老杜法眼之药使人除病，亦如其诗也。①

石川丈山为惺窝弟子，与罗山极友善，是江户时期最著名的诗人之一。丈山甚喜杜诗，他辑有《杜甫绝句》，罗山作序称丈山无诗病，正得益于学杜。罗山在实际的阅读、学习中，同样十分重视杜诗，其家藏杜集就有《李杜诗抄》《杜律虞注》《杜律集解》《杜律詹言》《杜工部集》《杜诗钞述》《刘辰翁批杜集》等②。

关于如何作律诗，罗山提供有两种选本作为范式，其中一种即为杜集，其称：“学律诗宜读《杜律》《瀛奎律髓》。”③《瀛奎律髓》为宋、元之际的方回所编，方回为江西诗派之殿军，倡导“一祖三宗”，以杜为祖，黄、二陈为宗，代表了宋代诗学之趣向；《杜律》即《杜律集解》，明人邵傅编，录杜诗五百余首。此书在江户中叶大兴，日人大量翻刻、增注，成为最受欢迎的杜诗读本。但在江户初期主张学习《杜律》，实为开风气之先。邵傅《杜律集

---

① 林罗山：《罗山林先生文集》卷五三《杜诗绝句跋》。
② 详见林罗山《梅村载笔》所录书目。
③ 林鹅峰：《西风泪露》。

解》主要依据明人单复的《读杜诗愚得》，还广泛采集、汇录了千家注、默翁（曹英）注、张罗峰注、赵大纲注及邵符卿注等，其中多为明人注杜成果，体现了明代诗学之眼光。当时日本可以见到的唐宋诗选本颇多，罗山书目中载有几十种，然独标举《杜律集解》《瀛奎律髓》二书，可见对于杜诗之推崇。罗山提供的范本，一为宋本，一为明本，代表着明代诗学已逐步影响、渗透到江户诗坛，宋代诗学在日本诗坛的绝对统治地位实已打破。

罗山尊杜，除了有倡导“唐宋并尊”之意，最根本的命意在“宗经”与“重道”。其称：“入蜀又游??，时生花鸟悲。蔼然忠义气，元是圣于诗。”杜甫之所以“圣于诗”，在于其“蔼然忠义气”，这是他作为“千古一人”最可贵处，也是杜诗可与《诗三百》《离骚》并立不朽的原因：

> 夫诗者以《三百篇》为规范，其次之者三闾大夫乎，浣花居士是其亚也。《三百篇》之正而葩，《离骚》之忧而忠，少陵之兼众家之妙。足下察之，正以治心，忠以励志，兼妙以出言，则诗岂外求哉！①

《三百篇》得其“正”，屈原得其“忠”，杜甫“兼众妙”。诗、骚为万世诗源，杜甫为后世正脉。将杜诗与《三百篇》并，则尊杜而通于宗经，诗道复归于“风雅之正”。三者足为万世效法之意义，正在于此。

---

① 林罗山：《罗山林先生文集》卷五十《示石川丈山》。

（二）唐宋诗人论

林罗山对于唐宋诗家的具体评论，散见于《示石川丈山》。林罗山文集中有十六篇写给丈山的书信，有些内容涉及诗学问题。尤其是围绕选编“三十六诗仙”之事的讨论，充分体现了二人的诗学观念。这部分内容将在《石川丈山》一章详细论述，这里主要从罗山诗学思想的角度来考察其唐宋诗观。

石川丈山欲选取中国历代最杰出的三十六位诗人，命名为“三十六诗仙”，画其像于壁间，构筑“诗仙堂”。三十六诗仙名册及配对事宜丈山初拟了一份草案，请罗山修订。罗山删减了一部分，又增加了若干诗人，其意见几乎皆为丈山采纳[①]。因而最终的名单充分体现了以林罗山为代表的江户前期主流诗学思想，名单分布为汉魏六朝四人，唐代二十二人，宋代十人，基本体现了林罗山“本于唐诗，参于宋”的思想。宋诗人数量虽不足以抗衡唐人，但其大家拥有与唐诗人一样崇高的地位。

林罗山在改动丈山名单时，充分陈述了自己的意见，颇能见出其具体的诗学观念，故详录如下：

其一，汉魏六朝诗人，删除谢朓，增加苏武：

> 若乃陶渊明、谢灵运者，世人虽并称之，而其诗之优劣自异，况又其人品之甚违天渊辽敻乎？故今以苏武配渊明，以鲍明远配灵运，而除玄晖。夫苏武者，五言

① 林罗山提出的增补诗人中仅王安石与曾巩未被石川丈山采纳，其余十余处改动皆为丈山认同。

之首唱，而少陵指之为师，岂间然乎？且其忠义之志，与渊明相同，一则持汉节，一则削宋年，是余所以渊明、苏武相配也。其除玄晖者，既有灵运，则玄晖何用乎？若用玄晖，则惠连又何废乎？是以除之。①

世间诗论多以陶、谢并称，但林罗山从道德等角度反对将二人并列，而是将苏武与陶渊明相配，苏武为杜甫之师，足以位列“诗仙”之首。又将谢灵运与鲍照配。这些意见体现了罗山的儒者本怀，也一定程度兼顾到了诸家在诗史上之地位，有其合理性。

其二，初唐诗人不取沈宋及四杰，对于盛唐诗人无异议，增加了韩、白等中唐诗人，对晚唐诗人略作调整，加入卢仝、李贺。总体而言，诗仙之选，以盛唐为主，兼及初、中、晚唐：

若乃沈佺期、宋之问者，其诗不免六朝之流丽，具眼者不必取之。且沈宋相盗其诗以为己诗，是古今之笑臭，而人情之所愧也。若用沈宋则刘廷芝亦难废乎？世称沈宋之佳句者，多是廷芝之吟也，彼盗之耳。廷芝纵虽废而王杨卢骆不可除焉，王杨卢纵虽除，而宾王其不可弃焉？是故，并除之。人至多多，数限六六，不为不惜也。

若乃陈子昂、杜审言、李太白、杜子美、王摩诘、孟浩然、高適、岑参、韦应物、刘长卿者与足下之所定无异论焉，皆是李唐之大家也，不可不用之。②

① 林罗山：《罗山林先生文集》卷七《示石川丈山》。
② 林罗山：《罗山林先生文集》卷七《示石川丈山》。

沈宋不取，以其近于六朝之流丽，且人格有污；四杰不取，因限于人数，故难入选。对初唐诗的态度大体可知。二人共同认定的李唐大家有：陈子昂、杜审言、李太白、杜子美、王摩诘、孟浩然、高適、岑参、韦应物、刘长卿十位，包括初、盛、中唐诗人，尤以盛唐居多。

又，增加韩、白二人，其理由如下：

> 足下谓韩文公文人而非诗仙，其可除之欤？不然，文公之诗虽不及其文，而非如少陵、涪翁之于文，少陵、涪翁者文人轻鄙之，文公者诗家亦称其恢豪、雄伟，然则文公之不可弃也决矣，与柳河东相配而是可也。
>
> 足下又谓乐天诗伤于俗，若用乐天，则元稹亦难舍矣。不然，乐天固是浅俗也，使老妪解其诗故如此。然其诗之洒落、博达，固非寻常韵士之所仿佛也，新、旧史共称其能诗，且古今之诗话莫不标出香山矣。元稹者不被标题于诗话，其为诗也不可与乐天一视也。且夫乐天之通达，元稹之诡邪，其性操之可否，匪霄壤翅矣。元稹其必除之而可也，乐天其可弃之乎？故今以刘禹锡配乐天。①

罗山破除了韩愈为文人非诗人的成见，指出诗文虽有别，但韩愈诗文兼长，不应忽略其在诗史上之地位，又以“恢豪、雄伟”来

---

① 林罗山：《罗山林先生文集》卷七《示石川丈山》。

称誉韩愈诗风，皆不失公允。罗山此论明显受到宋古文家的影响。

白居易在日本的影响一直极大，好之者甚多，但从五山时代开始，已出现“白浅俗”之议，至江户中叶尤其突出，这是受到中国诗学的影响。林罗山一生喜好白诗，著有《白氏文集首卷注》《长恨琵琶抄》等。在《白氏文集跋》之一二卷尾罗山写道：

> 元和四年戊午初秋，那波道圆自洛来，于东武赍新刻《白氏文集》一本，而寄我。我公务之暇，随见以朱为句读，起滴露之笔，于今日云时二十又一日也。

此外，每卷几乎皆加附记，共几十条。在集之末尾写道：

> 《香山文集》一本，合部七十一卷三十册，道圆寄我，我虽尝缮写一通，而藏于家，今又得此新本，喜气津津，每一瞥尔，任手而涂朱，如暮鸦之过窗，一日一两册，或连夜至于四三册，以藏于箱中，可附子孙耳。①

极见喜爱之情，且珍藏之，还欲传之子孙。所以，在“三十六诗仙”中罗山力排众议，高度评价白诗“洒落、博达，固非寻常韵士之所仿佛”。又以《新唐书》《旧唐书》及古今诗话为证，指出皆称其能诗，故主张选入。对于诗史上常将元、白并称，罗山极力反对，认为二人才学、性操皆相差不止霄壤，故要区别对待。

---

① 林罗山：《罗山林先生文集》卷五四《白氏文集跋》。

罗山这种观念在日本诗坛实具有一定的代表性，江户前期诸儒大体持相近的看法。

对于晚唐诗人，其云：

> 以卢仝配李贺，玉川之奇奇怪怪、长吉之牛鬼蛇神，其诗体相似故也。长吉纵不为诗仙，然为诗鬼。若乃杜牧、李商隐、寒山、灵彻者，从足下之所定而已。杜牧者，妙于咏史，义山者西昆之祖，寒山者彭泽之流亚，灵彻者惠休之标格，僧中第一，皆不可不取焉。①

晚唐实取四家：卢仝、李贺、杜牧、李商隐。卢仝、李贺为罗山补入，以为二人诗体相似，虽“奇奇怪怪”“牛鬼蛇神”然不可弃。寒山、灵彻并非晚唐诗人，作为僧侣而放入唐代的最后来讨论。特别选取寒山与灵彻，“寒山者彭泽之流亚，灵彻者惠休之标格，僧中第一”，对于二人评价甚高，这恐怕是受到五山僧侣诗学的影响。尤其是寒山，在日本颇受欢迎，林罗山的《既见书目》录有《寒山集》，后又为《寒山集》作跋云：

> 壬子阳月借长啸子本以誊焉，一夕灯下终。朱抹之笔，自酉初而到子之半，于是乎长吟一声，嘘息就卧内。山谷曰：“自今十年学可到渊明，而寒山不可及。”此言

---

① 林罗山：《罗山林先生文集》卷七《示石川丈山》。

必有所以然乎。[1]

借黄庭坚语盛誉寒山。另外，《示石川丈山》罗山还谈及寒山的“楚辞体”，其称：“寒山楚辞体，寻常诗人难企及，况有陆放翁之校正，王应麟之称美乎！[2]”日人多拟作寒山体，可知流行的程度。

其三，罗山对宋代诗人做出的调整较多，删除了魏野，增加了至少四人：欧阳修、王安石、邵雍、曾巩等。相较石川丈山，罗山显然较为倾向宋诗。其云：

> 足下将以魏野配林逋，而忧梅圣俞之无偶。夫魏野者，非真隐，岂君复（林逋）之比也哉！君复之清操，弹压千古，其诗章者，彭泽之余流也。且其知封禅之为非也，谁谓和靖不知道乎……故以邵尧夫配之。尧夫虽非诗人之比，而儒中之韵士也。且魏菊庄、胡苕溪之辈标著其名，则称之为诗人亦何伤乎？况有风流人豪之名乎！凡赵宋四百余年之间，尧夫之外，可配君复者其谁欤？

极赞林和靖及邵雍。林和靖之清操，弹压千古，邵雍为风流人豪，儒中韵士，二人皆为宋四百年间“有道”之人，诸诗家中难有人及。这显然本于理学家的立场。

---

① 林罗山：《罗山林先生文集》卷五四《寒山集跋》。
② 林罗山：《罗山林先生文集》卷七《示石川丈山》。

又质疑何以不取欧阳修、王安石、曾巩：

> 足下之不取醉翁者何哉？以其诗不及文故耶？不取半山者何哉？以其执拗暴戾故耶？醉翁之诗亦如苏仙之诗而已，共是虽文掩之而其诗亦诗家之所尊尚，而不可舍焉。若不用永叔，则子瞻亦可除矣。既有子瞻则永叔曷为掷置乎？
>
> 王介甫诗高出于欧苏之上，孔子曰："君子不以人废言。"何为可不采介甫乎？
>
> 若乃曾子固者，世人唯以文人称之，不列于诗人之数，依彭渊材之五恨也。虽然，方虚谷谓："曾子固亦精于诗。"渊材之五恨是浪言也，僧觉范始倡之，其后脍炙人口。陈后山师事于曾子固，后游苏黄之门，其诗法或既有受于子固耶？因是言之，则子固匪独文人也。江汉星斗之南丰，何不能诗之有？故以子固配永叔，以介甫配子瞻。①

罗山认为欧、苏之诗可并称，王安石之诗高于欧、苏，曾巩之诗亦有其价值，这些见解更多体现了文章家的观念。最终仍未取王安石、曾巩，而以王昌龄、储光羲取代王、曾二人，表现出石川丈山更为崇尚唐诗的倾向。

林罗山较为重视宋诗，有两方面的原因。其一，受到五山文

① 林罗山：《罗山林先生文集》卷七《示石川丈山》。

学之影响。五山诗僧多宗宋诗，“入五丛禅林，蔓衍于近世。空华、蕉坚、木蛇、蕉雪、识庐、幻云之缁徒，以诗鸣世，学唐贤三体，薰炼七绝，读苏、黄遗编”①。罗山受五山诗僧影响较大，编著有《五山文编》并作序，自述对于五山诗文“敬而学之”②，好尚苏、黄诸诗家，亦受到五山禅僧的影响。其二，崇尚宋儒，好诗之理趣、道境。林罗山对于宋诗之尚理、宋儒之以诗明道，颇多认同。

值得注意的是，林罗山重视宋诗是在“唐宋并尊”的前提之下，即所谓“本于唐诗，参于宋”，因而，与五山诗学已表现出了一定的区别。一方面，罗山的“唐宋并尊”，仍有折中唐宋，为宋诗张目的用心；另一方面，罗山开始接触元、明人的唐诗选本，尤其是鼓吹“盛唐之音”的选本已在其阅读范围之内，如《既见书目》中列有《唐诗正音》《唐诗品汇》《唐诗拾遗》，《梅村载笔》中有《唐音》，皆为宣扬“盛唐之音”的重要选本，对罗山已产生了一定的影响。

第三节 “吟风弄月”论

作为一代儒宗，林罗山如藤原惺窝一样，有理学家所崇尚的另一种风流气象，其《随笔一》记有罗山最为喜欢的两联诗：

① 松永尺五：《覆酱集序》，载石川丈山《新编覆酱集》卷首。
② 林罗山：《罗山林先生文集》卷五〇《五山文编序》。

> 黄山谷于周茂叔有“洒洒落落，光风霁月”之评，于程伯淳有“西风壮夫泪，多为程子滴”之句。[1]

第一二句出自黄山谷《濂溪诗并序》云：“舂陵周茂叔，人品甚高，胸中洒落，如光风霁月。”[2] 后二句出自山谷《和邢惇夫秋怀十首》云：“西风壮夫泪，多为程颢滴。”皆形容理学家之风貌。宋人最喜引用“光风霁月”来表道者澄明、洒落的风仪。“光风，和也，如颜子之春；霁月，清也，如孟子之秋。合清和于一体，则夫子之元气可识矣。”[3] 宗白华先生从审美角度径直称此境界乃“一片光亮意象”[4]。“光风霁月”代表着理学家光明、阔大、清澈，充满元气的生命状态，是“道”的境界，也是诗的境界。

基于此，林罗山对于“风月”“自然”“诗意”等，皆有新解。他在《吟风弄月论》中论诗之至境乃是人格之至境，天理流行、随性自在的道境即是诗意充满、光莹清澈的风月情境，从而创辟出诗、道合一的理想境界。其云：

> 圣人以孝弟忠信为教，曾点所愿则学孔子也，而浴沂风雩何也？考亭以格物穷理为要，朱子所愿则慕周子也，而吟风弄月何也？夫人欲净尽，天理流行，曾氏之风月乎？若非孝弟忠信，其不可得也。心节清洌，胸宇

① 林罗山：《罗山林先生文集》卷六五《随笔一》。

② 黄庭坚：《山谷别集诗注》卷上《濂溪诗并序》，载《黄庭坚诗集注》，任渊、史容、史季温注，刘尚荣点校，中华书局，2003，第1411页。

③ 史季温注：《濂溪诗并序注》，载《黄庭坚诗集注·山谷别集诗注》卷上，第1411页。

④ 宗白华：《美学散步》，上海人民出版社，1981，第212页。

洒落，茂叔之风月乎？若非格物穷理，亦其不可得而致也。①

朱熹作《水调歌头》：“寻梅去，疏竹外，一枝横。与君吟弄风月，端不负平生”②，此是朱子的“吟风弄月”；程颢有：“再见茂叔后，吟风弄月以归，有‘吾与点也’之意”③，这是明道先生的“吟风弄月”。林罗山深受宋儒的影响，以“吟风弄月”为表征，指出“浴乎沂，风乎舞雩”的曾子，“胸次洒落，光风霁月”的周濂溪，皆拥自己内心的“风月”，展现为外在的“风流”。而这一番高致，一得之于孝悌忠信，一得之于格物穷理，皆是涵养工夫所致。

将高标、超迈的生命境界的获得，建立在日常笃行之中，通过在孝悌忠信、格物穷理上用功，渐入心意开明、与万物浑然一体的佳境。人欲尽处，才能感通到天理流行之妙谛；格物穷理，方有“心节清冽，胸宇洒落”的风致。俗人造作诗境，却不知心之境界才是诗之境界，心之“风月”才是天地的真“风月”。罗山还列举了世人常欣羡的两种风流：

若夫列子御风而行，泠然善也，而尚有数数之讥，况于知道乎？谪仙醉而捉月，凛乎其不可留也，而亦死而不吊者三，居一于此，况于见理乎？概诸曾、周，天

① 林罗山：《罗山林先生文集》卷二四《吟风弄月论》。
② 朱熹：《晦庵先生朱文公文集》卷一〇《水调歌头·次袁机仲韵》。
③ 程颢、程颐：《河南程氏遗书》卷三，载《二程集》上，第59页。

渊不啻。[1]

将列子、李白与曾点、周濂溪对比，认为不止天渊之别。列子御风而行，逍遥天地间；李白“雄奇飘逸”，风流天下闻，然不知“道”，不见“理”，终未能达到真正的风流、自在。

罗山将世人与曾子、茂叔相比，指出其根本差别：

> 人人浴沂风雩，然与曾氏如何？家家吟风弄月，然与茂叔亦如何哉？世人唯知天地之间有风月，而不知我心之中自有风月也。若知夫风与月乎？则无时无处不有风月之可吟可弄，何天地与我心之异之有？[2]

世人与曾子、茂叔的差别不在外在的“相”，而是内在的“风月”景致，有此内在的心的风景，则无时无处不是诗境，无物无景不是妙谛，这种境界是罗山一生所寻求的最高理想。

由此，他提出“吟风弄月”之新解：

> 诚身之乐，万物皆备于我，岂翅风月而已哉？然诚身之乐，岂在孝弟忠信之外哉？且其为人也，孝弟忠信未之有，而后格物穷理者，亦未之有也。是所以圣人与曾氏之志，朱子得周子之统者也。然则所谓吟风弄月，

---

① 林罗山：《罗山林先生文集》卷二四《吟风弄月论》。
② 林罗山：《罗山林先生文集》卷二四《吟风弄月论》。

非逸游也，亦非玩物丧志也，亦非若骚人墨客。①

"诚身"即"反身而诚"，《礼记·中庸》云："诚身有道。"诚存于身之后，即能感悟到"万物皆备于我"之大乐，能明于宇宙之至理，即能拥有心中无限的风月。而"诚身之乐"，必建立在孝悌忠信、格物穷理的日常工夫之中，工夫纯熟，方可通达妙境、乐境。因而，罗山提出"吟风弄月"实是一种理想的精神气象，是得道者安乐、恬然的心内风光，是理学家们开辟的心性哲学与心性诗学相互融合、彼此沟通的新的境界。

罗山通过理学家的诗句，描绘了这一境界：

"云淡风轻近午天，傍花随柳过前川"，此非程明道之诗乎？"梧桐月向怀中照，杨柳风来面上吹"，亦此非邵康节之诗乎？呜呼！二老风流之人豪哉！②

程明道称赏邵雍云："邵尧夫诗云'梧桐月向怀中照，杨柳风来面上吹'，真风流人豪也。"而此诗意正与程明道"云淡风轻近午天，傍花随柳过前川"句，精神气象极为相似。诗歌撷取春景片段，得其生意，"春融与己"。人、景、情、境、理俱融洽无间。诗歌平淡、自然，却合于天道，透露着宇宙的消息。这是以自然风景来印证道者洒落、自在、舒展的生命姿态，是理学家开出的诗学新天地。

① 林罗山：《罗山林先生文集》卷二四《吟风弄月论》。
② 林罗山：《罗山林先生文集》卷二四《吟风弄月论》。

林罗山也常用此法来点评理学家。如赞周敦颐云：

> 濂溪，山水之美者也。山水有内外，而人游其中；人身亦有内外，而此心亘宇宙无所穷。①

赞程明道云："动静心均，道在伯淳。傍花随柳，与物为春。"② 赞朱子云："云谷月晴，武夷水清。千岁所得，私淑周程。"③ 这些赞诗，皆以充盈、和煦、蕴含生意的自然景致来勾勒圣贤人格，诗境藏道境。罗山品评诗句，也喜玩味诗歌所内蕴的天机，理味，"老翁欣茂树，童子引清泉。元亮欣荣之木，与茂叔交翠之草，其意思同欤？异欤？"④ 陶诗、周诗，其意与境虽异，但都契合于"道"。又如：

> "梧桐月向怀中照，杨柳风来面上吹"，是丈夫之襟怀乎？"振衣千仞冈，濯足万里流"，是丈夫之度量乎？"山之含玉，渊之抱珠"，是丈夫之蕴藉乎？"清白而有所立志"，是丈夫之风流乎？皆是贫贱不移，富贵不淫，威武不屈之一端也。⑤

将诗中饱含生意、清旷而有兴味的风光景致来印证道者的人格、

---

① 林罗山：《罗山林先生文集》卷四六《濂溪图赞》。
② 林罗山：《罗山林先生文集》卷四六《程明道赞》。
③ 林罗山：《罗山林先生文集》卷四六《朱子赞》。
④ 林罗山：《罗山林先生文集》卷四六《木欣欣以向荣》。
⑤ 林罗山：《罗山林先生文集》卷七三《随笔九》。

精神气象，又将道者所呈现的风流蕴藉、襟怀气度，归结到其道德涵养、穷理内省的工夫。这既是一种哲学的思考，也是一种审美的品鉴，是理学阐释，也是诗学批评，充分体现了日本朱子学派与诗学的相互渗透和融合，使诗学批评具有了一定的超越精神。

第四节 "性情"说及"自然"观

林罗山诗文集中提及"性灵"一语，《读五柳先生传》云：

> 刘伶沉溺屈原醒，远害忧君陶性灵。一醉一醒俱在此，门前依旧柳青青。①

该诗作于元和四年（1618），是江户时代最早使用"性灵"者，早于日本"性灵派"诗人元政使用"性灵"一词约五十年②。有学者认为罗山诗学思想有偏于性灵的倾向，"与袁宏道的'直写性情'、'任其性'、'率性'等主张是有相通之处的"③，且受到袁氏影响。此观点值得商榷。

"性灵"一词在中国文论中出现始于刘勰《文心雕龙》，其《序志》篇云：

---

① 林罗山：《罗山林先生诗集》卷三二《读五柳先生传》。
② 此为松下忠《江户时代的诗风诗论》考证，第199页。
③ 松下忠：《江户时代的诗风诗论》，第199页。

宇宙绵邈，黎献纷杂。拔萃出颖，智术而已。岁月飘忽，性灵不居。腾声飞实，制作而已。

《文心雕龙》另有“洞性灵之奥区，极文章之骨髓”，“综述性灵，敷写器象”等，这里的“性灵”，含有人之秉性灵秀之意。稍后钟嵘评阮籍《咏怀》云：“陶性灵，发幽思。言在耳目之内，情寄八荒之表。”后世以“性灵”论诗文多与此等相关。北齐诗人庾信《赵国公集序》云：“含吐性灵，抑扬词气。”《谢赵王示新诗启》称：“四始六义，实动性灵。”“性灵”皆具“性情”“情感”之义。

明代公安派袁宏道等倡“性灵”之说，以反对明七子“剿袭模拟”之弊，亦反对儒家“发乎情，止乎礼义”的诗教传统，提出尊重人之真性真情，“见从已出，不曾依傍半个古人”①，创作要“独抒性灵，不拘格套，非从自己胸臆流出，不肯下笔”②，提倡文学不为礼法所拘，应表现“人之喜怒哀乐嗜好情欲”及“慧黠之气”，发为“真声”“真诗”“真文”，创作出“流丽痛快”的诗篇。③

显然，林罗山所称之“性灵”，与公安派倡导的“性灵说”相去甚远④。林罗山称：“刘伶沉溺屈原醒，远害忧君陶性灵。”

---

① 袁宏道著，钱伯城笺校《袁宏道集笺校》卷一一《张幼于》，上海古籍出版社，1981，第502页。

② 袁宏道著，钱伯城笺校《袁宏道集笺校》卷四《叙小修诗》，第187页。

③ 参见朱立元主编《美学大辞典（修订本）》“性灵说”条，上海辞书出版社，2014，第238页。

④ 林罗山诗文集中提及公安派有两处，其一，《示菅玄庵》：“徐士彰类奇首卷还焉。拙本烂破，暂时校见了。惟顿惟幸！秘册不可少留，是以速返投之，毋为怪。吾邦有中郎之帐，足下不它让也。（卷五）其二，：‘近”《十二虫并序》“时有饶舌者曰：世大明太史袁公道，慕香山、东坡乃辑其诗文者，号之曰《白苏集》。’不亦僭乎？”（《罗山先生诗集》卷五七）

刘伶之醉，屈原之醒，似与世俗不合，独标一格，但“远害忧君”，仍合于儒家之伦理规范。这里的“性灵”，强调的既是个体“真挚之情”，又合于群体之“道德规范”。

罗山诗文集中多次论及“性情”，皆与上文“性灵”同一意义。如：

> 诗者，虽韵语而志之所之也，携诸袖里，写诸纸上，元是非由外也。陶情性而归于无邪，此诗之根本也。①

将“陶情性”与“归于无邪”相联系，并以此为诗之根本。上文“远害忧君陶性灵”正与此意同，都是继承的《诗大序》的诗教传统。罗山在《随笔一》中还称：“《诗》者性情之本，《离骚》者词赋之宗，故《三百篇》已后，独有屈子在也，为人虽过于中，而忠义凛然。”② 指出《离骚》虽未合于“哀而不伤，怨而不怒”的中和之美，但具忠义之气，真挚之情，故仍足为后世典范。

罗山在《任志之所之书而示春硕春江》中将“性情”与“删诗”相联系：

> 汉魏六朝唐宋诗，政知删后更无诗。寄言硕北二三子，只写心情不写诗。③

---

① 林罗山：《罗山林先生文集》卷五〇《比玉选序》。
② 林罗山：《罗山林先生文集》卷六五《随笔一》。
③ 林罗山：《罗山林先生诗集》卷四四《任志之所之书而示春硕春江》。

只写心情不写诗，然此“心情”仍要合于“思无邪”之约束，与公安派提倡的“师心”，表达自然、率真、任性之情并不相同。事实上，罗山是反对无所修饰之言的：

> 不知其风格，则只为俗语，为妇人、小儿之语，不足以为诗。①

更反对无所规约，一任放浪之情，其称：

> 《传》云：“游于艺者，玩物适情之谓也。礼乐射驭（应为“御”——引者）书数之法，皆理之所寓，而日用不可欠者也。”朝夕游焉，博其趣，则应务有余而本心不放，若不然则溺，何适情哉！如沉溺于水不得出也。②

要本心不放，适性适情，否则如沉溺于水不得出。对“情”尚要节制，表达“情”之文，更不可“任意而为”。

林罗山的“性情”观，实本于朱熹“心统性情”说，但亦有自己的新见。“心统性情”语出张载，朱熹发挥其意，成为其心性说之核心。何谓“性情”？《中庸》云：“喜怒哀乐之未发，谓之中；发而皆中节，谓之和。”朱子解释称：

---

① 林罗山：《罗山林先生文集》卷七三《随笔九》。
② 林罗山：《罗山林先生文集》卷五八《适情》。

其未发，则性也，无所偏倚，故谓之中。发皆中节，情之正也，无所乖戾，故谓之和。①

未发为性，已发为情，发皆中节为情之正。改变了汉以来“性善”“情恶”的性、情二分法，由情显性，性虽有，但必通过情才得以体现，因而性、情不可离。由是，提出“心统性情”说：“心统性情，性情皆因心而后见。”②“性是体，情是用，性情皆出于心，故心能统之。”③ 朱熹主张“心统性情”，强调从“情上见心”，“情上见性”，“情上见理”。“世间何事不系在喜怒哀乐上”，“即这喜怒中节处，便是实理流行，更去那处寻实理流行?”④ 因而极为强调对于“情”的调御和涵养，“情”成为通往“道”的必由之路。

林罗山亦秉持相似的观点，但主张“理气合一”。其云：“心统性情，元是一心也，若果是四端发自理，七情发自气，还是二心也欤!”⑤ 罗山主张“理气合一”，“性情合一”，未发为性，已发为情，反对性善、情恶，理气二元说，认为“性”“情”皆为心所统。又在《心说》中云：

心统性情，夫性者，其理也，五常是也；情者，其用也，七情是也。气者，其运用也；意者，其所发也；

① 朱熹：《四书章句集注·中庸章句》，第20页。

② 黎靖德编《朱子语类》卷九八《张子之书一》，王星贤点校，中华书局，1986，第2513页。

③ 黎靖德编《朱子语类》卷九八《张子之书一》，第2513页。

④ 黎靖德编《朱子语类》卷六二《中庸一》，第1518页。

⑤ 林罗山：《罗山林先生文集》卷六八《随笔四》。

> 志者，其所向也。……故无贵无贱，皆以修身为本，本正则性情、志气、思虑亦自正。[①]

将心、性、理、气、意、志贯通来说，以性、理、气、意、志皆为心所蕴，必以修身修心为本，如此，则性、情、志、气、思皆正。

因而，他所称之“心”必异于明人所倡导的“真心”，他之“性情”必异于明人之“信口而谈”[②]的“性灵”。其性与情，统于一心，摄于一理，归于无邪。此性情必要经过格物穷理之涵养，具有孝悌忠厚仁义礼智之内在精神。[③]如其所云：“鸢飞鱼跃，仁在其中，南轩所谓‘我心亦同’。”[④]罗山的“性情观”既异于明代性灵派，也与传统诗文评所言的性情有别，实本于理学家“心统性情”说，将“性情”的涵养视为通达圣贤人格的关键，亦为作文写诗的关键，因而具有至关重要的意义。

罗山在美学风格上则标举“自然”“平淡”。其“自然观”及“平淡说”，皆来自宋人的影响。罗山在《随笔九》中论及诗文的“自然美”：“风行水上，自然成文……作为文章亦复如是。”

“风行水上”最早出自《易传》：“象曰：风行水上，涣，先王以享于帝立庙。”[⑤]《六臣注文选》解释“涣”云：“《易》曰：

---

① 林罗山：《罗山林先生文集》卷二七《心说》。
② 袁宏道撰，钱伯城笺校《袁宏道集笺校》卷一一《张幼于》，第501页。
③ 详见上文《吟风弄月论》。
④ 林罗山：《罗山林先生文集》卷七三《随笔九》。
⑤ 王弼、韩康伯注，孔颖达等正义《周易正义》卷六，阮元十三经注疏本，中华书局，1980，第70页。

风行水上，涣。涣然即有文章也。”① 其“文章”仍指“水文”。以“风行水上”论文，影响最大的无疑是宋代苏洵。其在《仲兄字文甫说》中提出了“风行水上涣，此亦天下之至文”的观点，深刻地阐释了文学创作的“自然”。其称：

> 尝见夫水之与风乎？油然而行，渊然而留，渟洄汪洋，满而上浮者，是水也，而风实起之……故曰：“风行水上涣。”此亦天下之至文也。②

与《文选》时代崇尚“藻饰”不同，宋人建立了新的文学审美范型。苏洵倡言“无意乎相求，不期而相遭，而文生焉”，“非能为文，而不能不为文也”，重视自然之文，反对“刻镂组绣”，“今夫玉非不温然美矣，而不得以为文；刻镂组绣，非不文矣，而不可与论乎自然”。③ 苏轼发扬并光大了此一观念，他将诗文分为两类，一类是“巧人织绣”，有意、人为之文；另一类是“如风吹水，自成文理”，无意、天然之文。无疑后者才是理想的文章境界。

林罗山思想上深受宋学影响，文学上酷好苏、黄，其文学“自然观”承袭了二苏之论，同时也融入了理学之思。其云：

---

① 萧统编，李善注《文选》卷一三《物色》，上海古籍出版社，1986，第 581 页。
② 苏洵著，曾枣庄、金成礼笺注《嘉祐集笺注》卷一五《仲兄字文甫说》，上海古籍出版社，1993，第 412 页。
③ 苏洵著，曾枣庄、金成礼笺注《嘉祐集笺注》卷一五《仲兄字文甫说》，第 412—413 页。

风行水上，自然成文，谓之波。风本无心，水本无心，无心于成文，以为涟漪波澜之形，曲直大小、短长竖横，皆水之文也，天下之奇观也。作为文章，亦复如是。文笔在指头，指头所动在心，心本虚，故谓之无心，若实无，则血气运动而已……不然，中心有理，在其理之所发见，于言词，自有次叙，而能成章，则无不达。是古贤之文也，自然之文。①

他的文学自然观包括两个要点：其一，崇尚”自然之文”。“风行水上，自然成文”，这与苏洵所言并无二致，也就是苏轼所称的天然之文。其二，“无心于成文”。“无心”一方面有苏洵所称“无意乎相求，不期而相遭”之意。但是，比二苏更进一步，罗山从理学立场出发，提出虽“无心”，但“中心有理，在其理之所发见”。心无造作、无刻意、无矫饰，但是必有“理”蕴含其中。因而，“自然之文”必蕴天理。文辞上的表现是“自有次叙，而能成章”，此近于苏轼“随物赋形”，“常行于所当行，常止于不可不止”。虽不刻意安排，但暗合、妙契于自然之法则。

林罗山标举“自然”，反对拘于声律、词章。其称：“作诗者平日多作可也，就其可者撰而精益可也，不可拘于声律，而后自然可以歌咏谐于丝竹。唯专见诗话守平仄，则被束缚，不能自在，不能雄豪，不能快活，是诗家指南欤?”② 告诫作诗者，拘于声律，专守平仄，会束缚心性，桎梏性情，故不能作好诗。“自然之

① 林罗山：《罗山林先生文集》卷七三《随笔九》。
② 林罗山：《罗山林先生文集》卷七三《随笔九》。

文”既要以虚灵之心“无意而为”，又要“中心有理”，使诗文具有天然秩序，这确非一般人能至其境，故云：“自然之文，非后世能言者之所企及也，然不易学也。”①

由上可知，林罗山的“自然观”显然与公安派所称言的打破陈套，“慧人才士，始知心灵无涯，搜之愈出，相与各呈其奇而互窃其变，然后人人有一段真面目溢露于楮笔之间”的主张完全不同②。

与“自然”相关联，林罗山亦推崇“平淡”的美学风格，其云：

> 凡作为韵语，常用心平淡可也，莫作狂绮，莫作奇怪，莫作艰涩。平淡既熟，则自有高妙。譬如能书者，尽巧逞势，不及风神萧散。③

谈及诗要“平淡”，不要狂绮、奇怪，“平淡”自有“高妙”，还特别提及“尽巧逞势，不及风神萧散”。“风神萧散”常用以形容魏晋间人超尘拔俗的举止风仪，其精神气象可从“宁静致远，淡泊明志”中略得其仿佛。

平淡作为审美范式，在南朝已初露端倪，“辞谢雕采，旨寄玄虚，以平淡之词，寓精微之理”的永嘉玄言诗已具平淡之美。然至宋始大行于世，宋初梅尧臣称“作诗无古今，唯造平淡难”，开

---

① 林罗山：《罗山林先生文集》卷七三《随笔九》。
② 松下忠认为林罗山崇尚自然与平淡是与袁宏道性灵论相契合的明证，值得商榷。
③ 林罗山：《罗山林先生文集》卷七三《随笔九》。

启了宋人追求“平淡”的美学潮流。宋人论此极多，领悟也极深，如：

> 发纤秾于简古，寄至味于淡泊。①
>
> 凡文字，少小时须令气象峥嵘，采色绚烂，渐老渐熟，乃造平淡。其实不是平淡，绚烂之极也。②
>
> 平淡而山高水深，似欲不可企及。③

宋人将陶渊明奉为诗学上平淡的典范。如葛立方《韵语阳秋》云：

> 陶潜、谢朓诗皆平淡有思致，非后来诗人怵心刿目雕琢者所为也。……大抵欲造平淡，当自组丽中来，落其华芬，然后可造平淡之境，如此则陶、谢不足进矣。④

朱子亦称：“渊明诗平淡出于自然。后人学他平淡，便相去远矣。”⑤ 也以陶渊明诗为“平淡”美学的典范。

林罗山标举“自然”“平淡”之美，同样甚称陶渊明。其称：

---

① 苏轼：《苏轼文集》卷六七《书黄子思诗集后》，孔凡礼点校，中华书局，1986，第 2124 页。

② 苏轼著，李之亮笺注《苏轼文集编年笺注》卷七四《与二郎侄一首》，巴蜀书社，2011，第 509 页。

③ 黄庭坚：《豫章黄先生文集》卷一九《与王观复书三首》《四部丛刊》影宋乾道刊本。

④ 葛立方：《韵语阳秋》卷一，收入何文焕辑《历代诗话》下，中华书局，1981，第 483 页。

⑤ 黎靖德编《朱子语类》卷一四〇《论文下》，第 3324 页。

渊明性闲靖，其语亦淡简、高妙，然其豪放于《咏荆轲》而见之，朱文公已觑破了……可以观其清风芳韵。①

“池塘生芳（应为“春”——引者）草，园林变鸣禽”，康乐以为有神助；“采菊东篱下，悠然见南山”，诗家以为渊明自然妙处。②

陶诗独绝千古，正在其“自然”“平淡”。其性闲静，语简淡，而境至为高妙。陶之“自然”“平淡”绝不仅仅是艺术的境界，从本质而言，实是其生命的况味。因而，与藤原惺窝一样，罗山也是透过陶诗去感知他的澄明恬淡、寂寞无为、随缘任运。罗山作有《归去来辞图赞》三十首③，多引历代诸家论《归去来兮》的评语，以解析、品鉴陶渊明的内在精神，正是这些精神气象，造就了陶渊明诗歌“寄至味于淡泊”的清风远致。

林罗山对“自然”与“平淡”的推崇，一方面出于对欧、苏、黄等诗论家的认同与选择；另一方面，更与他接受宋儒尤其是朱子的诗学思想有极大关系。朱熹强调自然之美，提倡“真淡”之境，是从理学诗学的角度出发。其称：“古人之诗，本岂有意于平淡哉？但对今之狂怪雕锼、神头鬼面则见其平，对今之肥腻腥臊、酸咸苦涩则见其淡耳。”④ 又云：“漱六艺之芳润，以求真淡，

① 林罗山：《罗山林先生文集》卷七三《随笔九》。
② 林罗山：《罗山林先生文集》卷七三《随笔九》。
③ 详见《罗山林先生文集》卷四六《归去来辞图赞》。
④ 朱熹：《晦庵先生朱文公文集》卷六四《答巩仲至》。

此诚极至之论。”[1] 以六经来涵养心性，发于言，成于文，是为“真淡”，既无狂怪，亦无肥腻，只不过本然而然。其平淡、自然，既妙合于儒家所倡导的“中和”之美，又直达于至诚无伪的“道境”。因而罗山心中最具“自然”诗美之典范正是康节。其云：“诗之自然者，在《击壤集》。《击壤集》者，邵康节自乐之诗也。”[2] 其后林鹅峰将诗分为“儒者之诗”和“诗家之诗”，以“儒者唯写胸中之蕴，而洒落平淡也”[3]，便是传承了罗山的观念。要之，罗山之讲“自然”“平淡”，更多是基于理学诗学在创作方法和审美风格上的一种建构。

林家谱系图略

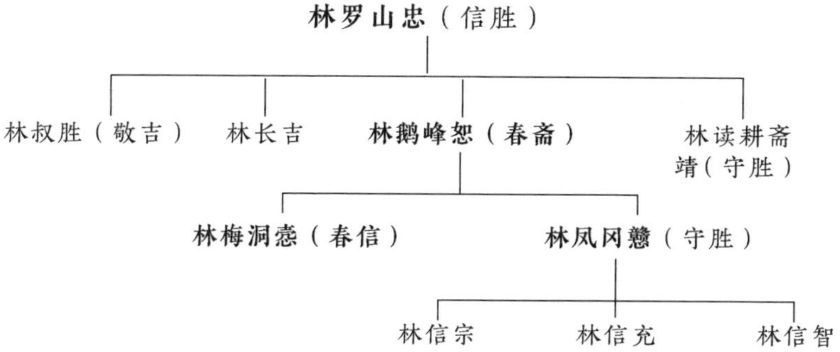

按：加黑的四人本书做专题考察。

---

① 朱熹：《晦庵先生朱文公文集》卷六四《答巩仲至》。
② 林罗山：《罗山林先生文集》卷二六《绝句辩》。
③ 林鹅峰：《鹅峰先生林学士文集》卷三六《授仲龙》，元禄二年（1689）序刊本，见本书“林鹅峰”部分。

第五章　松永尺五

松永尺五（1592—1657），名遐年，字昌三，称昌三郎，号尺五、讲习堂、春秋馆等。山城（京都府南部）人。父为著名歌人松永贞德，祖母为藤原惺窝之姐。尺五年少即受业于藤原惺窝，“惺窝一出麾之，海内靡然宗之。执弟子礼者无虑数百人，而罗山、活所、堀正意、松永昌三最有重名”①。林罗山、松永尺五、那波活所、堀正意号为藤门“四天王”，皆为日本著名理学家。尺五于明历三年（1657）殁，年六十六，私谥曰“恭俭”。著有《五经私考》《四书私考》《七书私考》《四书事文实录》《五经集注头书》《庄子抄》《谚解》《无免录抄》《棠阴比事抄》《彝伦抄》《蒙求抄》《陈言谚解》《一切经拔粹》《大海一滴》等，文学著作有《杜诗抄》《古文真宝实后集抄》《古文真宝后集头书》《三体诗头书》等。宽文九年（1669）弟子泷川昌乐整理松永尺五诗文作品，辑成《尺五先生全集》二卷。

① 江村北海：《日本诗史》卷三“藤原惺窝”条。

松永尺五“生安静，幼不好弄戏逸游，其天质遥异群儿”，又“至孝超世人”[①]，颇得惺窝钟爱，并寄厚望。《尺五堂恭俭先生行状》记云：

> 惺窝公知其少年诚实，简默，必成儒者之名，显父母，而授与先生以自所著深衣幅巾，是继道统之传，此其证也。[②]

惺窝将自己所穿的深衣幅巾，亲授与松永尺五，喻道统相传之意。尺五三十岁时，惺窝更亲传《周易》《河图洛书》《卜筮九图》《太极图》及《尚书·洪范》《春秋》等，倾其所学，望其大成。

尺五的儒学造诣甚高。庆长九年（1604）仅十二岁，已通“四书五经”，十六岁通《左传》《史记》《通鉴》《文选》等，“禁内之公卿，迨委巷之士庶，莫不受学先生，得市阴之名，是以列侯群牧以客礼聘之”[③]。十八岁被丰臣秀赖聘请，待之以宾师之位，于殿上讲演《尚书》[④]，“罗筵之群侯，满座之诸臣无不赏叹焉。丰臣公爱出群之奇才，而恩赐甚腆矣。既而归洛城（京都），洛中弟子益进，而执束脩受业者弥多矣”[⑤]。《日本诗史》《常山楼笔余》《锦天山房诗话》等还载有“尺五以布衣奉正保天子敕召，

---

① 泷川昌乐：《尺五堂恭俭先生行状》，载松永尺五《尺五先生全集》卷首，宽文九年（1669）序写本，和学讲谈所旧藏。

② 泷川昌乐：《尺五堂恭俭先生行状》，载松永尺五《尺五先生全集》卷首。

③ 泷川昌乐：《尺五堂恭俭先生行状》，载松永尺五《尺五先生全集》卷首。

④ 《尺五堂恭俭先生行状》所载尺五为丰臣秀赖讲授《书经》，而《先哲丛谈》《日本诗史》等书所载讲授《大学》。《行状》应可信。

⑤ 泷川昌乐：《尺五堂恭俭先生行状》，载松永尺五《尺五先生全集》卷首。

讲《春秋》"之事，故其讲筵之馆名“春秋馆”。此事未见于《行状》及弟子宇都宫遁庵所撰本传，故《先哲丛谈》认为不可信。

儒学外，松永受父贞德之命，研习佛典，后水尾皇帝两次传奏召松永尺五于殿上，尺五献著作《一切经拔粹》《大海一滴》，天皇极为赞许，称云：“《十三经》《二十一史》、外国杂书、《一切经》全部博识之鸿儒，今古稀有之天才，我日本所未闻也。”①

庆安元年（1648）天皇特诏赐数十弓之地于禁阙之南，京兆尹周防守为构筑讲堂，可使皇子公孙闻道、问学，此为罕遇之恩典。新筑初名“讲习堂”，后名“尺五堂”，“朝暮讲圣经不断，贵介公子、缙绅武弁之辈，罗辀交迹而来听焉”②。松永让弟子侨居于邻家，每日往来于讲习堂，问学叩义，孜孜不倦。又招伶人、设笾豆，每年在此举行隆重的“释菜”祭典仪式。

在此“讲习堂”中，松永尺五造就了许多儒学人才，木下顺庵、安东省庵、宇都宫遁庵等皆出其门。其中尤以木下顺庵最能培育人才，《先哲丛谈》卷二“松永尺五”条记云：

> 顺庵之门亦育多士，元、宝之际，济济乎出膺熙昌者不可指数，此实渊源于尺五。③

江户中叶，执掌幕府政教大权者，及儒林、诗坛之大家，许多都出自木下顺庵之门，形成了江户时期影响最大的流派之一——

---

① 泷川昌乐：《尺五堂恭俭先生行状》，载松永尺五《尺五先生全集》卷首。
② 泷川昌乐：《尺五堂恭俭先生行状》，载松永尺五《尺五先生全集》卷首。
③ 原念斋：《先哲丛谈》卷二“松永尺五”条。

“木门派”，此彬彬之盛实渊源于尺五。尺五的三十三年忌辰时，宇都宫遁庵作诗云：“先生学术建元勋，往昔门人聚若云。三十年来追远日，独披荒草问孤坟。”① 又《过讲习堂》云：

> 多岁荒芜庠序地，再成熟路起儒门。影浮霁月濂溪水，时引清风君实园。数亩菜根常饱食，千竿竹气好凌樽。讲堂如见先师面，几对遗画感旧恩。②

充满今昔之感，并感怀恩师之德重、才高，称扬其在造就儒学人才上的卓越功勋。

第一节　经诗并重之“讲习堂”

松永尺五以理学为本位，程朱理学是其终生之信仰。尺五自述读书经历云：

> 自弱龄漱六艺之芳润，嗜百家之书味，涧酌洙泗之流，近沂濂洛之源，常尊孔孟之遗编，玩索终日，潜究程朱之儒理。③

---

① 原念斋：《先哲丛谈》卷二“松永尺五”条。

② 宇都宫遁庵：《遁庵诗集》卷六《过讲习堂》，正德三年（1713），书林野田弥兵卫刊行。

③ 松永尺五：《尺五先生全集》卷一《送奥村氏三首并序》。

深为服膺程朱之学。在《题程明道像》中称："天追还四代，圣道待人开，生意窗前草，赐休玉色梅。专明伦理学，永拂异端灾。千载不传妙，臻君一一回。"① 尺五虽以儒宗名播天下，但于诗文亦较为留意。尺五少时即有诗名，《行状》详载其事：

> 昔日林道春、堀正意、林永喜、菅田德庵，于堀正意杏庵亭为诗赋之会吟游，时当中秋赏明月，昌三先生亦在其席，林罗山子截"秋月扬明辉"之句，拈出于诗题，各阄之，先生得"秋"字，则赋之立成矣。其三四句曰"清谈犹胜十年学，风渡林间黄落秋"是也。先生惟时十一岁也。林罗山以此诗献惺窝师，惺窝师见之惊异，爱其妙龄奇才，祝其远大，谓："喜我亲族繁荣。"和之曰："林忠访我叩深幽，袖里遐年诗记游。今日斯文期德业，花其春兮实其秋。"②

十一岁时尺五曾参与林罗山、堀正意等藤门弟子的中秋雅集，并赋诗一首，语惊四座。后罗山将诗献给惺窝，惺窝爱赏其奇才，称为家族之荣耀，又和诗称云："今日斯文期德业，花其春兮实其秋。"③ 祝其德业、文章两辉煌。此事载于多书，传为当时之美谈。

---

① 松永尺五：《尺五先生全集》卷一《题程明道像》。

② 泷川昌乐：《尺五堂恭俭先生行状》，载松永尺五《尺五先生全集》卷首。

③ 《惺窝先生文集》卷五《因林道春请和遐年诗》云："林忠访我叩深幽，袖里遐年诗记游。今日斯文期德业，花之春与实之秋。"《惺窝文集》卷一《为道春耕和遐年诗韵》云："林忠访我叩深幽，袖里遐年诗记游。今日斯文期德业，花其春矣实其秋。"最后一句小异。

弟子泷川昌乐在《尺五堂昌三恭俭先生全集序》中谈及尺五读书、治学门径之广大：

> 晨师邹鲁濂洛关闽之圣贤，昏友汉魏唐宋元明之豪俊。进攻李德之书城，退下董氏书帏。自经传、国史，到医卜、老释，摭其华粹，掇其精英。①

一方面师法邹鲁濂洛关闽之圣贤，这是理学之取资；另一方面学习汉魏唐宋元明的诗篇，这是诗学之博参，两方面皆为尺五关注的重点。尺五在《戛球滩》中记录了自己讲经、吟诗的生活："逝川比德业，名以戛球鸣。知水有源远，儒流分派清。吟胸消世虑，讲舌转溪声。今古泽何竭，文澜逐日生。"② 吟胸以消世虑，具赋诗之雅怀；讲舌以转溪声，担荷传道之天命；"今古泽何竭，文澜逐日生"，言道统相继，文气随生，古今一脉可相承。

松永尺五在京师建立"讲习所"，讲授儒典，培育人才，奉行以六经明德养性，以诗文澄怀怡情的旨要。其在《庆安三年三月五日依泷川玄育秀才佳招游洛东丰国》中记载了以经诗教授弟子、涵养性情的情形：

> 入尺五堂，翱翔六经之芳苑，溯洄诸家之诗流。撷华咀英，分派统源。依是艳阳春时，共携壶觞，寻东山之花，登四明山，敲凹字丈山隐士之梅关，评诗章得浣

① 泷川昌乐：《尺五堂昌三恭俭先生全集序》，载松永尺五《尺五先生全集》卷首。
② 松永尺五：《尺五先生全集》卷一《戛球滩》。

花之髓。凉天佳辰，啸西岭之月……攻五字城而追石鼎，袖诗论文，余比年同游，邻并之居。①

尺五在讲习堂培育了很多优秀人才，他教育方法过人之处何在？上边的描述或可发现一二。“尺五堂”即“讲习堂”，“四明山”即诗人石川丈山隐居地“诗仙堂”，尺五带领弟子常穿梭于二地。或入尺五堂，“翱翔六经之芳苑，溯洄诸家之诗流”，学子们在尺五堂日日研经、习诗，令身心清明且充盈；阳春时节，携弟子登山叩访诗人，与诗友评诗品茗；“凉天佳辰，啸西岭之月”，苦心孤诣，谈诗说文。可以想见当年松永及弟子们论道吟诗、酌酒煮茶的风雅与洒落。

讲习堂每年一度举行“释菜”祭典先圣先师的活动，《尺五先生全集》卷二完整记录了庆安四年（1651）二月九日举行的“释菜”仪轨及期间听讲《论语》《诗经》，并依次赋诗之事。从这一记载可以较为清晰地考察松永教授弟子的方法及其思想观念。仪轨传自明遗民陈元赟，此次“释菜”参与者除松永尺五外，有学生若干，乐人八人，礼生二人，礼役二人，观礼者有天皇、三公、九卿、诸侯、大夫等。整个活动分三部分进行。

1. 释菜。其仪轨为：盥手，烧香，四拜，奠弊（苹蘩蕰藻菜盛笾，并果子类盛豆，乐人奏宁和曲等），祝版（祭文），献酒（迎神安和曲起），亚献（景和曲起），终献，撤馔（咸和曲起），送神，灌酒，瘗帛（咸和曲起）。

① 松永尺五：《尺五先生全集》卷二《庆安三年三月五日依泷川玄育秀才佳招游洛东丰国》。

2. 听讲《论语》并赋诗联句。先听讲《论语》，听讲毕，有尺五、昌易（尺五之子）、木下顺庵、泷川昌乐、平岩仙桂、昌坚、林厚庵、安东省庵、道三、玄三、正策、玄求等十八人赋诗联句。

3. 听讲《诗经》并问答、赋诗。先讲《诗经》，次则问答，最后赋诗联句。木下顺庵作序，亦有十六人赋诗联句。

上述诗赋作品皆汇集并收入《尺五先生全集》。赋诗联句在整个活动中占有较为重要的位置。听讲《论语》后尺五作诗并长序，根据其序所记录的情况，能看出当时日本儒学风气之盛，也较为典型地体现了尺五的儒学诗学思想，兹录于此：

> 仲春上丁命乐正习舞释菜，天子乃帅三公、九卿、诸侯、大夫，亲往视之。盖报德也。弘道之圣，莫盛于夫子；知恩之诚，莫大于祭仪。蕰藻之菜，行潦之水，有礼可羞，有诚可飨。①

讲习堂仅为一家塾，祭典活动有天子、三公、九卿、诸侯、大夫参加，可见讲习堂影响力之大，及当时日本儒学之兴隆。祭奠的目的是为感恩孔子之至德及对后世教化之功，“知恩之诚，莫大于祭仪”，这是中国礼制在日本的影响。仪式之外，最重要的祭典还是“礼”与“诚”。祭典的内容及主旨如下：

---

① 松永尺五：《尺五先生全集》卷二《庆安四载二月九日仲春释菜听讲〈论语〉同赋读〈论〉诗并序》。

是以讲书将充献芹，非理何足张皇幽眇；赋期发志趣，非咏宁可畅叙雅怀。想夫鲁论五经之辖辖，六艺喉衿，不可不读。允大圣之遗训，群贤之要语，何可不识？以兹绝章分篇，各扬舌澜于翰海之风，角村抗思，互争评于茧丝之微。侃侃然，誾誾然，陋室之荣，席上生花者乎？矧又写之唐诗，动荡精神，共驰陈、苏、鲍之词苑；阙之乐章，凝定寸诚，志及程、杨、李、朱之降临。所希崇儒之义，普施之州间乡党；尊道之旨，尽涉士农工商。履霜至坚冰，涓滴不止，将成巨海。存羊不毁堂，纤善渐积，奚远圣门？敢裁狂斐，以劝学业。①

祭礼之后，讲经以明至理之幽眇，赋诗以畅叙雅怀之清远，“讲经”“赋诗”是祭典活动的两大重要内容。为何要选择《论语》来讲授，尺五有进一步的阐述，“鲁论五经之辖辖，六艺喉衿不可不读”，出自汉赵岐《〈孟子〉题辞》：“《论语》者，五经之辖，六艺之喉衿也”，引汉人之言极言《论语》之重要；另外，“大圣之遗训，群贤之要语，不可不识”，这是称先圣、先哲言论的重要；最后，论及作诗之意义，“矧又写之唐诗，动荡精神，共驰陈、苏、鲍之词苑”，写作古诗、唐体，以激荡精神，感发志意，陶冶情性。

最后是对儒学兴盛、影响世道人心的展望，“所希崇儒之义，普施之州闾乡党；尊道之旨，尽涉士农工商”，期待儒学思想影响

① 松永尺五：《尺五先生全集》卷二《庆安四载二月九日仲春释菜听讲〈论语〉同赋读〈论〉诗并序》。

遍及社会的每个角落，每个个体。这篇长序，虽极言儒学之重要，仍不忘诗赋相济，以诗来激荡精神，洗涤情志。

这种治学与教育理念，对于弟子的影响甚大。木下顺庵曾作五古祝颂其师尺五，诗云：

> 先生何为者？谆谆说典常。董帷春昼静，韩檠秋夜长。白鹿近仙洞，三鳣落讲堂。游戏或诗赋，余波溢文章。岂只诸生福，真是大明祥。大哉贤哲志，百世可流芳。①

木下顺庵对于讲习堂的书斋生活极为怀念：“董帷春昼静，韩檠秋夜长”，此言笃学苦读；“游戏或诗赋，余波溢文章”，又有诗赋相伴，游戏为乐；“岂只诸生福，真是大明祥”，得师如此，福祉岂只在诸生，实为一国之大幸，百世可流芳。由此可知，以经明道，以诗怡情的求道生涯对于木下顺庵的影响深远，日后顺庵传承“经诗并重”的传统，培养出一大批妙于词章又覃精经史的儒者诗人，其渊源正在于此。

第二节　通达的诗史观

松永尺五对于历代诗家皆兼而取之，较少偏见。泷川昌乐在

① 木下顺庵：《锦里文集》卷一《颂祷尺五先生三首》其三，天明七年（1787），东都书肆等刊行。按：原诗无题，据其序加。

《尺五先生全集》序中称其"友汉魏唐宋元明之豪杰"，对于汉魏、唐宋、元明诸家皆能广泛学习。尺五是江户诸儒中对于历代诗家最为宽容的一位，对于为林罗山等诟病的元、明诗，尺五也能以融通的心怀予以接纳。

松永尺五在十六岁时已熟读《文选》，且以熟知《文选》等书著称①。《尺五先生全集》中常常提及陶渊明、谢灵运、庾信、鲍照等，如《春日游禅林寺菅由益令弟信远有诗予亦作》：

> 傍柳光明寺，寻花永观堂。竹林禽乐暖，松际容游庄。晴日仰皇阙，霞间望洛阳。白樱枝未雪，青草绿生塘。骚思忆陶谢，文谈慕董杨。风闲山拥紫，景远水浮光。②

这首诗有模仿谢灵运的痕迹，谢写春名句"池塘生春草，园柳变鸣禽"，此化用为"竹林禽乐暖"，"青草绿生塘"。全诗充满清和之气，在一派春意中，"骚思忆陶谢，文谈慕董杨"，对陶、谢、董、杨之才情深为倾慕、向往。其他如"陶谢调新律，庾鲍停雅钠"③，亦表达了称许之意。《和丈山公写怀》："君是庾鲍俦，新诗可自由。开襟王粲宅，飞翰仲宣楼。将略藏怀抱，词源洄倒流。盛名收拾早，冠冕识如沤。"④ 赞赏石川丈山作诗能上溯汉魏六朝，师法王粲、庾信、鲍照等，终享诗界盛名。皆能见出对于汉

---

① 见泷川昌乐《尺五堂恭俭先生行状》。
② 松永尺五：《尺五先生全集》卷一《春日游禅林寺菅由益令弟信远有诗予亦作》。
③ 松永尺五：《尺五先生全集》卷一《秋夜泛大井川见月》。
④ 松永尺五：《尺五先生全集》卷一《和丈山公写怀》。

魏六朝诗的重视。

松永尺五《凹凸窠先生诗集序》最能全面体现他的诗史观。序言开端即论到中国诗歌起源、变迁及理想范式，其中提及《三百篇》、汉魏六朝诗、唐诗：

> 夫诗本于赓歌，权舆于《三百篇》。汉魏六朝之间，词人才子，名家擅场，天葩奇藻，绚缛当世，或质过于文，或华浮于实。惟至唐声律大备，文质彬彬，得风人之体。①

尺五认为汉魏六朝诗，"天葩奇藻""绚缛当世"，盛赞其文采之美，但"或质过于文，或华浮于实"，指出这一时期两种偏胜之习，认为皆有偏废，这与中国诗学屡屡盛赞汉魏有所不同。如严羽《沧浪诗话》云："诗有词理意兴。南朝人尚词而病于理；本朝人尚理而病于意兴；唐人尚意兴而理在其中；汉魏之诗，词理意兴，无迹可求。"②"论诗如论禅：汉魏晋与盛唐之诗，则第一义也。大历以还之诗，则小乘禅也，已落第二义矣。"③ 严羽将汉魏与南朝分别对待，视汉魏诗为第一流之作。松永尺五不以汉魏诗为极则，其理想乃是"声律大备，文质彬彬，得风人之体"的唐音。"声律大备"受到殷璠及明人诗论影响④，"文质彬彬"是儒

---

① 松永尺五：《覆酱集序》，载石川丈山《新编覆酱集》卷首。

② 严羽著，郭绍虞校释《沧浪诗话校释》，人民文学出版社，1961，第 148 页。

③ 严羽著，郭绍虞校释《沧浪诗话校释》，第 11 页。

④ 殷璠《河岳英灵集序》云："开元十五年后，声律风骨始备矣。"是为最初称扬盛唐诗之声律者。明闽人林鸿称："开元、天宝间声律大备，学者当以是为楷式。"高棅"四唐说"受其影响。

家诗学的最高理想，尺五以唐诗为典范之意甚明。

具体论及唐诗，尺五已接触并部分接受了明人分期论唐的观念，其云：

> 王杨卢骆之美丽，而陈正字、李巨山之雅正，宿老沈宋苏张之新声大手笔，此初唐之正体也。李翰林、杜拾遗之飘逸沉郁，孟储之清雅真率，二王之精致声俊，高岑韦刘之悲壮雅澹，此盛唐之盛风也。韩柳之博大超然，元白之序畅分明，李卢郊岛之鬼怪饥寒，此晚唐之变态也。①

最初对唐诗进行分期的是《新唐书·文艺上》，其称："唐有天下三百年，文章无虑三变。"② 其后，宋末严羽《沧浪诗话》提出"五唐说"，元、明之际的杨士弘《唐音》隐含"四唐说"之雏形，明初高棅《唐诗品汇》正式提出初、盛、中、晚"四唐说"，影响至为深远。松永尺五将唐诗分为三期：初、盛、晚唐诗，"初唐之正体"的代表为王、杨、卢、骆、沈、宋、苏、张等，以"雅正"为评。"盛唐之盛体"代表有李、杜之"飘逸沉郁"，孟、

① 松永尺五：《覆酱集序》，载石川丈山《新编覆酱集》卷首。

② 《新唐书·文艺上》云："唐有天下三百年，文章无虑三变。高祖、太宗，大难始夷，沿江左余风，绨句绘章、揣合低卬，故王、杨为之伯。玄宗好经术，群臣稍厌雕瑑，索理致、崇雅黜浮，气益雄浑，则燕、许擅其宗。是时，唐兴已百年，诸儒争自名家。大历、贞元间，美才辈出，擩哜道真，涵泳圣涯，于是韩愈倡之，柳宗元、李翱、皇甫湜等和之，排逐百家，法度森严，抵轹晋、魏，上轧汉、周，唐之文完然为一王法，此其极也。"（欧阳修、宋祁撰《新唐书》，中华书局，1975，第5725—5726页）

储之“清雅真率”，及二王、高、岑、韦、刘等。“晚唐之变态”包括韩、柳、元、元、李、卢、郊、岛，涵盖了中唐的大部分及晚唐全部，评价有褒有贬，韩、柳“博大超然”，元、白“序畅分明”，含有称许之意，李、卢、郊、岛为“鬼怪饥寒”，则略有微词。松永尺五对初、盛唐评价极高，对晚唐则有取有舍。

值得注意的是，松永尺五的三唐分期明显不同于明人。他将韦应物、刘长卿包括在盛唐中，则盛唐实涵括开元、天宝、大历在内，这与明人及后世以开元、天宝为盛唐是有区别的。江户前期诸多诗家似乎都将开元、天宝、大历涵括在盛唐之内，如石川丈山即明确提出以开元、天宝、大历为宗，这与江户中叶的“盛唐观”明显不同。

松永尺五上述评论受高棅《唐诗品汇》的影响极大。高棅《唐诗品汇总叙》云：

> 神龙以还，洎开元初，陈子昂古风雅正，李巨山文章宿老，沈宋之新声，苏张之大手笔，此初唐之渐盛也。开元、天宝间，则有李翰林之飘逸、杜工部之沈郁、孟襄阳之清雅、王右丞之精致、储光羲之真率、王昌龄之声俊、高適、岑参之悲壮、李颀、常建之超凡，此盛唐之盛者也。大历、贞元中，则有韦苏州之雅淡、刘随州之闲旷、钱郎之清赡、皇甫之冲秀、秦公绪之山林、李从一之台阁，此中唐之再盛也，下暨元和之际，则有柳愚溪之超然复古、韩昌黎之博大其词、张王乐府得其故实，元白序事务在分明。与夫李贺卢仝之鬼怪、孟郊贾

岛之饥寒，此晚唐之变也。降而开成以后，则有杜牧之之豪纵、温飞卿之绮靡、李义山之隐僻、许用晦之偶对……此晚唐变态之极。[①]

松永尺五于此多有袭用。松永尺五受《唐诗品汇》影响主要表现在：一、具体诗人的评价，尺五全部袭用了高棅的评语。二、尺五将唐诗分为三期，其中两种名称也出自高棅此序，即“盛唐之盛风”及“晚唐之变态”。但二人唐诗观的差异也较大：其一，高棅主“四唐”说，尺五主“三唐”，无中唐一段。尺五视初唐为“正体”，这种思想颇不合于中国诗家之常谈[②]；其二，二人盛唐、晚唐的划分有别，因而，不少诗人归属的时段很不一样。具体如表：

高棅、松永尺五关于唐诗分期及各期代表诗人对照表：

	高　棅		松永尺五	
分期	各期名称	代表诗人	分期名称	代表诗人
初	初唐之渐盛	陈子昂、李峤、沈佺期、宋之问、苏颋、张说	初唐之正体	王勃、杨炯、卢照邻、骆宾王、陈子昂、李峤、沈佺期、宋之问、苏颋、张说
盛	盛唐之盛	李白、杜甫、孟浩然、王维、储光羲、王昌龄、高適、岑参、李颀、常建	盛唐之盛风	李白、杜甫、孟浩然、王维、储光羲、王昌龄、高適、岑参、韦应物、刘长卿[③]

① 高棅：《唐诗品汇》（上）卷首《唐诗品汇总叙》，上海古籍出版社，1988，第8—9页。

② 杨士弘《唐音》将唐诗分为“始音”“正音”“遗响”。“正音”中独无初唐诗，而盛、中、晚唐皆有入选正音者，杨长于审声辨体，大体因为初唐诗声律、体制还不完备，故不入“正音”之选。

③ 名字有下画线的诗人是松永尺五在时代划分上与高棅不同者。

	高　棅		松永尺五	
中	中唐之再盛	1. 韦应物、刘长卿、钱起、皇甫冉、秦系、李嘉佑 2. 韩愈、柳宗元、张籍、王建、元稹、白居易	无	
晚	晚唐之变	李贺、卢仝、孟郊、贾岛	无	
	晚唐之变态	杜牧、温庭筠、李商隐、许浑	晚唐之变态	韩愈、柳宗元、元稹、白居易、李商隐、卢仝、孟郊、贾岛

松永尺五受高棅唐诗史观的影响十分明显，袭用其体例及评语较多，其引述文字甚至可视为《唐诗品汇序》的缩略版，表明《唐诗品汇》在这一时期已被日本诗家阅读，甚至得到了较大程度的接受。但是，二人观念的差别也比较大，可以见出中国诗学在传播过程中出现的一些特有现象。其一，接受中的偏差或误读。尺五作为一名理学家，诗文仅仅是其关注的一个方面，因而对于中国诗学的阅读和接受较为粗略，甚或产生一定的偏差。如将韩、柳、元、白放入晚唐，将初唐诗视为“正体”等，有可能是对于《唐诗品汇》“四唐九品”繁杂的诗学体系缺乏足够的理解所致。其二，江户前期明代诗学的影响还十分有限，宋代诗学尤其是宋代理学诗学的势力仍如日在天，因而尺五等理学家对于高棅诗学思想主观上存在取舍，并未全盘接受。无疑后一点是二人唐诗观念产生差别的主要原因。

松永尺五对于宋诗的观念与林家诸子一样，主张“唐宋并宗”。其云：

> 宋兴以降，文明之祥臻，雅颂之风又起，礼乐追还三代，诗赋颉颃汉唐。欧阳司马之平易温柔，苏梅之飘逸平淡，石林之雄豪精炼，范王二苏之雅丽华妙，黄陈秦张之清新婉丽，或诗豪，或文宗，蚁集蜂起，争荣竞华，斗奇角妙，浓淡深浅，奇正开合，各极其则，皆一代高士，数世警绝也。[1]

对宋诗的评价极高。宋兴以降，“雅颂之风又起，礼乐追还三代，诗赋颉颃汉唐”，前言唐得“风人之体”，此言宋起“雅颂之风”，将唐、宋诗均视作《诗经》之正脉，把宋诗放在与唐诗并列的位置，可谓推尊之极。又具体评价了十余位宋诗人，从欧阳、司马到苏、梅、叶、范、王、二苏、黄、陈、秦、张等无一例外皆给予正面肯定，或称文宗，或称诗豪。从风格、章法论，浓淡、深浅、奇正、开合，以为各极其则。此序作于庆安元年（1648），即清顺治五年，明代诗学已部分传入日本。从其序文来看，松永受到了严羽《沧浪诗话》、高棅《唐诗品汇》的较多影响，但仍极高地评价宋诗，可知宋代诗学在当时根底之深厚。林家诸子及松永尺五为江户前期之儒宗，在诗坛亦有着重要影响力，他们“唐宋兼宗”的主张实为此一时期的诗学主潮。另一方面，松永尺五已开始用明人眼光来评论唐诗，亦有了唐诗分期的观念，这些都

① 松永尺五：《覆酱集序》，载石川丈山《新编覆酱集》卷首。

透露出了诗坛的新消息，预示了诗学风气即将发生的大变化。

第三节　杜甫崇拜及理学诗道观

松永尺五最为崇拜的诗人首推杜甫，“尺五堂”之号即出自杜诗。《行状》载有“尺五堂”名字的来源：

> 天王诏赐数十弓之地于禁阙之南，京兆尹周防守为构讲堂，此盖使皇子公孙闻道也。新筑既成，先生从铜驼城下移之，公卿及京兆尹皆来贺新居、预燕飨，先生以诗谢尊客，群弟子殚和之。是时洛阳词人才子皆臻，四明逸人丈山生谓先生曰：“环堵今抵凤阙之南，近邻蓬瀛，此所谓‘城南韦杜之家，去天尺五者也’，老杜诗‘去天只尺五’是也。”先生从兹号“尺五堂”。①

丈山见天子所赐之地近于禁阙，且清美绝俗，显贵无比，故云：“此所谓‘城南韦杜之家，去天尺五者也’，老杜诗‘去天只尺五’是也。”杜诗《赠韦七赞善》云：“尔家最近魁三象，时论同归尺五天。”杜自注：“俚语曰：‘城南韦杜，去天尺五。’”松永尺五甚喜此语，由此号讲习堂为“尺五堂”，自号“尺五”。《先哲丛谈》记有此事，丈山《题讲习堂并序》亦载此事，是为当时

---

① 泷川昌乐：《尺五堂恭俭先生行状》，载松永尺五《尺五先生全集》卷首。

之美谈。尺五堂还屡被友人称为“浣花草堂”，足见松永尺五对于杜甫之倾慕。

尺五著有《杜诗抄》，另外，曾点校、注释明邵傅的《杜律集解》，事见石川丈山《答昌三并叙》：“近获明邵君所选《杜律集解》，珍玩弗辍，松教授复尔递读迭诵，以墨点律，以丹施解，理义昈分，较然通晓。”① 尺五和丈山二人常常一起研读《杜律集解》，“如来陈《杜律集解》……与昌三每对诵”。② 昌三即尺五。尺五文集亦记有与丈山读杜诗事：“登四明山，敲凹字丈山隐士之梅关，评诗章得浣花之髓。”③

江户前期理学家们已较多谈及读《杜律集解》之事。林罗山推荐的二种律诗学习范本其一即为《杜律集解》。林鹅峰、梅洞也有读《杜律集解》的记载。那波活所曾讲授《杜律集解》。尺五、丈山二人常常读诵《杜律集解》，尺五又点校过此书。尺五弟子宇都宫遁庵对于此书详加题注，并加训读，撰成《鳌头增广杜律集解》六卷，影响极广，数次刊印。元禄九年（1695）京都美浓屋彦兵卫刊印的《鳌头增广杜律集解》现存于日本内阁文库、早稻田大学等，并收录于长泽规矩编的《和刻本汉诗集成第三集》。可知此书在日本受到的欢迎和重视。

尺五集中多处记载日常习诵杜诗之事。如《十七夜游友人席》：

---

① 石川丈山：《新编覆酱集》卷二《答昌三并叙》，延宝四年（1674）刊本。
② 石川丈山：《新编覆酱续集》卷一三《简野静轩》，延宝四年（1674）刊本。
③ 松永尺五：《尺五先生全集》卷二《庆安三年三月五日依泷川玄育秀才佳招游洛东丰国》。

共寻工部咏，频厌雨声听。越女障罗袂，湘妃隔素屏。兰阶凝远瞩，草露想晶莹。既醉杯兼月，连宵终未醒。①

清凉夜，兰阶草露，与友人、门生“共寻工部咏”，且醉且歌。又，“天高凉气重，更深赏心频。忽诵少陵句，古今与月新”②，更深凉重，忽诵少陵之句，一时觉天地与古今同新。“啸歌吴楚东南句，晚饭纷尘入洛京”③，啸歌杜诗，一路风尘赴洛京。

尺五诗中模拟杜诗处较多，今举一例：

陟彼崔嵬处，高高几历艰。荡胸星可摘，矫首月堪攀。绝顶割昏晓，闲云伴往还。银桥何日假，身托广寒间。④

诗多用杜典，“荡胸”“绝顶”“割昏晓”语出杜诗《望岳》，“矫首”语出杜诗《又上后园山脚》“矫首望八荒”。全诗从遣词造句到诗意诗境皆有模拟，其对杜诗之酷爱可见一斑。

尺五宗杜，旨在建立“本邦诗道之正”。因而考察日本各时期诗歌变迁时，以是否尊杜为准绳，其云：

本邦制诗赋滥觞自大津皇子，而延、天之盛代，缙笏垂绅之徒，禁苑花晨搜奇摘艳，山庄雪夕，抽黄对白，

① 松永尺五：《尺五先生全集》卷一《十七夜游友人席》。
② 松永尺五：《尺五先生全集》卷一《十八夜咏月·安东省庵学窗见月》。
③ 松永尺五：《尺五先生全集》卷二《归洛写怀》。
④ 松永尺五：《尺五先生全集》卷一《攀月巅》。

> 协声律、揣八病，慕香山之五长，未知少陵之独步。然后文风陵夷，诗道废坏，其遗芳残馥，入五丛禅林，蔓衍于近世。空华、蕉坚、木蛇、蕉雪、识庐、幻云之缁徒，以诗鸣世，学唐贤三体，薰炼七绝，读苏黄遗编，不仿古风排律之众体，不贵杜甫之神圣，何仰谪仙之高格？呜呼，诗法之不得东渐，今已尚矣。①

尺五论日本汉诗之流变：一、日人学作汉诗滥觞于大津皇子，飞鸟时代、平安时期学作汉诗的风气大兴，皇族与贵公子学白体而不知学杜，诗道废坏。二、五山时期，学《三体唐音》，宗东坡、山谷，仍未知学李、杜，诗道亦不振。尺五对日本诗学的发展深表不满，其描述也大致符合史实，评价标准则是儒家的诗道观。杜诗在平安、五山各时期皆不为日人所重，故诗道不兴。“少陵之独步”“杜甫之神圣”，评价可谓至高，在他看来，杜诗不仅仅是一种诗学风格，其“神圣”在于它既是盛唐盛风的代表，更是得国风正体、诗道正宗之所在。

尺五也以此标准论中国诗歌之变迁，他论元诗时说：“近代虞、杨、范、揭，分得老杜骨髓，依其国风之本源。诗道之隆盛，绵邈不绝，如江流不竭。”② 元人“举世宗唐”，开明代“诗必盛唐”的诗学风气。尺五对“元四家”评价颇高，认为皆分得老杜骨髓，依国风本源，明确将尊杜、宗经、明道关联在一起，带上了浓厚的儒家诗学思想色彩。

---

① 松永尺五：《覆酱集序》，载石川丈山《新编覆酱集》卷首。
② 松永尺五：《覆酱集序》，载石川丈山《新编覆酱集》卷首。

第六章　那波活所

那波活所（1595—1648），名觚，初名方，字道圆，号活所，后改姓祐，播州（今兵库县）姬路人。祖上为商贾，以赀富称于世。活所自幼好赏析古书，澹然不事利，父亲遂使其习儒、医两道，活所以“医不称其性”为由，弃医业儒。庆长十七年（1612）活所十八岁，拜藤原惺窝为师，① 奥田舒云《祐先生行状》（下简称《行状》）记云：“时藤公敛夫在洛，唱濂闽之学，名显白当世，而藩篱高峭，少人闯之者。庆长庚戌，先生辞亲来洛，谒藤公，行弟子礼。藤公一见奇之，寄待逾他。”② 活所入惺窝门，深得惺窝赞赏，虽比诸位弟子年少，然自视极高，孤介不群。《祐先生行状》载有二事。颇能见其特立之性情：

---

① 关于拜谒惺窝的时间，《祐先生行状》记为庆长庚戌，即庆长十五年（1610），时活所十六岁。而活所作《自叙赋》为庆长壬子，即庆长十七年（1612）“壬子之冬，余十八岁兮，获辱觏惺斋先生”，活所《至乐窝记》及其子那波木寅作《活所先生年谱》皆为十八岁，故取庆长十七年。

② 奥田舒云：《祐先生行状》，载那波活所《活所遗稿》卷首。宽文五年（1665）序刊本。

与其（惺窝）徒林道春、堀正意、菅玄同等往复侍坐，愤悱不已。尝赋《杜鹃》诗，有“相唤不成群”句，一时流辈多疑议者，先生固执不变，规之藤公，藤公遂许可焉。①

所作《杜鹃》载于《活所遗稿》，诗中有句曰：“杜鹃春破后，相唤不成群。”② 因含孤高之意，引同门疑议，然活所执意以示惺窝，得惺窝称许。《杜鹃》诗事，流传甚广，《日本诗史》《锦天山房诗话》《先哲丛谈》等书俱载此事，《锦天山房诗话》称：“作《杜鹃》诗视之，惺窝大称赏，由此早有重名。”③《行状》还载一事，亦见其性情：

戊午秋，藤公卒，葬之于洛北相国寺。林光院门生有武田道安，父死同葬之于藤公墓傍，相对立如无等级。时人私议，谓藤公家世冠缨之胄，而有德望，武田氏匹夫而无雅行，然抑而不发。先生独奋怒以为不当若之，即日作书寄林光院。俗传之为美谈，从此声名大振。④

其刚正耿介如此，也由此声名大振。元和九年（1623），二十九岁应辟肥后加藤侯，后不遇，归京都居铜驼坊，刻苦记览，讲授程

---

① 奥田舒云：《祐先生行状》，载那波活所《活所遗稿》卷首。
② 那波活所：《活所遗稿》卷一《杜鹃》。
③ 友野霞舟：《锦天山房诗话》上册“那波觚”条，收入池田四郎次郎《日本诗话丛书》卷八，第333—334页。
④ 奥田舒云：《祐先生行状》，载那波活所《活所遗稿》卷首。

朱理学诸书。宽永十一年（1634）[①]，出仕纪藩，对主侯直言不讳，“尽謇谔之节，而君信任之，可谓明良之遇矣”[②]。宽永十九年，幕府命儒臣编辑诸家系谱，活所受命，后以眼疾归，眼疾不痊，正保五年（1648）卒，年仅五十四岁。著有《活所备忘录》三十卷，《帝王历数图》一卷，《通俗四书注者考》一卷，《活所遗稿》十卷等。

那波活所为“藤门四天王”之一，理学、文学造诣皆深，《日本诗史》称其“继惺窝为京师诸儒冠冕”[③]，评价极高。江村北海祖父为活所的大弟子，北海的评价不免过誉，但活所理学成就甚高，却是事实。伊藤宗恕在《活所先生遗稿叙》中指出近世日本诗文之弊，而活所诗文能卓然独立于颓波之外，其云：

> 近世诗文之习，盖非其父兄、师友之所源流，必其里闾之所鼓舞也。此唱彼和，惛惛恔恔，不辨其碔砆与美玉，说韩说杜，皆其寱语耳。人之材质可以自为者，必趍于是，以为贵久而成俗。方是时，居今行古，卓然杰立于颓波之外如先生者，岂易得哉。[④]

五山、江户之交，文治初兴，诗道待振，活所诗文清通、雅洁，确能振起颓波，有独到的价值。理学、文学外，活所还兼具多种

---

① 出仕纪藩的时间，《年谱》为宽永甲戌，即宽永十一年（1634），《行状》为宽永乙亥，即宽永十二年（1635）。此据《年谱》。

② 原念斋：《先哲丛谈》卷二“那波觚”条。

③ 江村北海：《日本诗史》卷三“那波活所”条。

④ 伊藤宗恕：《活所先生遗稿叙》，载那波活所《活所遗稿》卷首。

才华，“好书法，颇得黄太史之笔意。其言论之次，或及国家经济、兵民、钱谷之事，宛如所亲更尝者，非如儒生、文士，止有偏长。惜乎郁其所畜，不见诸行事。文章、诗赋，其余事耳。先生之于才，可谓伟矣”①。文章、诗赋为活所之“余事”，其治国之雄心与抱负，惜未得以施展。从功业而言，活所不及罗山、尺五等显赫，但见解深刻、文辞雅训、才华出众，亦为一代之伟器。《祐先生行状》称述其一生之成就，云：

> 先生之于儒也，穷理存诚，常说朱陆矣，不为无发微之明；其于文章也，卓荦精致，强避倭习矣，不为无起废之功；其于学者也，不择利钝，能导能晓矣，不为无启蒙之诲。②

尊奉宋学，能发明其幽光；文章卓尔，少有倭习；又能教化弟子，启蒙后学。在日本儒学史、汉诗学史上那波活所都有着突出的地位，对后世产生了较为重要的影响。

第一节　读书门径：究经史、乐诗文

那波活所读书颇广，“自六经、子史莫不考究，得其要眇。至

① 伊藤宗恕：《活所先生遗稿叙》，载那波活所《活所遗稿》卷首。
② 奥田舒云：《祐先生行状》，载那波活所《活所遗稿》卷首。

于稗官、小说、僻书、隐牒，亦无遗于搜阅焉”[①]。其首重经、史，儒家学说中尤以程朱理学为尚。在京都讲习期间，讲授《春秋胡传》《四书集注》《通鉴纲目》等书[②]，又聚集弟子，检阅《历史一统志》《建宁府志》《伊洛渊源录》《名臣言行录》《尚友录》《晦庵文集》等，编撰《四书注者考》[③]。游仕纪藩时，藩主曾问君臣之道，活所著《人君明暗图》以对答，撮取十事，《知人》《俭约》《能慎》《避谗》《爱人》《大度》《勤劳》《听谏》等，其中用语及主旨皆本于“四书五经”。[④] 又作《跋敬字》云：“诸儒各有悟入处，明道、伊川以敬，紫阳以穷理，金溪以易简，南轩以义利，阳明以良知，吾友休轩请余大书‘敬’字，以揭读书之室，其志于两程之学也可知可嘉焉。”[⑤] 以程朱理学为本，兼取陆王，对于宋明儒学确有博取之意。《活所遗稿》中多次言及对程朱之学的倾慕，如《伊川门雪》：“异端满目是荒唐，洛学犹欢一派长。若有游杨侍师志，遗书更复发寒光。”[⑥] 以濂洛之学为孔学正脉，终身尊奉不懈。

理学之外，活所甚重史学，《庚辰元日咏怀》云：“二十一史旧年求，今古纵横在寸眸。世上光华非所羡，牙签新帙照书楼。”[⑦] 读二十一史，通古鉴今，方能经世致用。活所还很重视朱熹的《通鉴纲目》，曾系统讲授此书，文集也屡屡提及阅读《通鉴

① 伊藤宗恕：《活所先生遗稿叙》，载那波活所《活所遗稿》卷首。
② 奥田舒云：《祐先生行状》，载那波活所《活所遗稿》卷首。
③ 详见那波活所：《活所遗稿》卷九《题四书注者考》。
④ 那波活所：《活所遗稿》卷八《人君明暗图》。
⑤ 那波活所：《活所遗稿》卷一〇《跋敬字》。
⑥ 那波活所：《活所遗稿》卷三《伊川门雪》。
⑦ 那波活所：《活所遗稿》卷五《庚辰元日咏怀二首》。

纲目》的事迹，如《寄江宗珉丈人在武江时读〈纲鉴〉》云："瞑目犹听《纲鉴》论，鉴今鉴古助精魂。"① 活所四十五岁始患眼疾，不能用眼，仍听论《纲鉴》。《读〈纲鉴〉补》云："通鉴既编纲目修，荆川初合若相符。一千三百六十岁，快活唯烹阿大夫。"② 称扬朱熹编修《纲目》甚得《通鉴》之本意。《书〈通鉴纲目〉后》记载了友人卜斋以重金购《通鉴纲目》全编，活所极口称赞。

那波活所还接触过明人陈仁锡编选的《古文汇编》《古文奇赏》等，在《读奥田舒云购〈古文汇编〉》中云："闻说异书藏异人，古文奇赏未全泯。书嫏羡遇陈仁锡，三百卷中朝暮亲。"③ 陈仁锡为明代官员、著名学者，官至国子监祭酒，有《四书备考》《重订古周礼》《潜确居类书》《明史艺文志》《古文汇编》《古文奇赏》等著作。活所阅读的《古文汇编》，体例较庞大，共二百三十六卷，以经、史、子、集分部，《四库全书总目》对此书评价不高，称其"所配多不当理"④，虽体例不够严谨，但内容颇为丰富，传至日本，仍受到欢迎。奥田舒云购得此书，活所作诗以贺，并以"异书藏异人"为赞，又称"三百卷中朝暮亲"，甚为倚重。

读这些圣贤书，其大用为"存心养性"，即"存养"，这是一生都需着力处。活所云：

> 至圣生知安行，大贤以下存其心、养其性，况学者

---

① 那波活所：《活所遗稿》卷六《寄江宗珉丈人在武江时读〈纲鉴〉》。
② 那波活所：《活所遗稿》卷五《读〈纲鉴〉补》。
③ 那波活所：《活所遗稿》卷五《读奥田舒云购〈古文汇编〉》。
④ 永瑢等撰《四库全书总目》卷一九三《古文汇编》，第 1763 页。

乎？若夫不存不养，如视空宅。于是乎声色侵矣，老佛袭矣，铜臭蠹矣，易牙来矣，大凡纲常之所斁，无所不至。悲夫，今请大书二字，以揭于读书处，嘉其感动、奋发于圣贤之学，而书以告之。①

本于理学家的立场，活所认为以先圣先贤的书籍来涵养人格极为重要。奋发于圣贤之学，方能存心养性，否则，不存不养，心如空宅，声色、金钱、美食等欲望相侵扰，佛、道等思想移情性，不可不慎。故圣贤之学为一切之本。

"存心养性"还需涵养与天地同乐的诗兴与诗情，培植天机与天趣。活所在《次韵河氏重纯》中称：

芳草犹铺康节茵，和风又动伯淳春。乾坤不改从前色，景象随人更着新。②

以邵雍、程颢为榜样，养气、颐真、存理，与天地造化同气相感。"芳草犹铺康节茵"，典出邵雍，邵雍诗云："杯深似锦花间醉，车稳如茵草上归"③，"高阁望时花似锦，小车行处草如茵"④，于春之深处，静观、自在，得满目生意。"和风又动伯淳春"，典出程颢《春景》："云淡风轻近午天，傍花随柳过前川。时人不识予

① 那波活所：《活所遗稿》卷一〇《跋存养轩后》。
② 那波活所：《活所遗稿》卷二《次韵河氏重纯二首》。
③ 邵雍：《邵雍集·伊川击壤集》卷二〇《首尾吟》，郭彧整理，中华书局，2010，第523页。
④ 邵雍：《邵雍集·伊川击壤集》卷九《安乐窝中酒一樽》，第319页。

心乐，将谓偷闲学少年。”[1] 云淡风轻日，望花随柳过，感时序之变迁，乐万物之自在。

由此知那波活所虽以文章、词赋为余事，但仍注意培植诗心，以感发意兴。他自称“性嗜文章”[2]，“老耽佳句”[3]，甚至说“前身疑是诗人未”[4]，对诗文表现出浓厚的兴趣，诗文集中屡屡述此：

> 诗与春光俱斩新，英才何况少年身。请看架上三千卷，莫惹门前十丈尘。[5]
>
> 新年风物属诗家，吟尽园林次第花。君看化工闲暇少，野梅才谢又山茶。[6]
>
> 山村满意受春风，冰解梅开雪亦融。一岁光阴非不久，吾曹心事在诗筒。[7]
>
> 庭隅座上扫纤尘，觅句沉吟忘主宾。今日幸无风雨厄，梅花自占一场春。[8]

---

① 陈思编，陈世隆补《两宋名贤小集》卷一三〇《明道先生诗集》，文渊阁《四库全书》本。按：《河南程氏文集》卷三载程颢《偶成》为“望花随柳过前川，旁人不识余心乐”，略不同。江户前期日人著作中常引诗句为“傍花随柳过前川”。

② 那波活所：《活所遗稿》卷九《新刊本朝文粹跋》。

③ 那波活所：《活所遗稿》卷四《上长啸公诗并序》。

④ 那波活所：《活所遗稿》卷五《游黑谷得村字》。

⑤ 那波活所：《活所遗稿》卷二《次韵牧少年》。

⑥ 那波活所：《活所遗稿》卷二《绝句》。

⑦ 那波活所：《活所遗稿》卷二《游北野》。

⑧ 那波活所：《活所遗稿》卷五《了的丈人席上得春字》。

“诗与春光俱斩新”，“新年风物属诗家”，“吾曹心事在诗筒”，“觅句沉吟忘主宾”，皆见出对诗之嗜好。但与一般吟风弄月有所不同，活所以天地、江山、花草、风雨为道场、悟机，感天地细缊，万物化生，节序变化，以触动天机，激发心灵。从野梅谢到山茶开，感新年风物之“新”；从冰解、梅开、雪融，感“春风满意”；而庭座无尘，宾主觅句，阶前梅花，自占得一春，人、物，宾、主皆得其适。活所营构了种种自然景象，以蕴藏天地造化之理，诗境指向道境，诗之旨趣终近于道。

第二节　诗道与诗法

那波活所的诗文成就较高，伊藤宗恕评云：“其为诗文，雄深、雅洁，不作则已，作则必夐出于人。”①《日本诗史》赞其诗“雅训”。②《活所遗稿》收录了活所五百余篇诗文，较少日人诗歌常见的“和臭”“倭习”，其中一些佳作，气势雄厚，语言雅峻，有独出之秀。其诗学主张本于理学之立场，但亦能注意到诗歌的艺术特质，有一些独到的见解。

一　理学诗道观

活所论诗首重诗道。他在《新刊本朝文粹跋》中认为王朝时

① 伊藤宗恕：《活所先生遗稿叙》，载那波活所《活所遗稿》卷首。
② 江村北海：《日本诗史》卷三“那波活所”条。

期诗家当以菅原道真为第一，以其“足征于政教，或能明于进退，所谓质诸鬼神而无疑，百世以俟圣人而不惑”。① 菅原道真（812—880）为日本平安中期人，位至公卿，日人尊其为“文学之神”“教育之祖”，拥有极崇高的地位。其学问、词章、官阶皆臻于极，三者集于一身，日本历史上少有人及。活所赞其诗文征于政教，明于进退，这完全是基于理学立场之解读。

活所在《谨奉和北肉山人铜仙诗三首》中也表达了较为浓厚的儒家诗教观，其云：

> 我山人获古铜仙，甚惬高怀，乃赐姓曰独笑，命名曰献笑，卖花翁其别号也。属文一篇以序其事，诗三章以言其情，善、美俱尽矣。……以独笑姓焉，盖实事也，然到其“独”则有他人之所不能知之故。郿公传道于沂公以“慎独”也，两言以丁宁矣。沂公复笔之书以遗于邹公及温公之名园也。
>
> 以“独”乐庄周之观松也，以“独”正杜甫之闲适也，以“独”酌屈平之激世也，以“独”醒刘伶之遁世也，以“独”醉醉人之所恶也，而谓独醉则时俗之不及也。②

北肉山人即藤原惺窝，惺窝得人所赠古铜仙，命名此铜仙为“独笑”。活所对“独笑”之“独”有深解，以为即“慎独”之

① 那波活所：《活所遗稿》卷九《新刊本朝文粹跋》。
② 那波活所：《活所遗稿》卷二《谨奉和北肉山人铜仙诗三首》。

"独"。"慎独"是儒家极为重要的修养工夫，语出《礼记·大学》："此谓诚于中，形于外，故君子必慎其独也。"后世发挥此意甚多。简言之，道，不可须臾离，故君子应慎于独，笃于行，不可让道一刻离身。人之视己，如见肺肝，于隐、于微、于独处尤要诚其意，正其心，行其德。可以说"慎独"二字，涵盖了丰富的儒家思想内容，是其一大关键。活所拈出一"独"字，将其贯穿于古今诗文，以"独"解读、建构或修正各家诗文境界，以"独"乐庄周之逍遥，以"独"正杜甫之闲适，以"独"酌屈原之激世，以"独"醒刘伶之遁世。这一番阐释，别出心裁，究其根本，仍是欲以儒家之思想理念来解说、规范诗文大旨。

二 "重气"与"尚情"

诗道之外，活所论诗文重视两点，一重雄浑之气，二重真挚的性情，因而，反对雕刻、模拟、题诗等形式主义倾向。在《咏作文》中活所云：

> 胆气豪雄是本根，怒涛止水起文源。陈言故事能含蓄，下笔全无斧凿痕。①

"胆气""豪雄"二者都不是论诗文语，而是论人性情，"胆气"

① 那波活所：《活所遗稿》卷六《咏作文》。

语出《后汉书·光武帝纪上》“诸将既经累捷，胆气益壮，无不一当百”，其后嵇康《明胆论》“陈义奋辞，胆气凌云”，皆为胆识、气概之意。李白“莫道词人无胆气，临行将赠绕朝鞭”（《送羽林陶将军》），韩愈“自笑平生夸胆气，不离文字鬓毛新”（《奉酬振武胡十二丈大夫》），则将“胆气”与词人、文字相关联，言书生亦可兼胆气。“豪雄”语出《后汉书·袁术传》：“豪雄角逐，分割疆宇”，此即“豪杰”意；王褒《关山篇》：“好勇自秦中，意气多豪雄”，方指豪迈、雄奇之气概。“胆气豪雄”连用，仅在明人集中偶见，如赵南星《覆李侍御论顾兵侍疏》：“顾养谦胆气豪雄，智术卓荦。”毕自严《饷抚疏草》：“俞冲霄豪雄，胆气奋发。”活所是否受到明人影响，不能确定。活所认为作文“胆气豪雄是本根”，意为培植、涵养诗家凌云胆气、豪雄风骨，这是作文写诗的根本。可以看出活所很重视诗文之气，“文之气”实本于“人之气”，因而“养气”即为作文之关键。

“陈言故事能含蓄，下笔全无斧凿痕”，由此，不必追逐于字句之奇、新。若汲汲于文词，雕琢于词藻，必伤神气与性情。若有胆气豪情，陈言故事也可以文澜壮阔。

因而，“真性真情”极为活所重视。其友寺井玄南丧子写悼诗，因有哀情、深悲，故活所读之泪下，并作《吊寺井玄南失子》阐发“情”对于诗之重要：

> 寺井玄南丧幼子，作诗见悼，一读伤情，再诵泪下，其出于天性而不外求者可见焉，乃和其韵以吊慰之。
>
> 怜尔题诗泣向隅，情钟岂是别贤愚。故衣残药逐时

散，自有幽禽来一呼。[1]

寺井玄南并非知名诗人，然因具真情，所作之诗，可以令人"一读伤情，再诵泪下"，动人之处，实非诗才惊人，而是"出于天性而不外求"。活所此处的言情，偏于"情之真"，与儒家常言的"情之正"，略有不同。"情正"强调温柔敦厚，哀而不伤，怨而不怒。"情真"强调诚挚、不饰，本乎真心。古今至文，多血泪所成，真性至情可令文辞具有感发人心的强烈力量。活所"为人倜傥，不拘世俗"，又性情耿介，"接人之间，未尝降志孙言，苟为唯诺，以祈人之悦。是故多不与人相得，甚至有非笑、诋毁之者，先生不为变矣"。[2] 有此特立之性情，注重诗文之真情、率直，亦在情理之中。

因此，他读《诗经》《楚辞》、杜甫诗歌，多感慨其情，"子美诗中泪"[3]，"宋玉悲歌杜甫愁"[4]，又云："君不见杜陵三篇诗，再拜殷勤涕泗垂"[5]，"西风滴泪念程颢"[6]，皆见对诗中情味的重视。活所还十分喜好白居易诗歌，虽知有"白俗元轻"之异议，但仍"好其为人之酝藉，爱其集语意之平易、真率"，因白诗平易、真率而喜欢，且毫不讳言这种喜欢，"读其集则快活不可言也，复愿学者之周知焉。故命剞劂氏以广其传，又壮斯集之不苟

① 那波活所：《活所遗稿》卷六《吊寺井玄南失子》。
② 伊藤宗恕：《活所先生遗稿叙》，载那波活所《活所遗稿》卷首。
③ 那波活所：《活所遗稿》卷一《杜鹃》。
④ 那波活所：《活所遗稿》卷六《秋怀》。
⑤ 那波活所：《活所遗稿》卷二《杜鹃寄巢歌上惺斋先生》。
⑥ 那波活所：《活所遗稿》卷二《奉悼藤惺斋先生拟挽词并序》。

也，自校雠焉”①，命人刊刻，亲自校雠，足见喜好之深。

三 论“题之诗”及“联句之作”

出于对“真情”的重视，活所对于日本流行的“题之诗”之法颇为不满，他在《春雨夕霁绝句一首并序》中较为详细地阐发了对于形式主义诗风的批驳：

> 今人作诗有所谓“题之诗”者，其法亦严矣。有一字题，有二字题，有三字、四字及句题。先考其时景，某会赋某题，隔日间月以告来客。故不见月而题月，不对花而题花，固不曰“诗之题”而曰“题之诗”，则役于题可知矣。设不如其法，拍手举足笑而后已。故又笑者见笑者舐涎唾、哺糟粕。至于自然之体、格外之意，不存一二于千万焉。②

日人作诗有“题之诗”，即“题咏”，其中有一字题、多字题、句题等类。平安时期即已出现，中世纪，即五山时期颇为盛行。以句题诗为例，其意为以诗句为题之诗，起源于六朝的拟古诗，初唐后多见于“赋得”体。但日人句题诗已有极大不同，除了以诗句为题，另有更为烦琐、复杂的体例要求，其一，诗题为五字句，诗体为七律；其二，各联有严格程式，首联要出现题中之字，颔

---

① 那波活所：《活所遗稿》卷八《白氏文集后叙》。
② 那波活所：《活所遗稿》卷二《春雨夕霁绝句一首并序》。

联、颈联要用与题意相关的词汇来“破题”，且要用典以述“本文”，尾联要“述怀”，或称“比兴”。此种创作模式，据传为菅原文时（899—981）所创。一字题、多字题虽不及句题诗复杂，但其理皆同，都是贵族或诗僧们在某场聚会上以同一诗题来赋诗，诗题由专门之人事先拟定，如何写作亦有严格要求，这种创作以社交为主要功能，因而诗歌趋于“类型化”“程式化”。活所批评这种创作模式，他认为事先预定某会赋某题，如题月、题花之诗，而赋诗之时、之地并无花、无月。诗仅具逞才、助兴、交际之用。“题之诗”已不同于“诗之题”，作诗之人役于题，情感、意兴皆为题目所拘，“自然之体、格外之意，不存一二于千万”，使诗歌丧失了“自然之体”，诗中亦无“格外之意”。这种创作方式，徒具诗之形式，而较少真情真性，故极为活所诟病。

活所又举“题春雨夕霁”为例，指出这种“题诗”的荒谬：

> 今日之《题春雨夕霁》也，既已间月闻之。愚谓春雨不比秋雨，夕霁不似朝霁，步骤彼春雨之夕霁云者，推察其时之我情，如何云者，蛛丝心于四字之题，蜩甲身于一绝之句，诗成观之，甚不称吾意。①

今天拟定《题春雨夕霁》的诗题，但作诗时已经过去几个月，“春雨”和“秋雨”、“夕霁”与“朝霁”，节序不同、景致两样、心绪已改，“步骤彼春雨之夕霁云者，推察其时之我情”，作诗者需

① 那波活所：《活所遗稿》卷二《春雨夕霁绝句一首并序》。

推想春雨夕霁的景致，体察当时之情怀。此时心境与彼时景象已经两样，写出的诗，题与内容不契，景与情隔。这是典型的“为文造情”，而非“为情造文”，对于注重真情天性的活所来说，必然“甚不称吾意”。由此，活所举出古人作诗之法，以为模范。其称：

> 古人作诗不然也，仰观天文，旁感时物，以寓我意。故雨则听雨，晴则望晴而已，乃说得景情一般，此诗之妙欤！虽愚之所见不博，中华古今集及诗话未见如今之题法者，于是知今古之异趣矣。
>
> 然题之诗不可，改则见活法于其中而已。夫豪杰之士，改其题，削其法，不顾蕞尔之谤，以成一大家。抑徇今之法，悲夫矣。愚非其人而有斯言也，亦少年浮气之所致欤！①

活所认为古人作诗，天文、时物、我之情性与意兴，皆融合无间，浑然一体。景与情契，方能成就诗之妙境。要有诗中豪杰，打破“题诗”这一陈规，改其题，削其法，方能成就大家。活所论诗重“气”、尚“情”，力矫诗坛种种注重形式的创作风气，确有识见。

“联句诗”，在中国、日本皆较为盛行。清人王兆芳《文章释》称：“联句者，作诗不一人，共以句相属也。主与众才合韵，

---

① 那波活所：《活所遗稿》卷二《春雨夕霁绝句一首并序》。

属词接声。"[1] 指二人或众人共同完成一诗，一人作一句或多句，多人依次合韵、接声，联接成篇。传统诗家多以《柏梁诗》为其滥觞，宋后有论者以《邶风·式微》《郑风·女曰鸡鸣》诸篇为其源头。活所论及日人"联句"，他指出日本近世"联句之作"，愈加不成文理，且要博览经史子集，以为诗料。其云：

> 我邦联句之作，不知其俑也，空华子作序诮焉。及于近世，愈盛愈不成文理，亦不见经史之全文、百家之博议，岂敢有为文章诗赋之料乎哉？[2]

"联句之作"原只是诗人们的一种文字游戏，"联句者，在座之人，角其才力，率然成句，联络成章，对偶亲切，类乎夸奇斗戏，古无此法，自韩退之始"[3]。并不必以严格的态度来对待。相比较而言，活所并没有像对"题之作"那样，对"联句之作"大加指斥。大约"题之作"是更具完整意义上的诗歌创作，应符合诗歌创作的基本原则和规律，若流于游戏、落于形迹、拘于程式，流弊必生，对于诗道的危害甚大，故活所大力破斥。而"联句之作"，毕竟是众人参与的一种雅戏，虽能体现参与者的个人修养及才情、风度，但在活所看来，这与"言志""缘情"的诗歌还不能等而视之。

因而活所更多从形式上来对它进行探讨，活所归纳了九种

---

① 王兆芳：《文章释》，清光绪二十九年（1903）刻本。
② 那波活所：《活所遗稿》卷九《联句长篇序》。
③ 范德机：《木天禁语·诗法》卷一〇"联句体"条，明复古斋刻本。

“联句体”，指出其特征，其云：

> 其对有数体，曰“不对体”，起头与结尾也，隔句对在其中；曰“青白体”，拔青媲白之常体也；曰“抑扬体”，褒此而贬彼也；曰“一意体”，所谓二句一意也；曰“体用体”，上句言体，下句言用也；曰“物我体”，我与物对也。前三体易造，而后三体难矣。曰“同扁体”，效逍遥近道边也；曰“异类体”，如风对虫之类也；曰“双字体”，一句用同字是也。此三体格外之所造也。①

九体分三类，“不对体”即隔句对；“青白体”即取青媲白，是最常见的工对体；“抑扬体”，褒此贬彼，文意相反。这三种为常见体，且易造。“一意体”，即二句连为一意，这一类型，中国诗法著作论述较多；其他“体用体”“物我体”二体，名称少见于诗法著作，活所称此三类难造，究其实不过是“青白体”的变体而已。最后“同扁体”“异类体”“双字体”三类，活所称是“格外之造”，甚别致，中国诗法著作亦少见，但就其描述来看，只是就联句所咏物象的不同，或文字运用的特色（双字体）来分类，亦无特别之处。活所对“联句体”有如此精细的划分，可知当时日人创作汉诗的风气愈加兴盛，讨论诗法的风气也逐渐浓厚起来。

---

① 那波活所：《活所遗稿》卷九《联句长篇序》。

第三节　唐宋诗人论

那波活所最为推崇的诗人是杜甫，在《白氏文集后叙》中那波活所称："诗之圣也，无若少陵。"[1] 代表了他对杜甫总的评价。据《祐先生行状》记载，活所一生中唯一讲授过的诗歌即是"杜律七言"，记云：

> 戊寅夏，先生在武江因侨居毒热已发眼疾。辛巳夏，先生讲杜律七言，告学者曰："若诵其诗不知其评可乎？"因命辑《老杜丛话》二卷。[2]

宽永十五年（1638），活所在武江受幕府之命编撰谱系时，突发严重眼疾，后归家。宽永十八（1641）年，带病讲授杜律七言，还命人编辑《老杜丛话》，搜采历代评杜之语，可见对杜诗的重视。活所将杜诗奉为自己的诗歌理想，他作有《赞杜工部画像》，诗云：

> 工部篇篇词有源，精神广大九河翻。不知今古几诗话，到得先生无闲言。[3]

---

① 那波活所：《活所遗稿》卷八《白氏文集后叙》。
② 奥田舒云：《祐先生行状》，载那波活所《活所遗稿》卷首。
③ 那波活所：《活所遗稿》卷五《赞杜工部画像》。

活所论诗重“气”，作文赋诗“胆气豪雄是本根”，他认为杜甫诗歌精神广大，气象宏阔。古今诗话善评杜者少，若不知气象，徒事文辞，绝非知杜者。弟子伊藤宗恕在《活所先生遗稿叙》中亦斥责日本近世诗家“说韩说杜，皆其寐语耳”[①]。日人从五山时期开始，就已有崇尚杜诗的风气，至江户初期诸位儒者、诗人也常常口称“杜圣”，活所认为大多并没有真正领会其精神。活所推崇杜诗，一为其气象之广大，一为其情性之深挚。“精神广大九河翻”，即盛赞杜诗之博大、壮阔。

活所重视杜诗雄阔气象，在《读贾至〈早朝大明宫诗〉》中也有体现，其云：

> 贾杜王岑一世雄，朝朝鹄立大明宫。今因遗稿增慷慨，唐业余荣在眼中。[②]

贾至作《早朝大明宫诗》，杜、王、岑三人都有和作，历代诗家对四人之作评价皆高。如杨万里《诚斋诗话》称：“少陵、贾至诸人倡和《早朝大明宫》，乃为典雅重大。”[③] 杨载《诗法家数》称：“王维、贾至诸公《早朝》之作，气格雄深，句意严整。”[④]《批点唐诗正声》评四首：“气象轩冕，无一字不佳。”[⑤] 谢榛

---

① 伊藤宗恕：《活所先生遗稿叙》，载那波活所《活所遗稿》卷首。

② 那波活所：《活所遗稿》卷二《读贾至〈早朝大明宫诗〉》。

③ 杨万里：《诚斋诗话》，收入丁福保辑《历代诗话续编》上，中华书局，1983，第 138 页。

④ 杨载：《诗法家数》，收入何文焕辑《历代诗话》下，第 732 页。

⑤ 高棅编，桂天祥批点《批点唐诗正声》，明嘉靖胡缵宗刻本。

《四溟诗话》亦云：“格高气畅，自是盛唐家数。”[①] 诸诗家都以气象雄深、格调典重来称道四诗。活所也同样赞扬四子具盛唐气象，称其“一世雄”，“增慷慨”，这些可说是盛唐正音的特质，也是杜诗之气骨。

与杜甫一样，堪称“气骨雄深”的还有韩愈，韩愈也得到活所高度赞赏，他认为古文之中韩愈堪称第一，其云：“夫文之粹也，无若昌黎。”活所将杜、韩并举：“杜诗韩笔送残年，肯效樊川与玉川。不用烂然盈纸上，只惭全在口皮边。”“杜诗韩笔”之称，出于杜牧《读杜韩集》，诗云：“杜诗韩集（一作笔）愁来读，似倩麻姑痒处搔。天外凤凰谁得髓？无人解合续弦胶！”[②] 活所欲以杜诗韩文慰藉余生，喜好、尊奉杜、韩之意甚明。

杜甫诗中沉郁、深挚之情感也得到活所的称扬。杜甫诗中常咏杜鹃，活所提及杜鹃，多言及杜甫之悲，同情同哀。如活所十八岁时作的为他赢得诗名的《杜鹃》诗：

> 杜鹃春破后，相唤不成群。子美诗中泪，尧夫桥上闻。一声真识气，再拜亦忧君。空骇晓窗梦，月昏数片云。[③]

---

① 谢榛：《四溟诗话》卷一，收入丁福保辑《历代诗话续编》下，第 1148 页。
② 杜牧著，冯集梧注《樊川诗集注·樊川诗集》卷二《读杜韩集》，上海古籍出版社，1962，第 147 页。
③ 那波活所：《活所遗稿》卷一《杜鹃》。

杜鹃是鸟中异类，《成都记》云："望帝死，其魂化为鸟，名曰杜鹃，亦曰子规。"谓为古蜀帝之魂，杜鹃啼血，其声哀，其情悲。与杜鹃有关的典故极多，活所独取二人，"子美之泪"，"尧夫之闻"，二者皆忧心于国家之兴替、世道之变迁。子美作《杜鹃行》，极见忠君忧国之情，邵雍于桥上闻杜鹃声，忽"惨然不乐"，是感地气之变，预知国家之将乱。① 皆以鸟兽草木之微，却切于忠孝，明于天理，所以为活所独取。作为理学家，活所将杜甫与邵雍并举，对杜甫人格之崇敬亦可知。

活所还作有《杜鹃寄巢歌上惺斋先生》，有些地方受到杜甫《杜鹃行》的影响，诗云：

> 我家庭隅有密树，树上有巢大如瓠。呼童忽问是何禽？黄鹂日日绸桑土。诵诗愧我不辛勤，熟视真成通牖户。台前咫尺实近人，可怜却是要人护。故恐覆巢告儿童，柯条莫撼雏莫捕。……君不见杜陵三篇诗，再拜殷勤涕泗垂。叹息当时蜀天子，千古只是使人悲。闻道生子寄百鸟，百鸟未见见黄鹂。看黄鹂有君臣礼，未见百鸟亦奚疑？鹡鸰兄弟羔必跪，鸿雁成序鸠三枝。人材日朽禽不若，天意如何问吾师。②

---

① 宋陈均《九朝编年备要》云："治平中，邵雍与客散步天津桥上，闻杜鹃声，惨然不乐，客问其故，雍曰：'杜鹃，洛阳旧无，今始至，有所主。'客曰：'何也？'雍曰：'不二年，上用南士为相，多引南人专务变更，天下自此多事矣。'客曰：'闻杜鹃，何以知此？'雍曰：'天下将治，地气自北而南；将乱，自南而北。今南方地气至矣，禽鸟飞类得气之先者也。《春秋》书六鹢退飞、鹳鹆来巢，气使之也。'至是，雍言果验云。"

② 那波活所：《活所遗稿》卷二《杜鹃寄巢歌上惺斋先生》。

比物托类，虽咏黄鹂、杜鹃，处处皆是儒家仁义礼制的思想。而“君不见杜陵三篇诗，再拜殷勤涕泗垂。叹息当时蜀天子，千古只是使人悲”，感念杜甫的忠厚蔼然、至情真性，也是从这一意义而言，堪称杜为“诗之圣”者，“非他人之争工字句者所可同日语矣”。活所还将杜诗与《楚辞》并提，“宋玉悲歌杜甫愁，楚声唐律信风流”,[①]《楚辞》的地位自不待言，以杜诗作为唐律的代表，千载异调，同此风流。

杜、韩以外，那波活所对白居易、欧阳修也多有称誉。活所喜读白诗，且爱白居易的性情、人品，在《书白乐天对酒图》中活所称：

> 人之处世也苟难矣，若乐天则足矣。先儒谓乐天与杨虞卿为姻家，而不累于虞卿。与元稹、牛僧孺相厚善，而不党于元稹、僧孺。为裴晋公之所爱重而不因晋公以进。李文饶素不相乐，而不为文饶所深害。推其所由，惟不汲汲于进而志在于退，是以能安，于去就爱憎之际，每裕然而有余也。此实乐天之所以能处世也，而吾人亦不可不知焉。[②]

白居易能在各种人情关系中安然而适，不累于亲、不党于友、不因爱重而进，不因有隔而受其害。活所认为原因在于白居易“不汲汲进而志在于退，是以能安，于去就爱憎之际，每裕然而

---

① 那波活所：《活所遗稿》卷六《秋怀》。
② 那波活所：《活所遗稿》卷九《书白乐天对酒图》。

有余也”。如此称颂白居易的品节，这在日人中并不常见。

元和四年（1618）活所作《白氏文集后叙》，极为详细地描述了白居易受到中日王孙贵族、普通民众喜欢的史实：

> 白乐天何其幸哉！当时则礼吏部举选，人皆以为准的，王公、卿相无不读其文，孀妇、倡妓，无不咏其词……①

这是当时白诗盛行于中国之情形。传至日本，不减其盛：

> 传于日本、新罗诸国，于戏！菅右相者，国朝诗文之冠冕也，渤海客睹其诗，谓似乐天，自书为荣。岂复右相之独然而已矣哉？昔者国纲之盛也，文章亦盛也。故世不乏人，学非不粹。大凡秉笔之士，皆以此为口实。至若倭歌、俗谣、小史、杂记、暨妇人、小子之书，无往而不沾溉，斯集中之残膏剩馥，专其美于国朝，何其盛哉！②

这是陈述日本平安时代，白诗风靡日本的盛况。是时“国纲之盛，文章亦盛”，为日本汉诗第一个高峰时期。菅原道真为诗文冠冕，被称为“似乐天”，极以为荣。学白之风，不仅盛行于汉诗界，“大凡秉笔之士，皆以此为口实”，“至若倭歌、俗谣、小

---

① 那波活所：《活所遗稿》卷八《白氏文集后叙》。
② 那波活所：《活所遗稿》卷八《白氏文集后叙》。

史、杂记、暨妇人、小子之书，无往而不沾溉”。影响之深、传播之广在整个日本诗史上都无有人及。至五山时期，情形有变：

> 国纲之与文章俱废，而一变入于禅林，禅林嗜枯槁、蔬笋之气，不识台阁正雅之味，以故斯集不行矣，而后禅林之文亦废矣。①

活所对于五山文学评价甚低。五山诗僧多学苏、黄，兼及杜，其诗风趋于瘦硬、枯冷，大多不喜白诗，活所评这一时期“嗜枯槁、蔬笋之气，不识台阁正雅之味”，是站在儒家立场而言，且隐然将白诗视为“台阁正雅”，实标举太高。至第三个阶段，即江户时代，白诗在日本的遭际又有改变，活所称：

> 天之未丧斯文也，幸有我藤先生，道德文章，百世之伟人也，林提学嗣武而起，斯文勃兴矣。如拙亲炙也，闻先生之品藻古之人材也，到于乐天则曰：“……好其为人之酝藉，爱其集语意之平易、真率矣。”②

惺窝及林罗山一出，理学大昌，文学亦愈加兴盛。惺窝、罗山、松永诸人都对白诗表现出好感，活所是其中最为突出者。从文学发展史来看，这应与日本诗坛逐渐走出宋诗藩篱、走向唐宋兼宗有关。

---

① 那波活所：《活所遗稿》卷八《白氏文集后叙》。
② 那波活所：《活所遗稿》卷八《白氏文集后叙》。

活所对于宋诗人评述极少，能确知的是十分喜好欧阳修。他自称“前身应是欧阳子”，“曾诵醉翁千首词，睡余酒后每谈之”[①]，似乎常常奉读醉翁诗文。关于欧阳修诗文的妙处，活所并未详加论述，仅有两条涉及，都与“白战体”有关。其云：“欧阳诗雪，拳文章之巨擘，挑诗赋之白战，百世之美谈也。”[②]又作《欧阳诗雪》：

体到颍州超古今，笔矛句律更萧森。聚星一会俨然在，白战独传苏翰林。[③]

“白战体”即“禁体”诗。杜、韩为其先导，定名于欧阳修，兴盛于苏轼。宋仁宗皇祐二年（1050），欧阳修守汝阴，值小雪，与客会饮于“聚星堂”，约以赋诗咏雪，诗序云：“玉、月、梨、梅、练、絮、白、舞、鹅、鹤、银等字，皆请勿用。”[④] 这些与雪有关的物语皆要禁用，称之为“禁体”。后苏东坡守颍，祈雪获应，与客会饮并咏雪，仿欧阳修诗例，作诗并序云：“忽忆欧阳文忠公作守时，雪中约客赋诗，禁体物语，于艰难中特出奇丽。”[⑤] 又有“当时号令君听取，白战不许持寸铁”[⑥] 之句，故

① 那波活所：《活所遗稿》卷五《读杜律詹言戏宗珉》。
② 那波活所：《活所遗稿》卷三《十雪诗并序》。
③ 那波活所：《活所遗稿》卷三《欧阳诗雪》。
④ 欧阳修：《欧阳修全集》卷五四《雪诗序》，李逸安点校，中华书局，2001，第764页。
⑤ 苏轼著，王文诰辑注《苏轼诗集》卷三四《聚星堂雪并叙》，孔凡礼点校，中华书局，1982，第1813页。
⑥ 苏轼著，王文诰辑注《苏轼诗集》卷三四《聚星堂雪并叙》，第1814页。

禁体又有“白战”之名。咏物诗禁用本字，为通常之例，但禁用帮衬之字，其难可想而知。

那波活所上述诗文即是叙述这两段诗事。他称誉欧阳修为“文章之巨擘”，认为“白战”为百世之美谈云云，可知对于欧阳修十分认同。联系活所的全部诗学主张，他倾慕欧阳修，大约因欧阳修一方面主张“平淡”“平易”，使创作趋于日常化①，这与活所崇尚“真率、平易”是一致的；另一方面，欧阳修又强调创新、出奇，“在庸常的存在中发现奇崛”②。二者的融合符合活所的美学旨趣，追求雄奇之气概，又崇尚真率的性情，或许这就是活所认为欧阳修“超古今”之所在吧。

---

① 第一次提出欧阳修诗歌“日常化”倾向的是日本著名学者吉川幸次郎，见《宋诗概说》（岩波文库，1962 年），这一观点现已广泛被中日学界认可。参见朱刚《“日常化”的意义及其局限——以欧阳修为中心》，《文学遗产》2013 年第 2 期。

② 柯霖：《凡俗中的超越——论欧阳修诗歌对日常题材的表现》，刘宁译，载复旦大学思想史研究中心《思想史研究》第四辑，朱刚、刘宁主编《欧阳修与宋代士大夫》，上海人民出版社，2007，第 88—121 页。

第七章　石川丈山

石川丈山（1583—1672），江户前期最为知名的诗人。三河（今爱知县）人。初名重之，字丈山，小字孙介，后称嘉右卫门、左亲卫，号六六山人、四明山人、凹凸窠、大拙、乌鳞、薮里、东溪等。祖上世仕德川家，父以勇闻名于世。丈山幼有大志，壮勇绝人，少仕德川家康，家康甚爱其笃勤。元和元年（1615）大阪之役，立奇功，又因犯军令被黜，遂于京都妙心寺出家为僧。后因母老家贫，寄食纪州浅野侯，随浅野氏赴广岛。五十二岁时母逝，遂辞官，退隐京都比睿山麓一乘寺，建“诗仙堂”，居此四十年。以翰墨词章自娱。后水尾天皇闻其名，屡征之，丈山坚辞数回，并赋诗陈其志，天皇赞其高节：“恬退如此，朕岂可夺乎？”终许其归隐绝仕。

丈山初学禅，元和三年（1617）三十五岁时由罗山引荐从学惺窝，学习理学，遂尽弃前学，“覃思洙泗之道，研精濂洛之流”①。

① 人见竹洞：《东溪石先生年谱》，载石川丈山《新编覆酱集》卷首，延宝四年（1674）刊本。

丈山又酷好诗律，且最长于诗，惺窝初读其诗，奇其才："斯人异时当为诗宗。"① 朝鲜通信使、诗学教授权侙访日，阅丈山诗，极为钦服，称云：

> 愿以尊公为贵邦诗家之正宗，以正意为文苑之老将，其余亦有唱和之作，而诗不如尊公，文不如正意也。然文或勤读者能之，诗非天生清格不能为也，尊公可谓日东之李杜也。古人以杨伯起为关西夫子，不佞以尊公为日东李杜者，非妄也，实知言也。②

称石川丈山为"诗家之正宗"，"日东之李杜"，由此，"日东李杜"成为丈山的代称，享誉海内。江户中叶儒学、诗学巨擘荻生徂徕亦盛赞丈山为"吾东方之诗杰"③，可知诗名之盛。丈山还兼工书法，数次奉后光明天皇敕作隶书以献。宽文十二年（1672）病卒，年九十。终生不置妻妾，无嗣子。僧侣居其旧居"诗仙堂"，祭荐至今不废。《松阴快谈》等记载丈山殁后，天皇访"诗仙堂"，"观其琴书，嗟叹久之"④。

丈山诗文集有《覆酱集》及《新编覆酱集》《新编覆酱续集》，《覆酱集》为丈山精选其诗歌数百篇而成，《新编覆酱集》及《续集》是弟子石克川将石川丈山一生作品合刻而成，卷首有

---

① 原念斋：《先哲丛谈》卷二"石川凹"条。《东溪石先生年谱》亦记此事。

② 权侙：《复（石川丈山）》，载石川丈山《新编覆酱续集》卷一六《与朝鲜国权学士菊轩笔语》附权复函。

③ 荻生徂徕：《徂徕集》卷一八《题石丈山真》，宽政三年（1791）刊本。

④ 长野丰山：《松阴快谈》卷三，收入池田四郎次郎《日本诗话丛书》卷四，第410页。

林鹅峰《覆酱集总序》、松永尺五《覆酱集序》①、野间三竹《覆酱集叙》、石克川《新编覆酱集后序》,《新编覆酱续集》卷首还载有野简三竹《覆酱续集序》,这些序文对于研究石川丈山及江户前期诗学风气具有重要的文献价值。

石川丈山另有《诗仙诗》《诗法正义》《北山纪闻》(部分卷次疑伪)、《诗仙图像》《诗仙堂志》《丈山夜谭》《丈山壁书》《凹凸窠先生诗集》等著作。《先哲丛谈》《先哲像传》《近世儒家人物志》《汉学者传记及著述集览》《日本诗史》《锦天山房诗话》《梅村续诗话》《松阴快谈》等大量书籍载其事迹。

诗论家友野霞舟在《锦天山房诗话》中评价石川丈山云:

> 门阀也、战功也、孝行也、高德也、善书也、风流也,人若有一于兹,则足以彰著于世,而丈山翁一身皆兼有之,况其诗之警拔冠绝当时者乎?②

丈山累代官阀,战功卓著,又事母甚笃,情志高洁,精通书道、茶道、园艺,诗文更冠绝当代,确为不世之全才。丈山挚友野间三竹称其诗云:"纯正圆美,高古雄浑,出类拔群。""所吟讽多传遐方,日章之声,振于京师。虽然,君者武林之名士,而元不以诗为意。卓行绝伦,识度超远。完养思虑,轻世肆志。悠悠岩阿,陶陶林曲。夕雪朝雨驰其怀,梧烟柳风遣其兴。隐行高蹈,非世

① 松永尺五《覆酱集序》在《覆酱集》及《新编覆酱集》卷首皆收入。
② 友野霞舟:《锦天山房诗话》上册"石川凹"条,收入池田四郎次郎《日本诗话丛书》卷八,第372页。

之所仿佛。”① 卓行绝伦、轻世肆志、性耽山水的风流气象成就了丈山诗歌的高洁与浑厚，这与江户中叶诸人一意模拟唐风，有着较大的不同。

江村北海在《日本诗史》对丈山诗史地位评价较高，但对丈山的诗作却略有微词，其云：

> 宽文中称诗豪者，无过于石川丈山、僧元政。丈山出处在世之口碑，已武且文，隐操亦卓然，年九十卒，可谓伟人也。至今京师东北一乘寺邑有诗仙堂，暨其遗留琴砚等，依然尚存。当时啸咏其中，暂不入城市，诸名士每经过，谈论唱和，以为娱乐。所著有《覆酱集》，韩人权侙者为之序，称曰：“日东李杜。”余览其集，句多拙累，往往不免俗习，权侙溢美，不俟辩论。然当时诸儒咏言，率出于性理之绪余，乏温柔旨，而丈山独梦寐山林，襟怀潇洒，如“窗间残月影，枕上远钟声”，“风柳起莺懒，山花留马蹄”，“半壁残灯影，孤床落叶声”等，意象闲雅，殊可讽咏。②

元政为日莲宗高僧，江户时期最杰出的诗僧，诗尚性灵，江村北海以“诗豪”称许二人，但论及权侙以“日东李杜”誉丈山，则以为“溢美”。对于丈山的诗作，他认为“句多拙累”，“不免俗习”，然亦有“意象闲雅”之妙，还指出江户初期理学风气颇为

① 野间三竹：《覆酱集叙》，载石川丈山《新编覆酱集》卷首。
② 江村北海：《日本诗史》卷三。

浓郁，诸儒咏诗，“率出于性理之绪余，乏温柔旨”，而丈山“独梦寐山林，襟怀潇洒”，故迥异于时风。江村北海较石川丈山晚一个半世纪出生，生长于诗学风气鼎盛的江户中叶，论诗颇具眼光，上述评价大多恰当，然以“句多拙累”评丈山诗，未免苛责。俞樾《东瀛诗选》称丈山“诗多朴茂之气”，“晚年诗尤多，然多警句，而少佳章。殆由老笔颓唐，不事推敲也”①，可谓得其真意，持论更为的当。

第一节　经诗并重

石川丈山论诗的材料较为有限，《诗法正义》一卷是其谈论诗法的专门之作，较为集中地体现了丈山的诗学思想，唯较简略，仅十余则，很难见其思想之全貌。诗文集《覆酱集》《新编覆酱集》及《续集》，专门论诗处不多，但述及生平、交游、读书、诗文理想，对于考察丈山的诗学思想无疑十分重要。

刊于元禄五年（1692）的六卷本《北山纪闻》②，传为石川丈山所著，六卷（册）依次为《诗教》《诗话》《诗抄》《诗格》《诗摘》《诗评》，卷一《北山诗教》，原书名《梅关余芳》，记录了传为石川丈山讲解诗法的语录，卷二《北山诗话》原名《啸月诗话》③，亦多记丈山论诗语，二书经后人补缀收拾，刊为今之

① 俞樾编《东瀛诗选》卷一，曹升之、归青点校，中华书局，2016，第12页。

② 《北山纪闻》，题为石川丈山作，明石柳安编，元禄五年（1692）刊行，昌平坂学问所旧藏，现有内阁文库本。

③ 梅关、啸月皆石川丈山隐居宅地之楼名。

《北山纪闻》前二卷，皆为和文，松下忠认为六卷本《北山纪闻》仅此前二卷可信。后几卷为汉文，主要为评点杜集、摘录杜集，亦有点评日人诗作，传为石川丈山壮年之作，初见于书肆，其后明石柳安辑之，似不足信。事实上松下忠认可的前二册亦有疑点，将其与《覆酱集》《新编覆酱集》《续集》对照，有些差别，如《覆酱集》等诗文集中极少出现对于明代诗歌的评述，而《诗教》《诗话》中却有不少论及明人诗文。但不能据此完全否定前二卷的真实性，故对于《北山纪闻》后四卷不采录，前二卷谨慎采录个别可靠材料。

石川丈山的诗学思想与藤原惺窝、林罗山等有一致之处，即重视经学、理学的学习。但是，“不醉红裙醉文字”[①] 的石川丈山，一生最爱在诗文，松永尺五称其“性嗜圣学，潜心于诗律”。因而，对于诗歌表现出超越于其他理学家的强烈兴趣，倾注了一生的热情。他主张“经诗并重”，“经诗兼修”。一方面，颇为重视儒家经典的研习，以涵养淳厚、温良的心性及正大、无邪之情；另一方面，极为注重对中国历代诗文的学习，以滋养文心、培植诗材。

石川丈山在《简秘书监》中记录了他嗜读理学著作的事迹：

> 客登来《曹学佺文集》及王昭明《周礼传》，向是未睹此书，问人不知，始开两部，如见君子，一诵解颐，足以消日。[②]

① 石川丈山：《新编覆酱集》卷二《寓怀》。
② 石川丈山：《新编覆酱续集》卷一三《简秘书监》。

曹学佺为明代学者、诗人，有理学及诗文著作传世。王昭明为明嘉靖人，魏庄渠弟子，笃好《周礼》，有《周礼传》《周礼图说》《同文备考》等传世。丈山得到了二人著作，十分欢喜，“一诵解颐”。这些著作当时较少人知，可知丈山对于理学书籍的涉猎较深。又《与野静轩》中记载了丈山借阅并校刊野间三竹七册书之事，其中多为理学书：

> 曩所借示籍书七册……林孟鸣《檀弓述注》同《考工记》并《杜樊川注解》，如右三书补其所阙，扩其所发……如《经学理窟》《道德源流》《礼义阶梯》也，志于道者，不罔此书。①

列出的理学著作有明人林兆珂的《檀弓述注》《考工记》，宋代张载的《经学理窟》，另有《道德源流》《礼义阶梯》等，还有诗集《杜樊川注解》。《四库全书总目》评《檀弓述注》云：“是书集郑注及诸家之说，而断以己意，如二三子群居则绖，辨郑注以为朋友之非；速贫速朽取方希古之言，以为传者之谬，皆为有见。惟经文加以评点，非先儒训诂之法。”朱彝尊《经义考·周礼》称其《考工记》：“林氏《考工记》有图，盖宗三礼图，而祖汉儒郑康成辈。非无据也。”二书皆得到一定肯定。丈山还推荐了三本“志于道者”必看之书，其中张载《经学理窟》为理学经典之一，但《道德源流》《礼义阶梯》未知何人著作。

---

① 石川丈山：《新编覆酱续集》卷一五《与野静轩》。

人见竹洞在《东溪石先生年谱》中记载了石川丈山隐居京都比睿山下，读经、研史、吟诗、饮酒之事，较为典型地反映了他的生活样态：

> 公遍寻诸山之名胜，相攸台麓之一乘寺以为嘉遁之地，把茅构屋，新筑“诗仙堂”，堂之四壁画汉晋唐宋之诗人三十六辈小像以揭之，或以岁时祭之。堂后有室，闲坐读经史、博窥诸子百家，曰“猎芸巢”。堂之上头，架楼贮群书、列四部，兴到则凭栏对月，微醺朗吟，曰“啸月楼”。①

比睿山是京都名胜，丈山隐于山麓，筑“诗仙堂”以祭中国之诸诗仙。“猎芸巢”为其读经史、博览诸子之地，且藏有经、史、子、集诸书。“啸月楼”是丈山凭栏望月、饮酒吟诗之佳处。这一段记载可以约略了解到丈山“性嗜圣学，潜心于诗律”的日常生活。

石川丈山与林罗山、林鹅峰、松永尺五、那波活所、堀杏庵等诸儒相交甚厚，常常一起读经史、吟诗赋，在致林家诸子及松永尺五等的诗文中也流露出对他们经诗兼长的赞美及认同。《答林春斋并序》中称赏林鹅峰诗作“词属温雅，气亘平易”，并云：

---

① 人见竹洞：《东溪石先生年谱》，载石川丈山《新编覆酱集》卷首。

> 新诗奇丽欻开眉，从是还堪倩雪儿。少小相看帝乡宅，长生应保武陵岐。道通终古方传业，身奉清朝不履危。洙泗派流甘德泽，濂溪风月慕仁慈。三苏文藻翻江海，二陆才华耀夏夷。书带草柚修教处，榜金花发向荣时。皋比席上翻羲易，晚对扁中雠楚词。①

虽是赏誉鹅峰及林家学子的学养及诗才，但是“洙泗派流甘德泽，濂溪风月慕仁慈。三苏文藻翻江海，二陆才华耀夏夷”，“皋比席上翻羲易，晚对扁中雠楚词”，也表现出了对于儒家经典、诗文典籍的酷爱，对孔子、濂溪、程朱、屈宋、二陆、三苏的倾慕。又，林鹅峰讲《诗经》至《鲁颂》，丈山特写诗以寄：“闻说说诗竟风雅，近来《鲁颂》到牡马。经史蟠胸冠儒绅，君家何其多能也。”② 对博通经、史，善解《诗经》的鹅峰评价极高。

丈山《九月七日同杏庵过讲习堂》，记录了他对松永尺五“讲习堂”的评价：

> 樽酒相逢术艺场，伏鸾绣虎吐芬芳。谢家子弟双兰砌，杜叟乾坤一草堂。绿竹密围宜小隐，黄花才发近重阳。春陵风月传真趣，此道应齐天地长。③

松永尺五作为江户时代之大儒，一生致力于培养理学人才，培养

---

① 石川丈山：《新编覆酱集》卷二《答林春斋并序》。
② 石川丈山：《新编覆酱集》卷二《答林春斋自东武见寄》。
③ 石川丈山：《新编覆酱集》卷二《九月七日同杏庵过讲习堂》。

的方式，既注重学生的理学造诣，也重视文学修养，即“经诗兼修”，这对江户中叶理学、诗学的彬彬大盛起到了较为重要的作用。丈山深为赞赏尺五的教育与治学方法，这首诗即是丈山与堀杏庵一同拜访尺五的“讲习堂”后有感而作。“谢家子弟双兰砌，杜叟乾坤一草堂”，“春陵风月传真趣，此道应齐天地长”，以杜甫、春陵（周敦颐）喻松永尺五，以谢家子弟喻讲习堂人才之盛。

丈山主张经诗并重，但是，从二者之地位而言，经更为本根。其称：“文藻无过六经术，诗才须总大乘禅。”① “六经综道情怀娱，四时览物诗兴发。”② 六经中有最上乘的文藻，更有天道、性情，是作诗之根要。丈山在《诗法正义》中论及诗之道，云：“子夏曰：‘诗之于事也，可（应为“上”——引者）有尧舜之道，下有三王之义，虽居蓬户之中，弹琴以咏先王之风，亦可以发愤忘食矣。’大也哉，诗之为道矣。”③ 言诗之大义，即便隐于山野，吟诗、弹琴之中，一定要有尧舜、三王之道。

本于此，石川丈山十分重视儒家之诗道，在《诗法正义·诗源总论》中他称：“《虞书》云：‘诗言志，歌永言。’盖诗之为道，尚已。”④ 又云：“诗之道者，得性情之正而思无邪。”⑤ 他认为诗歌必须要表达“性情之正”，要“思无邪”，而经籍正足以涵养性情，令人具正直之性情与无邪之思想，发为诗文，则必雅正、清莹。在《与朝鲜国权学士菊轩笔语》中丈山与权侙探讨诗之邪

---

① 石川丈山：《新编覆酱续集》卷二《酬然韵和章》。
② 石川丈山：《新编覆酱续集》卷三《陶情》。
③ 石川丈山：《诗法正义》，收入池田四郎次郎《日本诗话丛书》卷一〇，第355页。
④ 石川丈山：《诗法正义》，第340页。
⑤ 石川丈山：《诗法正义》，第352页。

正、是非问题，其称：

> 诗感于物而形于言，所感有邪正，所形有是非。邪正、是非显然乎诗中，如见肺肝，则情性之美恶，亦何以获覆藏哉？可惧可愿。①

完全本于儒家诗学思想。这也正是石川丈山主张“经诗并重”“经诗兼修”最根本的原因。

“重经”以外，丈山对于历代诗歌皆十分喜好，唐前之《楚辞》、汉魏诗歌，亦广为摄取。《幽居即事二首》其二云：

> 平生读楚辞，闲暇颂周诗。唯有一箪乐，更无三径资。青梅标淫雨，翠雀破清池。嫩绿阶前树，拂云鸣子规。②

《诗经》《楚辞》为中国诗学万世之宗，丈山端居之中，读《楚辞》、诵《诗经》为其至乐之事，有《诗》《骚》为伴，复有赏玩青梅、翠雀之欢，亦见其素志、雅怀。丈山在写给鹅峰之弟、罗山第四子林靖的《次韵读耕林春德开笔》中云：“一曲莺声奏绿腰，新诗兼备似闻韶。屈原既产摄提岁，为读《离骚》漱桂椒。”③ 对《楚辞》的喜爱之情溢于言表。石川丈山性爱山林，超

---

① 石川丈山：《新编覆酱续集》卷十六《与朝鲜国权学士菊轩笔语》。
② 石川丈山：《新编覆酱续集》卷三《幽居即事二首》其二。
③ 石川丈山：《新编覆酱集》卷四《次韵读耕林春德开笔》。

然有远志，其居所“葛虆缠阶，松筠荫门”，这样的心性自然易于欣赏《楚辞》之峻洁、高华。

《楚辞》外，《文选》也是丈山日常所习，其称：“研覃弄《左传》，骚雅掬《文选》。”①

丈山喜读《楚辞》《文选》，实欲以此涵养古雅之高格。他认为学诗，首要去俗病，《诗法正义》称：

> 作诗先分别雅、俗，俗语云：“雅无常雅，俗无常俗。”所谓雅字，即世俗不常用之语，俗字即时人常用之字。……当时所用《三体诗》《锦绣段》《古文真宝》等所载之文字皆俗字。晦庵《诗评》曰：“诗人胸中不可著一字世俗言语。”即云一字世俗言语亦不可用。②

又称：

> 日本诗古今之间，无雅俗之推敲，大半为俗体诗。诗之瑕疵虽多，然第一要嫌者乃俗体。③

诗文第一要避俗，丈山认为日人多习《三体诗》《锦绣段》《古文真宝》等较通俗的诗文范本，创作的诗歌自然大半俗体。故而学

① 石川丈山：《新编覆酱续集》卷三《信笔》。
② 石川丈山：《诗法正义》，第350页。
③ 石川丈山：《诗法正义》，第351页。

习唐诗仍要上溯诗、骚，追踪《文选》、陶、谢，此所以要“研覃弄《左传》，骚雅掬《文选》”，为其避俗尚雅之一法。①

丈山对于汉魏诗歌评价较高，如称：“江左风骚在眼前，殷勤寄语远相传。”②“登步追灵运”③，“何敢望阴铿”④，“追随晋世风”⑤，“诗兼六朝体”⑥。魏晋诗人中无疑最为推崇的是陶渊明，当时有人称丈山的诗“肖陶诗”，丈山虽称不敢，但仍觉对方察之甚明⑦。又常常将陶、杜并称，如“韵调师陶杜，文言宗柳韩”⑧等，亦可谓推尊之至。

第二节 “首倡唐诗”

一 诗学理想：尊唐、崇杜

石川丈山对于经、史及《楚辞》《文选》等诗文典籍广为摄

① 江户初期诗坛丈山外，还有不少儒者诗家提倡过学习《文选》，如林鹅峰、林凤冈诸人，详见本书相关章节。诸人提倡《文选》，实为矫当时人仅以《三体唐诗》等选本来学习诗歌的风气，《文选》曾在日本平安时期盛行过，为矫五山之诗僧学宋诗之弊，江户初期诗家曾以复兴王朝诗学为号召，《文选》也受到了一定的重视。

② 石川丈山：《新编覆酱集》卷四《次韵林春德自东武所寄》。

③ 石川丈山：《新编覆酱集》卷一《游正传寺》。

④ 石川丈山：《新编覆酱续集》卷二《村行》。

⑤ 石川丈山：《新编覆酱续集》卷三《重阳》。

⑥ 石川丈山：《新编覆酱集》卷三《会燕韬窝》。

⑦ 事见石川丈山：《新编覆酱续集》卷一四《与野静轩》：“又曰：‘肖陶诗。’不佞虽不敢当，嵬眼所照岂虚哉？”

⑧ 石川丈山：《新编覆酱续集》卷三《题至乐巢诗并序》。

取，以培植道根、滋养文心，但其所醉心、效法、亲近的还是唐诗。这里的唐诗，是以盛唐为主体，旁及初、中、晚唐的部分诗人诗作。严格来说，并不是“独尊盛唐”①。

石川丈山所处的庆安、宽文时期，诗坛盛行的是“宗宋”或“唐宋并尊”的诗学风气，多崇杜、苏、黄体，或以李、杜、苏、黄并称。丈山独能异于时风，以“专效唐体”而闻名，其诗学主旨表现出了鲜明的个性。

石川丈山十分推崇唐诗，其称：“唐人著作，映照千秋。”②《咏怀五首》自述自己书法学晋体，声律学唐诗：

> 芸窗浮淡霭，竹径快凉飔。气爽夜眠少，身闲朝起迟。蝇头誊晋字，鹅腿学唐诗。笋舃涉云府，幽偏得自怡。③

“蝇头誊晋字，鹅腿学唐诗”，“唐诗”与“晋字”是丈山诗、书之理想。鹅腿，即鹅腿子，亦称“鹤膝”④，诗律八病之一，此代指声律。丈山学唐之声律，用功颇深，颇得唐人风味。林罗山曾云：“公之出言，与唐体交书，而人难辨其异同。”⑤ 将丈山诗放

---

① 详情可参见下一节《“诗仙堂”及其诗学观》，三十六位中国诗仙之选，在其最初选定的名册中，初唐诗人八位，盛唐诗人六位，中唐诗人四位，晚唐二位。可知初、盛唐诗人占较重比率。

② 石川丈山：《诗法正义》，第 340 页。

③ 石川丈山：《新编覆酱续集》卷二《咏怀五首》其五。

④ 唐卢言《卢氏杂说·鹅腿子》：“有举人以诗谒汴帅王智兴，智兴曰：‘莫有鹅腿子否？’谓鹤膝也。”

⑤ 野间三竹：《覆酱续集序》，载石川丈山《新编覆酱续集》卷首。

入唐人集，竟至几可乱真的程度。

丈山倡导尊唐，甚少空洞地标举唐音，而重在新诗风的建设。一方面，他指斥日本诗坛长久以来的弊端，认为“不学唐”和“不知唐”是其症结；另一方面，欲以唐诗，特别是杜诗为典范，建立新的诗学理想。

丈山屡屡指出日本诗坛之弊，其称：“本邦若干诗，未见参老杜。”① “李杜无人学，与谁细论诗。”② 在《答武杏仙》中更批驳自古以来日人学诗及学唐之弊，其称：

> 本邦缁白之辈，虽以诗簧鼓于世者不鲜。余未尝瞰一篇一句之有唐味者，是乃匪不知诗之谓哉？不知诗者，岂能诗为？③

“本邦缁白之辈”，指日本中世以来的五山僧侣及江户儒者。丈山认为，五百余年间，“未尝瞰一篇一句之有唐味者”，直言没有一句得唐人风味。言语不免偏激，但就诗学主流而言，却也切中肯綮。这是谈五山以来不学唐之弊。

丈山还指出，江户以来虽称学唐，却并不知唐，诗病尤深：

> 如所示，学诗者各说盛唐之风藻，不知盛唐之律体，不晓唐风、不学唐律，缘底获入作者域？诗之巧拙，毫

① 石川丈山：《新编覆酱续集》卷五《山居言怀三首》其一。
② 石川丈山：《新编覆酱续集》卷二《自遣》。
③ 石川丈山：《新编覆酱续集》卷一四《答武杏仙》。

发之间也耳。所云効李杜者，如刻鹄；効元白者，如画虎。臻其所肄，毫发之间，大有径廷，可不思哉！①

江户前期诗坛，虽有口说盛唐者，但并不真正懂得盛唐声律，也不知唐诗的内在精神，因而，所谓学“李杜”、学“元白”，都只是“刻鹄”“画虎”，相去如天壤。这是学唐而不知唐之弊。丈山对于江户诗坛创作上承继五山余绪，未能展现新的气象而激声呼吁，其药方即是学习唐诗，劝人能真正领会唐诗的妙处：声律圆美，性情平和，诗境浑成。

由此，丈山对于尚奇之风是不太认同的。石川丈山在《答野静轩》中对静轩所作之诗有所规劝，指出其诗病：

足下所为词藻率直、险怪，不至平稳。用修曰：“佳士好奇也。”甚矣，足下好奇不仿佛于彼牛鬼蛇神矣哉，庶几乎！甘盛唐之遗味，漱浣花之余流，屠龙末技，恐无所用其巧乎？而何而何！②

静轩（即野间三竹）的诗过于率直、险怪，不至平稳，这是由“好奇”所致，“好奇”则近于牛鬼蛇神，是“屠龙末技”，于诗道无所裨益。丈山给出的良药是，“甘盛唐之遗味，漱浣花之余流”，用盛唐诗尤其是杜诗来补直、险、奇之病，而得“平稳”“雅正”。丈山曾称人见友元“诗味平雅”，此“平雅”之境，或

① 石川丈山：《新编覆酱续集》卷一四《答武杏仙》。
② 石川丈山：《新编覆酱续集》卷一五《答野静轩》。

可视为他追求的合于唐诗精神的理想之境。

唐诗人中，丈山最为推崇的是杜甫。他心目中的杜诗，具“平雅”“蔼然”之气①，在诗学史上之地位，足称“古今第一”。丈山《诗法正义》中引历代诗家崇杜之语，以为确论，其称：

> 诗道之高妙至工，以子美为古今第一。元稹云：“诗人以来未有如子美者。”单阳元曰：“杜子述作乃能行于后世，与日月争光。”又云：“子美诗皆发于爱君忧国之诚心，且喜陈时事，度越今古。”东坡云：“诗至于杜子美，天下之能事毕。”菊庄云：“逮至子美之诗，周情孔思，千汇万状，茹古涵今，无有端涯。”……大也哉，诗之为道矣，岂可不思哉?②

上述引语出自唐元稹及宋苏轼、王彦辅、明单复等，或称其艺术成就之高，或赞其爱君忧国之至诚，或褒其善陈时事，或道其题材无所不备，更有从诗道而言，称其诗中具“周情孔思”，当为诗之圣者。由此，给予杜诗极高评价，“与日月争光”，“度越今古”，“茹古涵今，无有端涯”等等。征引上述种种，足见杜甫在丈山心目中至高之地位。

石川丈山阅读的最为重要的杜诗选本当为明人邵傅的《杜律集解》，丈山文集中数次记载了与松永尺五等共读《杜律集解》

---

① 石川丈山《答林考盘》中称“杜律蔼然”（《新编覆酱续集》卷一四）。
② 石川丈山：《诗法正义》，第355页。

之事。《答昌三并叙》中丈山记云：

> 近获明邵君所选《杜律集解》，珍玩弗辍，松教授复尔递读迭诵，以墨点律，以丹施解，理义旿分，较然通晓。教授陶写丹墨，系诗还焉，步其雅躅，以酬答之。①

邵傅的《杜律集解》是江户时期最为盛行的杜诗选集，不但屡次覆刻，而且一些大家还批点、评注了此书。丈山得此书，“珍玩弗辍”，并与松永尺五习诵、赏读，松永还为此书作注，丈山赞其“理义旿分，较然通晓”。又呈诗一首：

> 解释少陵千岁意，文章光焰夺朝暾。才攀屈宋楚荆畔，功慕关张巴蜀门。夔府孤城穷望眼，浣花流水涤吟魂。非惟万卷蟠胸次，陆海潘江涌智源。②

高度评价了杜诗之成就。这些评价基本沿用了韩愈、元稹等人的观点，并无新意，但可以看出他对杜甫推崇之甚。丈山《简野静轩》中记载野静轩也批点过《杜律集解》，其云：

> 如来陈《杜律集解》，朱墨竟功，疑义不滞，通篇一贯，创通少陵之蕴奥，眩万丈之光艳。固闲居之秘宝，

---

① 石川丈山：《新编覆酱集》卷二《答昌三并叙》。
② 石川丈山：《新编覆酱集》卷二《答昌三并叙》。

芸窗之奇玩也，卞玉赵璧比之为轻。与昌三每对诵，只恨少足下一人。①

丈山十分珍爱《杜律集解》，以为秘宝、奇玩，文中述及与昌三（即松永尺五）相对习诵此书的情形。这部杜集在当时之盛行，及诸人对杜诗之崇拜，于此可见一斑。《杜律集解》收录杜甫五、七言律，初刻于明万历十六年（1588）。这部书博采众家，如千家注、伪虞注、单复注、张罗峰注等皆有征引，重在阐发诗旨，对于字词、典故的训释则极简要。《杜律集解》在江户时期的日人覆刻本有十余种之多。丈山的记载让我们了解到江户初期这部书已经受到了极大重视。日本诗家从热衷学习宋人《三体唐诗》到取法《杜律集解》之类的明人选本，可以看出明代诗学对于江户诗坛正逐渐发生重要的影响。

丈山的诗文处处表达了喜爱、宗奉杜诗之意。如：

自昔脱尘绊，与山结道缘。书羞逸少帖，诗泚杜陵篇。穷节从慵放，恬然凭几眠。②

扫叶穿松蕈，养花修菊丛。归鸦天有路，游蝶囿无风。典籍求三益，疾顽总五穷。诗斑虽至老，恨不似陵翁。③

高林霜树稠，驻马富吟眸。不饮醉红叶，无忧到白

① 石川丈山：《新编覆酱续集》卷一三《简野静轩》。
② 石川丈山：《新编覆酱续集》卷六《早春书怀》。
③ 石川丈山：《新编覆酱集》卷四《即事》。

头。溪流寒石浅，住处晚山幽。尝被陵翁诱，小诗得自由。[1]

上述文字，确能让人感受到丈山“梦寐山林，襟怀潇洒”之逸气，与山水结道缘，日日恬然自放，学羲之字、读少陵诗，“诗斑虽至老，恨不似陵翁”，“尝被陵翁诱，小诗得自由”。一生学杜，“恨不似”，言杜律不可企及之美；“得自由”，言幸得吟诗之乐。其他如“屐穿思杜叟，诗就愧钟嵘”[2]，“天禄清光照书眼，浣花流水洗诗肠[3]”等，皆有奉杜诗为圭臬之意。

学杜诗的重要性在丈山下边的诗中体现尤为充分：

使君爱老朽，欵寂告归家。诗恨交通浅，酒羞别路赊。四时白山雪，三径赤城霞。欲领骚坛将，只须熟浣花。[4]

“欲领骚坛将，只须熟浣花”，若要诗好，只须熟读杜律。单刀直入，快人快语。也因为此，对于日人之不学杜，深为遗憾：

管宁坐藜床，原宪居蓬户。本邦若干诗，未见参老杜。[5]

---

① 石川丈山：《新编覆酱续集》卷三《一原归路》。
② 石川丈山：《新编覆酱续集》卷六《偶吟三首》其二。
③ 石川丈山：《新编覆酱续集》卷三《叠和前韵报答林考盘仁弟》。
④ 石川丈山：《新编覆酱续集》卷五《送加府津田氏自洛来此告别》。
⑤ 石川丈山：,《新编覆酱续集》卷五《山居言怀三首》其一。

者年道机熟，鬼魅不能窥。赵氏足三愿，香山吟四虽。读书量日永，对酒恨花迟。李杜无人学，与谁细论诗。①

“本邦若干诗，未见参老杜”，“李杜无人学，与谁细论诗”，丈山认为日本诗道未兴的原因，是未知学杜，未能入李、杜之藩篱，不学李、杜，则无以言诗。这与松永尺五的看法较为接近，松永指出杜诗代表着诗道正脉，一个时代是否懂得尊奉具有“蔼然忠厚”之气的杜诗，决定着诗道之盛衰。松永之说本于儒家诗道观，但丈山主张学杜，有着更丰富的内涵。

关于如何学杜，《诗法正义》中探讨较多，丈山举出心目中杜诗警句，让人深参此类，涵泳玩味，得其真趣：

少陵诗曰：“国破山河在，城春草木深”，“细雨鱼儿出，微风燕子斜”，“新荷浮小叶，细麦落轻花”，“水绿鸟愈白，山青花欲然”，“一径野花落，孤村春水生”，皆老杜警句也。克参此等句法，自知杜诗之妙处。②

上述诸句，皆景语，而内含意兴、情思，使人味之无穷。从诗法之工拙论，体物缘情自有天然工妙，虽巧而不见刻削之痕。丈山未昭示这些诗句之妙，让读者自己“深参”，但就其所选而言，多是偏于工丽而不乏自然一类。因而云：

---

① 石川丈山：《新编覆酱续集》卷二《自遣》。
② 石川丈山：《诗法正义》，第 354—355 页。

诗欲至平淡则亘浅俗，欲求工巧则生斧凿痕。只除浅俗、避斧痕而后可得自然之幽淡。“桥上山万层，桥下水千里”……学诗者先吟得拙句之法，而后入杜之工丽，则殆无斧凿之痕耶？①

此论可视为对上边所引警句的注脚。要平淡而不浅俗，求工巧而无斧凿痕，丈山指示的门径是“先吟得拙句之法，而后入杜之工丽”，以朴拙入于工丽。又教人参大历之作，以入少陵之妙工：“文之精者曰诗，诗之精者曰律，诗难成也。中华之中工于诗者，世之稀也，又于吾邦乎！匪熟大历之诸作，晓少陵妙工，孰能可窥其阃奥哉？”② 这些见解大部分本于宋元人诗论。③

丈山教人学杜，还有两大关键，一学其“变意”，一学其“陈情”。关于变意，丈山举杜甫“老去悲秋”一句细论之：

少陵诗句云：“老去悲秋强自宽。”“老去悲秋”四字直陈秋思，“强自宽”三字欲变之为“乐心”，此意反愈加重“老”之身、“秋”之悲之感……一句之中变化如此，况一篇之中。他人诗篇中于无变处者乎，何新意矣，何风味哉！如一首诗评：“律诗之变意乃其首要也。”王安石曰：“李白才格词致，人固莫及，然格止于此而

① 石川丈山：《诗法正义》，第354页。按：“桥上“二句系宋代释惟政诗，“万层”原作“万重”。

② 石川丈山：《诗法正义》，第353页。

③ 王直方诗话云：“（贺）方回言学诗于前辈，得八句，平澹不流于浅俗，奇古不邻于怪僻，题咏不窘于物象，叙事不病于声律。”又，方回《瀛奎律髓序》云：“文之精者为诗，诗之精者为律也。”皆为丈山所本。

已，不知变也。”[①] 因之不及杜甫也。[②]

李、杜优劣论，自唐已开其端，丈山虽极厌王安石之为人，但对王评杜诗为第一是十分认同的，王安石认为杜为优的一个重要理由就是多“变意”及“变格”，而李白仅有豪放飘逸一格，“不知变”。丈山举杜甫《九日蓝田崔氏庄》首句“老去悲秋强自宽”为例，写其三层变化，由悲而乐，由强乐而更悲，一句之中具足“起承转合”之变，意赡而情深。[③] 学杜当从此处学其“变”，由知变而新意频出，意味深长。

杜诗“写情”，亦颇得丈山赞赏，他称杜甫写情多佳句。这里涉及“情”与“景”的关系。丈山批驳了《三体唐诗》的编者周弼及注者裴庾、天隐三人的“情虚景实”之论，从“情”“景”关系出发，以情为要，故持“情实景虚”说，其云：

夫诗之道者，得性情之正而思无邪，既有思则不能无言，有言则咏歌言其情也。是以情者实而景虚也。虽然，向所云如三子者（周弼、裴庾、天隐），以情为虚、景为实矣。自尔之后，吾邦缁白数百年间，讲习《三体

① 王安石语见《苕溪渔隐丛话前集》卷六：“或问王荆公云：‘编四家诗以杜甫为第一，李白为第四，岂白之才格词致不逮甫也？’公曰：‘白之歌诗豪放飘逸，人固莫及，然其格止于此而已，不知变也。至于甫则悲欢穷泰、发敛抑扬、疾徐纵横，无施不可。”

② 石川丈山：《诗法正义》，第351页。

③ 宋人杨万里极赞此诗此句，其云：“唐七言律，句句字字皆奇，如杜《九日》诗，绝少。首联对起，方说悲忽说欢，顷刻变化。”丈山或本于此。

诗》来，迄今不贫其訾，何也哉！①

《三体唐诗》是宋人周弼的唐诗选本，选录盛、中、晚唐三个时期的七绝、七律及五律三种诗体，故称“三体唐诗”，三体又分实接、虚接、四实、四虚、拗体、侧体等若干格，以此建立自己的诗法理论。此书从室町时代开始盛行于日本，至江户初期仍深受欢迎，中叶以后随着旧题李攀龙《唐诗选》的风靡，影响力才逐渐减弱。《三体唐诗》未收录李、杜之作，且重在选录中、晚唐诗，又过于重视诗歌形式，故而常常受到丈山的批评。丈山这里驳斥了三人“景实情虚”之说，提出“情实景虚”新说。他认为，“诗之道者，得性情之正而思无邪”，因而作诗之大要是写情、言志，故情为实，景必为情而设，当为虚。由此，举杜甫《岳阳楼》一诗以为律诗之标准，以学杜诗之“陈情”“写景”：

老杜之诗《岳阳楼》，古今之杰作，律诗之标准。“吴楚东南坼，乾坤日夜浮”此二句写景，余六句皆陈情也，杜诗一千四百首中无此类句。杜诗中写情多佳句，景多率口而吟。我国之诗，自古至今不拘景情，任兴趣而作。素来情难写景易写，本朝诗因不熟杜诗，不精词学，大半不知景情、雅俗，此乃诗之四要，故句中无眼，可敢不知哉！②

---

① 石川丈山：《诗法正义》，第352页。
② 石川丈山：《诗法正义》，第352—353页。

丈山认为，杜诗写情多佳句，景多率口而吟，而自古情难状，景易写，故要多体贴杜诗如何陈情，而杜甫究竟是如何状难状之情，丈山此处并未给出具体的解说，仅列《岳阳楼》一诗以为规范。又从反面说，日人大半不知景、情、雅、俗，皆由不熟杜诗，不精词学之故，因而体味杜诗如何陈情，如何写景，实能得到作诗之秘要。

值得一提的是，丈山对李白甚少关注，集中未单独提及李白，仅有的少数几次李杜并称，亦取泛泛之意，如“李杜无人学，与谁细论诗”，“効李杜者，如刻鹄”等。《诗法正义》中丈山更明确指出“（白）不及杜甫也”①。但丈山常将陶、杜并举，如“韵调师陶杜，文言宗柳韩”②，“杜律谙萱草，陶园抽菊芽”③，“慨叹陵翁结欢浅，追思元亮感情深”④，“无诗酬杜叟，有酒荐陶公”⑤等。这些并举，既有对二人诗歌的赞美，更有对二人人格、品节的倾慕。这一点不仅仅是石川丈山，实是整个江户前期诗坛的共同趣向。

尊杜一直是五山、江户时期重要的诗学主张，丈山也毫不例外秉持了这一观念。五山时期的尊杜主要受江西诗派的影响，虽有倡导，但多属空谈。江户前期的宗杜，除了这一因素外，更重要的原因是理学发达，为儒家诗教观的作用。丈山不同于江户诸儒，他的取法老杜，不再是接受江西诗派的影响，主要也不

① 石川丈山：《诗法正义》，第 352 页。
② 石川丈山：《新编覆酱续集》卷三《题至乐巢诗并序》。
③ 石川丈山：《新编覆酱续集》卷一《甲午岁首》。
④ 石川丈山：《新编覆酱集》卷四《报林春德并叙》。
⑤ 石川丈山：《新编覆酱续集》卷三《重阳》。

是从诗教出发以杜诗来建立儒家诗道，而是从诗歌审美特性着眼，欲以杜律来复兴真正的唐音，建立一条从杜甫回向唐诗的通道。这一种诗学上的倡导又与他的创作实践高度契合，因而给江户诗坛带来了新鲜的空气。也正是从这一意义上说，丈山被称为“首倡唐音”，“专效唐体”，江户诗学也由此酝酿着一场大的变革。

二　诸诗论家评丈山之尊唐

石川丈山“专学唐体”这一特点为其师友、弟子熟知，亦为当时之公论。林罗山作为石川丈山之至交，二人书信往来，谈诗论文，求同存异。罗山谈及丈山诗风，云：“足下嗜诗，常慕盛唐”，“足下平生嗜唐人之风体”[①]，可知时人皆以丈山学唐人为称。林鹅峰亦与丈山契分甚深，延宝三年（1675）作《覆酱集总序》云：

> 熟视叟之诗，专效唐诗，体有雅古之风，无轻俗之弊。[②]

“专效唐诗”，这是与林家诗法相比较而言，鹅峰在《西风泪露》中论及二者之异，其称：

---

① 林罗山：《罗山林先生文集》卷七《示石川丈山》。
② 林鹅峰：《覆酱集总序》，载石川丈山《新编覆酱集》卷首。

> 石丈山，当时以诗鸣者也，自谓学得唐诗体，常以我家诗法不必学唐诗为遗恨，然我家诗法，先考别立一家之法，本于唐诗，参于宋，而元、明及丛林之体亦不必舍焉。①

丈山专学唐诗体，认为林家不学唐，林鹅峰否定此一种说法，他总结父亲罗山所立诗法：本于唐诗，参于宋，旁及元、明，亦取日本中世五山诗僧之体。林家诗法的本质是唐宋并尊，对唐之杜、韩、白，宋之苏、黄、陈，皆兼而取之。林家内部还有尚平易（如罗山、鹅峰等）和嗜新奇（如林靖、梅洞等）的不同倾向，但大体都以折中唐宋为门径，因而丈山的“专效唐诗”就与林家诗法表现出较为不同的趣味。也正是这一区别，标示着江户诗坛对于唐诗的尊奉较前代有了实质性的转关。

野间三竹在《覆酱集叙》中论及石川丈山改变日本诗坛数百年之风气，其云：

> 国朝之昔，诗赋之学甚盛，而中世寥寥，至若赋诗者，往往混于俗，流于轻，未闻有言盛唐风者。石征君生数千百年之后，致仕之后，以诗自乐，纯正圆美，高古雄浑，出类拔群，蚤淑李杜之学，而杰然为一家之法矣。②

“国朝之昔”，即奈良、平安时代，王公贵族喜好中国诗赋，是日本汉诗创作第一个高峰时期，其时多学白体；“中世寥寥”，即五

---

① 林鹅峰：《西风泪露》。
② 野间三竹：《覆酱集叙》，载石川丈山《新编覆酱集》卷首。

山时期，日本汉诗创作的第二阶段，五山诗僧宗宋调，以苏、黄为尚，即所谓“未闻有言盛唐风者”；“石征君生数千百年之后”，野间三竹将石川丈山视为开江户时代新风尚之人，诗风一改奇崛之气、瘦硬之格，创造了新的审美风范：诗律圆美，诗格高古，诗境雄浑。这些特质颇近于盛唐之音，而远于宋调，野间认为这是丈山取法盛唐，学习李、杜的结果。

在《覆酱续集序》中野间三竹再次提到丈山取法唐诗、学习杜律，其云：“退六朝之浮靡，爱三唐之典丽，蚤与浣花居士神交乎百世之上。实物外之秀士，而海内之髦杰也。”① 他认为正是学唐学杜成就了丈山闻名于海内的诗名。

石川丈山门人石川克及诗论家友野霞舟明确提出丈山是“首倡唐诗”者。石川克云：

> 本朝之学者久效元、白之轻俗，而未闻有阔李、杜之藩篱者，以至于今泯泯也。先生首倡唐诗，开元、大历之体制，遂明于一时，皆其力也。②

石川克认为丈山“首倡唐诗”，所尊之唐诗，乃“开元、大历之体制”，又批驳了本朝学诗者“久效元、白之轻俗”，不能学李、杜之雅音，可知这里所谓“唐音”，更多指向盛唐体和大历体③。友野霞舟《锦天山房诗话》持相近的观点，其称：

---

① 野间三竹：《覆酱续集序》，载石川丈山《新编覆酱续集》卷首。
② 石川克：《新编覆酱集后序》，载石川丈山《新编覆酱集》卷首。
③ 按：江户前期诗家大多将“开元、天宝、大历”视为“盛唐”，松永尺五在《覆酱集序》中也持同样的看法。

宽永年间作者，率踵五山禅衲之陋习，萎苶不振。独翁首倡唐诗，以开元、大历为宗，识亦卓矣。但气运未至，故不能副其言尔。①

友野霞舟认为，宽永（1624—1643）二十年间，江户文治初兴，五山诗风仍盛，独有石川氏能首倡唐诗，以开元、大历为宗，这一点跟石川克的评述相同。但是，石川氏认为因丈山的提倡，开元、大历的体制，“遂明于一时”，而友野则认为，丈山提倡唐音之时，气运未到，江户诗坛并没有形成尊唐之风气。友野与大部分诗论家的看法是一致的，一般都认为，江户诗坛真正形成独尊唐音，要到中叶木门派及萱园派的兴起。

这里有一点值得注意，丈山的宗尚唐诗并非横空出世。考察江户前期诸儒的诗学主张，对杜诗的尊奉，对唐音的摄取，已有较为明显迹象，罗山、鹅峰、尺五、宇都宫遁庵等，都十分喜好杜诗，对于李、韩、柳、白等也多有取法，当时诗坛用唐诗韵、用唐诗为句题等创作之风也开始出现并逐渐盛行②。但是，这一时期是诗坛风气由五山余习向江户新风转关的过渡阶段，因而诗学宗尚颇为驳杂。江户时期的诗论家，以至当今学界，多仅以继承五山余绪来定性江户前期诗坛③，实有失偏颇。事实上，石川

---

① 友野霞舟：《锦天山房诗话》卷上“石川凹”条，收入池田四郎次郎《日本诗话丛书》卷八，第373页。

② 详见本书《第十章　林梅洞》《第十一章　林凤冈》相关部分。

③ 从江户时代以至当今学界几乎皆认为江户初期诗坛乃承五山余绪，以宋诗为宗，如江村北海《日本诗史》、俞樾《东瀛诗选》、松下忠《江户时代的诗风诗论》等。但考察林家诸子及松永尺五、那波活所等人的诗论可以看到对唐诗尤其是杜诗的推崇已颇为突出，只是创作上还是留下了更多取法宋诗的痕迹。

丈山正是在这一孕育着时代新风的诗学潮流中脱颖而出，以“专效唐音”与旧习剥离，发为江户中叶独尊唐音之先声。

第二节 “诗仙堂”及其诗学观

石川丈山于宽永十八年（1641）春建“诗仙堂”。这是日本诗学史和建筑史上之盛事。有关“诗仙堂”的记载颇多，《先哲丛谈》卷二“石川凹”条云：

> 丈山谢事之后，世味泊如，超在尘埃之外。尝选汉晋至唐宋能诗者三十六人，令画工狩野守信写其像，自录其诗各一首，并以揭楣间，号曰“诗仙堂”。诸轩冕来访者，一切谢绝之。其所友善，独如林罗山、堀杏菴、野士包、僧元政，及明陈元赟是也。①

日本有“三十六歌仙”之名，石川丈山仿之，选中国历代诗人自汉晋至宋三十六位，名为“诗仙”，请江户时代最知名、德川氏的御用画家狩野探幽画三十六人小像于四壁，书其姓名及一首代表作于小像旁，此堂名曰“诗仙堂”。诗仙的具体排列为，左首于苏武，尾于陈与义；右首于陶潜，尾于曾几，左右两两配为一对，如苏武配陶潜，陈与义配曾几等。诗人小像画于方版，置于壁之

① 原念斋：《先哲丛谈》卷二“石川凹”条。

楣上，丈山携友人，日夜对吟，祭荐诸诗仙。

丈山建筑此堂，绘制小像、选录诗仙均十分用心，对诸位诗人年貌、体势、衣冠、绅笏等均加详考，历代古画、职官、《舆服志》《文献通考》《通典》《玉海》《稗编》《三才图会》等皆搜以考订，如不见于古图者，则辨验其传记，搜索履历，以为补苴。

关于“诗仙”人选，石川丈山十分谨慎、严谨，他初拟一份名册，并交与林罗山反复商议[①]，二人书信往来，将其作为文学史之重要命题来探讨。最后议定的这份名单，综合了诸人意见，特别是林罗山的主张，体现的是江户初期日本盛行的诗学观念。兹列最终名册如下：

表一：三十六诗仙最终名册

<table>
<tr><th colspan="2">时代</th><th>人数</th><th>名册</th></tr>
<tr><td colspan="2">汉魏六朝</td><td>四</td><td>苏武、陶潜、谢灵运、鲍照</td></tr>
<tr><td rowspan="5">唐代（22人）</td><td>初唐</td><td>二</td><td>陈子昂、杜审言</td></tr>
<tr><td>盛唐</td><td>八</td><td>王维、孟浩然、王昌龄、李白、杜甫、高適、岑参、储光羲</td></tr>
<tr><td>中唐</td><td>七</td><td>刘长卿、韦应物、韩愈、柳宗元、白居易、刘禹锡、灵彻</td></tr>
<tr><td>晚唐</td><td>四</td><td>李贺、卢仝、李商隐、杜牧</td></tr>
<tr><td>生卒不详</td><td>一</td><td>寒山</td></tr>
<tr><td colspan="2">宋代</td><td>十</td><td>欧阳修、梅尧臣、苏舜钦、邵雍、苏轼、林逋、黄庭坚、陈师道、陈与义、曾几</td></tr>
</table>

① 本书林罗山一章亦有涉及此部分内容，可以两相参读。

最终名册中汉魏六朝诗人四位，占全部人数的 11%；唐诗人二十二位，占 61%，其中尤为重要的是盛、中唐时期；宋诗人十位，占 28%，主要为江西诗派的诗人，宋末江湖派等诗人皆未入选。这份名册，体现了上兼汉魏，以唐为本、兼取宋诗的诗学主旨。这些主张无疑充分吸纳了林罗山诸儒的诗学理念，并不能完全代表丈山本人的真实思想，但也可以看出“专嗜唐音”的丈山对于宋诗仍有较为宽容的态度。

详细考察二人关于诗仙堂事宜的书信，可以了解林罗山删除及增加的部分，由此还原丈山最初的名单，考察这些名册的变化，可以更清晰了解丈山的诗学观念，具体如下：

表二：三十六诗仙变化名册

时代		林罗山所增名册	罗山所删名册
汉魏六朝			谢朓
唐代	初唐	无	沈佺期、宋之问、王勃、杨炯、卢照邻、骆宾王
	盛唐	无	无
	中唐	韩愈、白居易	无
	晚唐	李贺、卢仝	无
宋代		欧阳修、王安石①、邵雍、曾巩	魏野

① 按：表二名字有下画线的诗人是林罗山所增加，而最终仍未被石川丈山采录的，仅王安石、曾巩二人。

表三：石川丈山最初拟定的名册（未能确定者未录入）

时代		人数	石川丈山初拟名册
汉魏六朝		四	陶潜、谢灵运、鲍照、<u>谢朓</u>①
唐代（23人）	初唐	八	陈子昂、杜审言、<u>沈佺期</u>、<u>宋之问</u>、<u>王勃</u>、<u>杨炯</u>、<u>卢照邻</u>、<u>骆宾王</u>
	盛唐	八	王维、孟浩然、李白、杜甫、高適、岑参
	中唐	四	刘长卿、韦应物、刘禹锡、灵彻
	晚唐	二	李商隐、杜牧
	生卒不详	一	寒山
宋代		六	梅尧臣、苏轼、林逋、<u>魏野</u>、黄庭坚、陈师道

考察石川丈山最初拟定的名单，及林罗山增、删的诗人，可以清楚看到二人诗学观念之异同②。简言之，关于盛唐及部分中唐诗人，二人意见高度契合。丈山列有6位盛唐诗人，罗山皆无增减，这是罗山唯一未改动处。可知当时诗坛对于盛唐诗人的接受与认知度颇高，已为共识。罗山还加入了中唐诗人韩、白，晚唐诗人李贺、卢仝，使中、晚唐的比率有所增加。

相比较而言，石川丈山更倾向于初、盛唐诗人。初唐的沈、宋、陈子昂、杜审言、四杰等已初具唐诗气象及体貌，皆为丈山所取，可知重视的程度。其中六位为罗山所删，最终仅存二位。对于中唐诗人，丈山最初仅选四位，刘长卿、韦应物、刘禹锡、灵彻，其中元和诗人仅刘禹锡一位，大历诗人刘长卿近于盛唐，韦应物则陶谢、王孟之属，都非典型的中唐诗风，而中唐的韩、

① 按：表三名字有下画线的诗人是初拟名册中有，后被林罗山删除的。

② 依据林罗山《罗山林先生全集》卷七及石川丈山《新编覆酱续集》卷一〇中二人书信可以大致了解名册变化的情况。

元、白等却皆未列入。从这里可见丈山对于中唐诗人的接受较为有限，似亦未能见出他对大历诗人的青睐。晚唐诗人丈山仅取李商隐、杜牧二人，其取向可谓十分明显。

罗山、丈山诗学观念最大的差别，还是在对待宋诗人的取舍上。丈山原名册中宋诗人所选较少，林罗山补充了四位，使宋诗人比率有所增加。丈山不选欧阳修及王安石，令林罗山甚为不解，并大费词章予以说服。另还欲增加邵雍及曾巩。罗山对于历代诗仙的修订，几乎皆为丈山所采纳，唯对王安石、曾巩二位宋诗人未予选用，丈山以盛唐诗人王昌龄、储光羲取代之。

关于王安石，罗山认为其诗卓越千古，不应以人格之疵而废诗，其称：

> 荆公之罪，余与足下无以异也。余姑论其诗不论其罪也。古今评历代之诗，如胡元任、魏醇甫、蔡正孙之辈，皆标荆公为一大家，就中叶石林谓："荆公诗律尤精严，造语用字间不容发，然意与言会，言随意遣，浑然天成。殆不见牵率排比处。"……张表臣谓："彼诗命意与老杜何异?"①
>
> 夫君子不以人废言，故孟子取阳货之语，朱子《楚辞后语》乃载荆公之词。荆公初自谓设令德不及伊、周，而才须优房、杜，庶几致君于三代之盛。程子曰："新法之行也，我辈激成之。"又曰："不有益于介甫，有益于

① 林罗山：《罗山林先生文集》卷七《示石川丈山》，宽文元年（1661）序刊本。

> 我。”陆象山分其罪于诸公，罗大经惜其不浴光风霁月。夫灵运、王维、宗元、禹锡之徒，叛于国陷于贼，犹是不舍。而何独拒荆公？抑六六诗仙名，出自本邦歌仙，歌仙取歌而不取人也。若今并论人与诗，则不啻诗仙，谓人仙亦可也。①

林罗山举出种种理由，以为王安石当列“诗仙”之选。其称王安石诗才卓绝，古今诗论家皆以其为一代大家。又，新法之事，各位理学家，朱子、程子、陆象山等，皆以其情有可谅。再者，古今诗人如灵运、王维、宗元、禹锡等，皆有人格之污，可以选为诗仙，何独拒荆公？最后，林罗山提出了诗仙之选的标准问题，诗仙本是拟歌仙之制，歌仙之选，取歌而不取人，则诗仙也应取同样的态度，否则，“不啻诗仙，谓人仙亦可也”。作为一代大儒讲出这番话，颇令人惊诧，“知人论世”本为儒家重要的诗学传统，在否定“沈、宋”入选诗仙，及将陶、谢配改为陶、苏（武）配时，林罗山皆以诗人人品作为重要的参考要素，秉持着较为浓厚的儒家诗教观念，而对待王安石，却一反常态。原因或有二，其一，罗山较为偏爱宋诗，王安石的诗歌代表了宋诗的一种重要范型，罗山力荐荆公，应是基于对于这种风格的强烈认同。其二，程子、陆九渊等理学家对王安石的宽宥之词，也影响到了林罗山的态度。

丈山不认同林罗山的看法，其云：

---

① 转引自原念斋：《先哲丛谈》卷二“石川四”条所载《罗山书略》。宽文元年序刊本《罗山林先生文集》中未见。

古人有曰："圣人以下不能无小疵。"所云谢、王、柳、刘可并按矣。洗垢索瘢，则畴获无过哉！有始有卒者，其惟圣人乎！至如介甫，元恶大憝，何比小疵！苏洵之见介甫，犹孔休之见王莽。诈术谗慝，放辟邪侈，难逭先知之所察也。彼一旦虽掩藏其暴戾，臻秉政得志，果引用凶邪，排摈忠直，终以文学杀人乱国。祸及后世，而俾天下坏亡，罪莫大焉。周德恭评安石为"古今第一小人，合莽、操、懿、温为一人者也"。此言最公而最明矣。①

丈山以为，"圣人以下不能无小疵"，可以以此宽待谢、王、柳、刘，至于王安石，是"元恶大憝"，"俾天下坏亡"，"古今第一小人"，决不可恕。又逐条批驳罗山：

来书云，程子曰："新法之行，吾辈激成之。"升庵曰："此言亦非。"季氏富于周公，求也为之聚敛而附益之。孔子曰："非吾徒！小子鸣鼓而攻之可也。"此圣门之公案……来书云："君子不以人废言"，其亦曰："君子不以言举人。"来书云："孟子取阳货之语。"某何敢异孟子之取语哉？唯记其词言，不陶其形象。则取荆公诗，为宋诗之主张，乃不欲图其人于堂宇，以朝夕看厥状貌也。若夫于子舆氏之家有阳虎之像，历朝观夕览，可不

① 石川丈山：《新编覆酱续集》卷一〇《答林罗山》。

致邪？可不恶邪？足下以为何如？[①]

这番论争有一个值得关注的地方，即双方皆援引儒家之说以驳对方，罗山借程子、孟子之言来立论，丈山则以孔子等语力矫之，足见儒学在江户前期影响之深远。但从艺术成就而言，丈山也不得不承认王安石可以代表宋诗成就，只好以不喜画其像于堂宇、朝观夕览为由拒绝将其选入。从深层次来看，石川丈山对于王安石的拒斥恐还是基于对宋诗的保留态度吧。

二人关于诗仙人选的探讨在当时影响甚大。一为诗坛豪俊，一为一代儒宗，如何评价中国重要诗人的问题足以引起人们的普遍关注。《先哲丛谈》较为详细地记载了此事，二人文集及当时诸儒、文人文集中也有多篇文献载有此一文化盛事。宽政二年（1790），在诗仙堂建成一百五十年之后，菅原为德编撰了《诗仙堂志》（四册），记录了诗仙堂修建缘起及时人题咏诗仙堂之诗作，还收录了诗仙图像、匾名、丈山画像、传记、墓志铭等。书中所录的三十六幅诗人小像及诗作，与诗仙堂壁上的画像及诗皆不同，是为丈山藏于箧中的另一套版本[②]。颇为珍贵的是《诗仙堂志》第四册还载有《诗仙堂六物图》，即诗仙堂六样名器的图

---

① 石川丈山：《新编覆酱续集》卷一〇《答林罗山》。

② 两个版本的画像大同小异，诗歌皆不同。如诗仙堂壁上所录陶渊明为《归田园》（即《归田园居》其三）、谢灵运《纪行》（即《登江中孤屿》）、李白《送贺之章归越》（即《送贺宾客归越》）、王维《戏题盘石》、杜甫《少年行》、黄庭坚《寄河郎中》（即《张仲谋家堂前酴醾委地》）等。《诗仙堂志》所载箧中所藏为陶渊明《饮酒》（“结庐在人境”）、谢灵运《登池上楼》、李白《古风》（“大雅久不作”）、王维《终南别业》、杜甫《登岳阳楼》、黄庭坚《次韵杨明叔》之十，等。似以《诗仙堂志》所载的诗更为通俗。

画：陈眉公琴、残月砚、香炉、椶毛拂、竹如意、天造几。其中尤以陈眉公琴为稀有之物，天皇曾驻足其室，抚琴而叹。可以想见当时丈山一琴一砚，一香一几，诗画相得，烟云相邀的风流洒落，确为日人树立了一种高标离俗的精神气象。

第三节　对《沧浪诗话》之接受

严羽《沧浪诗话》开启了诗尊盛唐的先声，对于中国诗学，尤其是明、清诗学发生了重要影响。这种影响也辐射到了江户时期的日本，日人文集、诗论中大量出现《沧浪诗话》中的语段，尤其是江户中叶以后随着荻生徂徕萱园派的影响，《沧浪诗话》更成为日人诗学之宝典。但是，江户前期《沧浪诗话》的传播还较为有限，石川丈山对《沧浪诗话》接受的情况如何？哪些思想和观念受到严羽的影响？和严羽的诗学思想又有哪些不同？学术界仍存在着争议①。

考察《诗法正义》《新编覆酱集》及《续编》，参考《北山诗话》中相关内容，可以看出石川丈山比较多地接受了《沧浪诗话》的影响，其“首倡唐诗”应与《沧浪诗话》的“尊唐”思想有一定关联。但丈山又并非是一意遵从严氏之说，丈山的“专效

① 松下忠《江户时代的诗风诗论》认为“丈山的诗文论受《沧浪诗话》的影响极为明显”，太田青丘《日本歌学和中国诗学》也持相近的观点，但祁晓明却认为《诗法正义》与《沧浪诗话》之间存在着根本性的差异。详见《江户初期汉诗人对于〈沧浪诗话〉的拒斥——以石川丈山〈诗法正义〉为例》，载《文史哲》2014 年 6 期。

唐体”与严羽的“盛唐说”有着较明显的不同，对江西诗派的态度也与严羽有一定的距离。

丈山对于《沧浪诗话》的接受主要有两种方式，第一种为引用或化用《沧浪诗话》的内容，直接接受其诗学观点。对此种接受方式，松下忠、太田青丘等学者已有所关注。

《诗法正义》引述《沧浪诗话》有多处，如《诗法正义》云：

> 日本诗古今之间，无雅俗之推敲，大半为俗体诗。诗之瑕疵虽多，然第一要嫌者乃俗体。《沧浪诗话》曰："学诗先除五俗。一曰俗体，二曰俗意，三曰俗句，四曰俗字，五曰俗韵。"如是类不敢可不知焉。

丈山甚重“雅俗”之辨，认为作诗第一要避免的就是“俗体”。何为“俗体”？他引用《沧浪诗话》的“五俗”说，以此作为标准，认为学诗者不可不知，足见对《沧浪诗话》的重视。

关于诗体起源、声律问题，《诗法正义》也沿用了《沧浪诗话》的观点，如《诗法正义·附诗源总论》云：“三言诗或言起于晋夏侯湛。”[①]《诗法正义·指摘总论》云：“至梁沈休文所论诗家八病，虽过乎严，作者不必拘拘，然亦宜知之。”[②] 都有受到《沧浪诗话》影响的痕迹。[③]

《北山诗话》中亦有不少引用、化用《沧浪诗话》处，如：

---

① 石川丈山：《诗法正义》，第 340 页。

② 石川丈山：《诗法正义》，第 340 页。

③ 严羽《沧浪诗话·诗体》云：“三言起于晋夏侯湛。”又云：“有八病四声设于周颙，八病严于沈约。”

盛唐诗以达情为主，故近于《三百篇》，最上义也。南朝尚词，而病于理；宋人尚理，而病于意兴。唯唐人尚意兴，而理在其中。①

此段话显然来自《沧浪诗话·诗评》："诗有词理意兴。南朝人尚词而病于理；本朝人尚理而病于意兴；唐人尚意兴而理在其中；汉魏之诗，词理意兴，无迹可求。"② 对词、理、意兴的辨析是《沧浪诗话》诗学思想的重要内容，严羽正是基于此而标举"吟咏性情"的唐诗，反对"尚理"的宋诗。丈山不仅引述了《沧浪诗话》的相关内容，而且同样以"吟咏性情"来提倡唐诗，反对日本诗坛不学唐和不知学唐之弊。他屡屡称"本邦若干诗，未见参老杜"，"李杜无人学，与谁细论诗"，甚至斥责镰仓、室町以来日本诗坛近五百年间，未见一篇得唐味者。这一时期，皆以宋诗为尚，故丈山有此愤激之语。③ 在重视诗歌"吟咏性情"这一根本点上，丈山与严羽有着一致的看法。

第二种接受方式是运用《沧浪诗话》的诗学概念、方法，进行诗歌批评。"气象""体制""格力""兴趣""妙悟""别材别趣"等严羽诗学体系中重要的诗学概念，许多也得到了丈山的重视。如丈山云："气象、体制、格力、兴趣，四者阙一不可。"④丈山还较为熟练地运用这些术语、概念来论诗、评诗。如：

---

① 石川丈山：《北山纪闻》卷二《诗话》，明石柳安编，元禄五年（1692）刊行。
② 严羽著，郭绍虞校释《沧浪诗话校释》，第148页。
③ 详见本章《"首倡唐诗"》部分。
④ 石川丈山：《北山纪闻》卷二《诗话》。

律诗五言、七言之制法颇多，然盛唐之诗法，先一二句序其体，发端以起势，中四句说尽题意，七八句以陈情或寄思，皆无外乎兴趣。①

余所云：得意之句，非尾声，在颔联，而兴趣形容，匪毫素之所能陈矣。②

公诗倍蓰于曩时，如有别趣。③

诗才须总大乘禅。④

上述内容，涉及“兴趣”说、“别趣”说以及“以禅论诗”等，皆为《沧浪诗话》的重要概念和方法。

“兴趣”说为严羽诗论一大关键，严羽论盛唐诗之妙处，以“兴趣”二字为总评，其称：“盛唐诸人惟在兴趣，羚羊挂角，无迹可求。”⑤ 赋予“兴趣”以独特的美学内涵，即诗歌所具有的兴象玲珑、意味悠远、无迹可寻之妙。石川丈山无疑较为重视这一诗学概念，称道“盛唐诗法……皆无外乎兴趣”，捕捉到了盛唐诗歌重要的审美特质。在具体论诗时丈山亦多言及“兴趣”。他认为诗歌的“得意之句”常在颔联，这是从“章法”而言，而诗歌“兴趣形容”之超妙，却非语言所能及。丈山诗文集还几次用“别趣”来评价诗人诗作，如“公诗倍蓰于曩时，如有别趣”云云，可见“别趣”一语亦为丈山熟知，并成为评诗术语。但是，

---

① 石川丈山：《诗法正义》，第 352 页。
② 石川丈山：《新编覆酱续集》卷一四《与野静轩》。
③ 石川丈山：《新编覆酱续集》卷一三《复堀正意》。
④ 石川丈山：《新编覆酱续集》卷二《酬然韵和章》。
⑤ 严羽著，郭绍虞校释《沧浪诗话校释》，第 26 页。

丈山之“别趣”，又不完全同于严羽，其称：“至黄奇苏新之手段，有别趣在乎？”[①] 以苏、黄诗有“别趣”，显然与严羽之说有出入。“以禅喻诗”虽不始于严羽，但至严羽始将“以禅喻诗”引入诗学体系的建构之中。他以大乘禅为第一义、最高禅法，汉魏、盛唐诗则为诗中之大乘禅。丈山接受了这一提法，因云：“诗才须总大乘禅。”以此强调应以第一流之诗——盛唐诗作为取法对象。

石川丈山诗论颇受严羽《沧浪诗话》的影响，对《沧浪诗话》有多方面的接受，但是二人的观念也存在着一定差别。严羽诗宗盛唐，反对宋诗，尤其是反对江西诗派的立场十分坚定，这也是他的论诗主旨。

石川丈山的诗学思想则要相对复杂一些，他同样推崇盛唐，其诗文集中这一类言论颇多[②]，也因此在当时诗坛独树一帜，成为江户前期“首倡唐诗”之人。丈山之尊唐，重在取唐诗的韵致、情味。丈山屡言“情性”，又引前人语：“文章者情性之风标，神明之律吕也。”[③] 关于如何学杜，丈山直言要学其“言情”。还指斥《三体唐诗》的编撰者立“景实情虚”之说，贻误后学，提倡景要为情而设，因而提出“情实景虚”之新说。这与严羽有其相通之处。但是，从“三十六诗仙”的产生过程看，他虽力倡盛唐，但并不“独尊盛唐”，对于初唐、中唐诗人亦颇为欣赏，对于宋诗亦多所包容。在丈山心目中开元、天宝、大历之诗皆具盛唐诗之风范，可并为第一。这一观念在江户前期有过短暂的流行，或许

---

① 石川丈山：《新编覆酱续集》卷一三《柬藤秘书监》。
② 丈山推崇“盛唐诗”前文已有较多论述，此从略。
③ 石川丈山：《新编覆酱续集》卷一二《与林罗山》。

与石川丈山的提倡有一定的关系。其诗学思想较严羽、明人实要融通得多。

尤应该注意的是，丈山对于江西诗派的态度具有二重性。一方面，基于尊唐的理念，对于与唐诗相对的另一审美范型——宋诗多有保留，甚至进行批判，特别是对“好新嗜奇”的诗风大加否定。

丈山屡屡批评日本诗坛长久以来只知学宋，不知学唐之弊，认为这是诗道不兴的重要原因。其称：“近代体制者，凡本晚唐已后诗，上自大汉下至盛唐古律古风，好之读之者盖鲜……宜哉！诗之不兴。”[①] 丈山还指斥中、晚唐及宋人学而不得其正、愈学愈下之诗弊，其云：

> 李洞慕浪仙风格而戴其铜像，张籍焚杜叟诗帙以饮其灰烬，至若元轻白俗、苏新黄奇、宋人西昆体、吴僧《同东集》，发芳臭于绨椠者，不可举而枚。[②]

吴僧法海《同东集》，为恶诗之代表，法海好学杜牧，故而人称“昔唐小杜既为老杜之次，今师又在小杜之下”[③]，即取法乎中，得其下之意。丈山将元轻白俗、苏新黄奇、宋西昆体、《同东集》并举，对苏新黄奇的贬抑之意一望而知[④]。

---

① 石川丈山：《新编覆酱续集》卷十六《与朝鲜国权学士菊轩笔语》。

② 石川丈山：《新编覆酱续集》卷一二《与林罗山》。

③ 见宋贾似道《悦生随抄》引《谈选》语，亦见于明陈耀文《天中记》。

④ 就苏、黄二人比较而言，无疑丈山给苏轼的评价要高些。他给过苏轼一些正面的评语，如“三苏文藻翻江海”等，对于黄庭坚则没有这方面的肯定。

另一方面，对某些江西诗派诗人、诗论家，以及某些具体的诗学主张，丈山却又不乏认同。宋、元之际的诗论家方回所选编的《瀛奎律髓》颇得丈山的青睐。方回既为江西诗派最后的护法，又是江西诗派的救弊者①。他提出“一祖三宗”之说，以老杜为祖，救江西诗派末流只知黄山谷而不知老杜之弊。方回对于杜诗的评点颇有见地，此尤为丈山所认同，《瀛奎律髓》因此也成为他喜爱的诗歌选本之一。有诗云“搜句忆方回”②，《诗法正义》中更直接引用了一些《瀛奎律髓》论诗之语，如：

> 诗先看格高，而意又到、语又工为上。意到语工，而格不高次之，无格无意又无语下矣。③
>
> 文之精者曰诗，诗之精者曰律。④

“格高”是方回重要的诗学观念。诗以“格高”“意到”“语工”为上，这也成为丈山论诗标准。由此可知，丈山的诗论不免仍带有宋人气息，与典型的明人诗学观念尚有一定的距离。

---

① 此说借鉴了方孝岳《〈瀛奎律髓〉里所说的“高格”》。方孝岳：《中国文学批评》，生活·读书·新知三联书店，1986，第129页。

② 石川丈山：《新编覆酱续集》卷二《上巳》。

③ 石川丈山：《诗法正义》，第354页。引方回《瀛奎律髓》卷四九“上元日大雪”条评。

④ 石川丈山：《诗法正义》，第353页。引方回《瀛奎律髓序》：“文之精者为诗，诗之精者为律也。”

第八章　林鹅峰

林鹅峰（1618—1680），林罗山第三子，名恕，一名春胜，字子和、之道，通称“春斋”，号鹅峰，谥“文穆”。《先哲丛谈》记其生平：

> 春斋幼时，罗山来江户，春斋与母氏留居平安。于文词师那波活所，于笔札师松永贞德。年十七始入江户，自此趋家庭，文艺日益警拔。及其登用，初与乃父俱与造等仪之议，后数奉旨编著极夥矣。①

学文词于那波活所，学笔札于松永尺五，又继承父学，于经史子集无所不究，尤精儒学、日本史。袭父职，任治部卿法印，眷渥甚厚。宽文三年（1663）为第四代将军家纲讲“五经”，被赐予首位“弘文院学士”称号，推为儒宗。

① 原念斋：《先哲丛谈》卷一“林鹅峰”条。

又曾奉旨统领群儒，设史馆，编修《本朝通鉴》三百一十卷，《诸家系图传》三百余卷，皆鸿篇巨制，且历时数年。《先哲丛谈》记载云：

> 春斋豪材博识，专用力述作。五经皆有私考，累数十卷。其他小品极多。其卷帙浩瀚者，为《本朝通鉴》三百十卷。宽文四年十一月起草，十年十月成。其修《通鉴》也，为聚群儒，官赐月俸以供资用。其作文，只凭腹稿口占，而善书者不能给。又如《诸家系图传》，亦三百余卷。宽永十七年十二月起草，二十年九月成。本集百二十卷，名《鹅峰文集》，读之有益，犹《罗山集》。①

鹅峰著作远不止上述提到的几种，其中较重要的有，理学类《周易本义私考》《周易本义首书》《周易私考翼》《书经私考》《诗经私考》《尚书私考》《礼记私考》等，史学类《本朝通鉴》《诸家系图传》《本朝言行录》《本朝稽古编》等，诗文类有《唐百人一诗》《本朝百人一首》《本朝近代一人一首续集》《晚林夕阳集》等。其诗文集《鹅峰先生林学士全集》二百四十卷，由子林凤冈收集整理，元禄二年（1689）作序并刊行，其中《诗集》《文集》各一百二十卷。

《先哲丛谈》《近世丛语》《先哲像传》《近世儒家人物志》

① 原念斋：《先哲丛谈》卷一“林鹅峰”条。

《汉学者传记及著述集览》《锦天山房诗话》等书载有其传记资料。

第一节 “以经为本”与“理学之诗”

林鹅峰一生尊奉理学，以传承道统为己任，掌管幕府文教，致力于理学人才的培养。因而，以经学为本是他的思想主脉。鹅峰十分崇敬、信奉宋儒诸家，尤其对朱熹推崇备至，称扬朱子云：“道德学业之显，未有盛于文公也。呜呼，大哉！至哉！”[①]《鹅峰林先生全集》中有近二十篇《朱文公赞》《朱子赞》，极表钦敬之意，如：

> 大哉文公，圣门有功。小学之教，再兴古风；四书之注，诸儒折衷；诗分经纬，六义贯通；易明象占，且作启蒙。后生依赖，大哉文公。[②]
>
> 呜呼！文公生于宋之南渡，犹仲尼出于周之东迁，道不行于当时，而垂教于千万年。若微仲尼则斯文将丧，自非文公则遗经不传。[③]
>
> 寻洙泗源，传濂洛脉。圣学纯精，贤才明白。笔效麟经，算推羲画。前修折衷，众善采择。诸儒大成，工

---

① 林鹅峰：《鹅峰先生林学士文集》卷九六《朱子实纪跋》，元禄二年（1689）序刊本。
② 林鹅峰：《鹅峰先生林学士文集》卷一〇五《朱文公赞》。
③ 林鹅峰：《鹅峰先生林学士文集》卷一〇五《朱文公赞》。

夫厚积。博约兼并，知至物格。①

鹅峰对孔、孟、周、邵、二程皆十分钦慕，也作有多首诗文赞，还作《题道统传》，对孔孟之教，程朱之学皆深为服膺，赞云：

生千岁后，传得斯文，论辨新法，开示圣蕴，温风和气，瑞日祥云，傍花随柳，郁郁芬芬。②

圣道垂统，泗水寻芳，易传说理，潜心文王，经筵侍讲，竭力哲皇，人立门雪，俨然畏望。③

孔夫子元气周流千万岁。……濂溪风月乍光霁，伊洛渊深源水通。……诸儒大成朱晦翁，仰高泰山乔岳势。④

元气周流孔夫子，颜曾思孟传宗旨。洙泗源源伊洛渊，一派分脉杨罗李。⑤

将周、邵、程、朱视为接孔子圣道之正宗。但是，与惺窝、罗山一样，鹅峰虽为程朱学者，对于陆九渊却也有一定的认同，作《陆象山赞》云："子静高名才亦奇，平生大简厌支离。幼龄省发窗棂鼓，累日行看市肆棋。……江西教授荆门政，出处从来圣得

① 林鹅峰：《鹅峰先生林学士文集》卷一〇七《朱子像赞》。
② 林鹅峰：《鹅峰先生林学士文集》卷一〇七《程明道赞》。
③ 林鹅峰：《鹅峰先生林学士文集》卷一〇七《程伊川赞》。
④ 林鹅峰：《鹅峰先生林学士文集》卷一〇五《题道统传》。
⑤ 林鹅峰：《鹅峰先生林学士诗集》卷四四《示春信诗》其一。

知。”[①] 表现出对于陆学的包容与兼取。

作为一代儒宗之后，林鹅峰对于传承道统、弘扬儒学有着强烈的责任感、使命感，亦深为自豪，如其所云：“日自曈曈风自温，一般淑气尽乾坤。我家新景慕伊洛，玉色梅花雪对门。”[②]“当世鸿儒出日东，一朝捐舍意忡忡。窗前依旧有遗爱，风月无边秋草中。”[③] 由此，在经学与诗文关系上，鹅峰秉持着与罗山一致的观念，以经为本，诗文为余事。其云：“圣经者本也，文艺者末也。”[④] 在《再寄卜幽》中称：“我于经、史，犹鱼与熊掌，而诗赋文章其次也，本朝事迹者，其余暇也。”[⑤]《勉亭记》中更详细阐释了学习、阅读各种典籍之次第及价值，其云：

> 圣人生而知之，从容中道然允执其中者，尧舜禹相传之心法也。……四书六经既通习，则程朱道学之深，其勉哉；史汉通鉴既涉猎，则叙事议论之体，其勉哉；李、杜、韩、柳、苏、黄集既周览，则文路句法之妙，其勉哉。……本朝国史实录、律令格式、诗赋文章及倭字演史家乘草子等，亦不可不概见，其勉哉。若有余力，则楷真行草之书，亦不可不运笔，其勉哉。所谓精于勤也，如此则博学之功其庶几乎？于是即事物穷其理，原

---

① 林鹅峰：《鹅峰先生林学士诗集》卷一五《陆象山赞》。
② 林鹅峰：《鹅峰先生林学士诗集》卷二《己卯元旦》。
③ 林鹅峰：《鹅峰先生林学士诗集》卷二《敬悼叔父樗墩先生以助孝子永甫丈之余哀绝句二》。
④ 林鹅峰：《鹅峰先生林学士文集》卷一一七《广广文选》。
⑤ 林鹅峰：《鹅峰先生林学士文集》卷二九《再寄卜幽》。

始反终而求至约之要。①

圣人生而知之，吾辈必博学、穷理，方能以博而归其约，反其终而得其“道”。这是博学之旨要。如何“博”？首先，要通习四书、六经，得程、朱道学之“深”；其次，则涉猎史汉通鉴等正史，得叙事、议论之“体”；再次，则周览唐、宋大家之诗文，得文法之“妙”；最后，还应概览日本史乘、倭歌、演义，以为辅。这种读书方法，体现了林鹅峰以经学为本、以诗文为助，以汉籍为主、旁及和著，以读书为手段、穷理悟道为终极目标的思想。这实为林氏家族共同的治学门径及价值取向。值得一提的是，鹅峰以治日本史闻名于世，其《本朝通鉴》《诸家系图传》功垂后世，但在鹅峰的观念中，本朝国史列于（中国）经史、诗文之后，位列第三，可知汉学在江户前期儒者心目中至高的地位。

“以经为本”的诗文观，使鹅峰在评价诗歌时具有较为浓厚的理学色彩，表现在：其一，诗歌功用上，主张儒家的“诗言志”“诗文载道”之说；其二，将诗歌分为“儒者之诗”（“理学之诗”）、“诗人之诗”，认为其旨趣、风格迥然，高下可判。

鹅峰继承父志，将将军赐给罗山的忍冈家塾进一步完善，制定各种规式，其中《月课式》中有一项关于诗文：

每月出题使诸生作为诗文，所谓载道之器，不可废之。在余则以文会友之仿佛乎？在诸生则稽古多识之补

① 林鹅峰：《鹅峰先生林学士文集》卷三《勉亭记》。

助乎？若夫志之所之无邪，则彬彬君子可庶几也。①

诗文乃“载道之器”，又可“以文会友”“稽古多识”，这都是儒家实用主义的文艺功用观。以诗文规其志，思无邪，终可养成彬彬君子。因而，鹅峰屡屡言及诗为“言志之用”，其云：“诗者，志之所之，见其诗知其志，则其人品可以想像也。”② 又称：“诗者，志之所之，其所志不离道，由道言诗，则其志自正。”③ 诗以言志，志不离道，诗亦不离于道。因而，诗可正性情，涵养人格，令人秉性纯笃。

本于理学家立场，鹅峰将诗分为“儒家之诗”与“诗家之诗”，其云：

儒者论诗与诗家所论，其取舍异趣。诗家所取者，格体、句势、字法，无不着眼。儒者唯取其志气之豪大。其豪也，其大也，皆出于性情之正，所为思无邪也。诗人或费工巧，或劳安排。儒者唯写胸中之蕴，而洒落平淡也。④

他认为“诗家之诗”注重诗歌的艺术性，着眼诗法、诗式，重格、调、体、势等，而儒者唯重精神、气象，“皆出于性情之正，所为

① 林鹅峰：《鹅峰先生林学士文集》卷五一《月课式》。
② 林鹅峰：《鹅峰先生林学士文集》卷八八《诗仙图引》。
③ 林鹅峰：《鹅峰先生林学士文集》卷二七《答藤孟干所寄落花诗书》。
④ 林鹅峰：《鹅峰先生林学士文集》卷三六《授仲龙》。

思无邪”，“唯写胸中之蕴”，其风格“洒落平淡”。这里的儒者之诗，就风格而言，更多特指“理学之诗”。

鹅峰无疑倾向于儒者之诗。宽文八年（1668）二月大火，群书悉藏文库，唯遗一小笥书，其中有《吾与篇》二卷，是为日人石原居士所辑宋元明儒者之吟咏，鹅峰极喜读，称其“或压纷扰，或慰寂阒”，还为此书作跋云：

> 侍史问曰：“所载皆可取之乎？”答曰：“理学之诗，如周、程、张、邵、朱子，则谁容喙于其间哉！诸儒皆效慕之，而庶几者也。如象山、白沙、阳明等，则其言高而有陷于禅之妨乎？不可不择焉。”①

是书编撰于宽文一年（1661），鹅峰自述好古，此书编者籍籍无名，编成仅七年，鹅峰却深好之，可知对理学之诗偏好之深。理学之诗又有程朱理学和陆王心学之分，前者如周、程、张、邵、朱子之诗，“皆效慕”，后者如陆、陈、王之诗，鹅峰认为“近于禅”，应有所择。

鹅峰对三位理学家的诗歌评价最高，邵雍《击壤集》、程颢的“吟风弄月”，及朱熹《感兴诗》。他作《击壤集跋》云：

> 康节先生道德学术，高明不可窥测焉。先读《击壤集》，慕其风流，仰其人豪，则庶几乎。想夫《风》

① 林鹅峰：《鹅峰先生林学士文集》卷九八《吾与篇跋》。

《雅》以来可无此作，岂其唐宋他人咏吟之比哉？顷间刊本出，而妄加训点，余恐其读者误句读，而史馆退休之暇，令左筠诵之，一夕一卷，并附录，七夜则终编。其间触目入耳，往往删正傍训，然犹有遗漏，可必再校，姑兹作跋，以为一见之证。①

鹅峰认为邵雍之诗，《风》《雅》以来无此作，非唐宋诗人能比，可谓推崇之至。还特令刊刻《击壤集》，令弟子左筠句读，又恐疏漏，亲自删正傍训，再校刊定，十分郑重。

邵雍作为理学家，亦好吟咏，但他无意于为诗人，唯以诗观物、悟理，吟咏情性，而得自适之乐，优游闲远，开创了“邵康节体”。朱熹最能得“邵康节体”的精神旨趣，他称：“康节之学，其骨髓在《皇极经世》，其花草便是诗。”“看他诗，篇篇只管说乐。”② 二语说尽邵雍诗的妙处。朱国桢《涌幢小品》称：“佛语衍为《寒山诗》，儒语衍为《击壤集》，此圣人平易近人、觉世唤醒之妙用。”充分肯定以佛理、儒理入诗的价值，这是基于以“道”为本的立场。但亦有贬之者，如明胡应麟说：“程、邵好谈理，而为理缚，理障也。”③ 邵雍开创的理学诗，有其独特的美学境界和思想价值，作为一种特殊类型的诗歌，理学家以理性直觉构建起即物即心、感物悟理的诗歌世界，以印合其心灵境界。与一般诗家的写作范式、创作旨趣都有着较大不同，因而不宜简

① 林鹅峰：《鹅峰先生林学士文集》卷九九《击壤集跋》。
② 黎靖德编《朱子语类》卷一〇〇《邵子之书》，第2553页。
③ 胡应麟：《诗薮》内编卷二，上海古籍出版社，1979，第39页。

单地进行比较和取舍。

鹅峰还作有《程子吟风弄月赞》，诗云："此景此时游以敖，程公年少既英豪。吟风弄月乐何事，攀得濂溪光霁高。"① 程子吟风弄月事，极为中日理学家所乐道，典出《二程遗书》，程颢云："《诗》可以兴。某自再见茂叔后，吟风弄月以归，有'吾与点也'之意。"② 二程受学周濂溪，"吟风弄月以归"，体会到孔子当年"浴沂舞雩"之乐。今在南安还有"吟风弄月台"，是为周、程授受之地，阶墀堂序，遗址犹存。"吟风弄月"四字，是假物以言道，得道者心境融彻，雍容于天地间，与天地同心而万物一体。因而，这一吟风弄月与骚人墨客流连光景不同，是得道者神和意闲、心内澄湛、动止咸定的修证境界。

林罗山曾作《吟风弄月论》称："所谓吟风弄月，非逸游也，亦非玩物丧志也，亦非若骚人墨客。""人欲净尽，天理流行，曾氏之风月乎？"③ "心节清冽，胸宇洒落，茂叔之风月乎？"将"吟风弄月"进行理学化阐释，赋予其理学美学之特质。无论是"光风霁月"，还是"吟风弄月"，皆是将天地清明胜境，来表现道者人格之美质。这一点江户理学家们充分接受了宋明理学传统。

鹅峰对朱子《感兴诗》也有极高的评价，在《感兴诗考序》中其称：

朱文公《感兴诗》二十篇，说尽天地、阴阳之运，

---

① 林鹅峰：《鹅峰先生林学士诗集》卷三八《程子吟风弄月赞》。
② 程颢、程颐：《河南程氏遗书》卷三，载《二程集》上，第59页。
③ 详见本书《第四章　林罗山》相关部分。

> 道德、性命之理，百王之规范、六经之蕴奥，而明圣道之正，排老佛之异。其便于学者，助于世教者，与《小学》《近思录》相为表里。先儒加《小学》于《学》《庸》《论》《孟》而称五书，加《感兴诗》于《太极图说》《通书》《西铭》《正蒙》，而又曰五书，良有以也。①

鹅峰对朱子《感兴诗》奉同圣经。以为说尽天理，揭六经之奥意，明圣道之正，与《太极图说》《通书》等合称“五书”，其地位极为尊隆。但对朱子诗歌的艺术特征，未作评价。事实上，鹅峰更多的是把《感兴诗》作为儒学著作来对待，他开讲筵讲授《感兴诗》，以胡云峰、刘履注本为主，认为二人注最为精博，又佐以蔡觉轩、熊刚大、吴讷三家注本，详考深析之。其对于《感兴诗》的重视和尊崇可以想见。

鹅峰对于理学之诗的推崇，基于以道为本、以经为本的立场。理学之诗以贯道、载道、明理、见性、言志为功用，对于诗歌的艺术性较少关注。其高者，能以高妙的直觉思维，营构即境即心、即物即理的浑成之境，实现诗性与哲思的融合无间，理与境的妙合无碍；其下者，则似“语录讲义之押韵者”，艺术性与思想性都较为缺乏，对于这一类诗当然应该持否定态度。所以，对于那些体气高妙、志趣高远、充满意趣的理学之诗，还是应充分肯定。

---

① 林鹅峰：《鹅峰先生林学士文集》卷八八《感兴诗考序》。

第二节 《自叙谱略》《忍冈家塾规式》中的理学与诗学

“以经为本”是鹅峰诗学思想的根本立场，但是，相较于惺窝的“轻诗文”，鹅峰在其父罗山的基础上又大大提升了诗文的地位，表现出“经诗兼修”的倾向，并被称为“经诗兼修的先驱”。[①] 通过鹅峰编撰的《自叙谱略》及其在儒学教育中制定的一系列培育人才的机制，可以明显地看到这种倾向。

林鹅峰自撰有《自叙谱略》，较为准确地呈现了他求学、治学、讲学的情形，从中可以探究其对于理学、诗学关系的理解，这也是考察林家教授子弟读书、治学的重要资料。其中记载了林鹅峰最早的学习经历：

> 七年庚午，十三岁，既通习五经句读，又登东山，读《山谷诗集》，又过中村氏宅读《东坡集》。先考为余讲《尚书》《左传序》，且口授《左传句读》，中秋始作诗。
>
> 八年辛未，十四岁，读《史记》《前后汉书》，又读《十八史略》十余遍，略知历代治乱兴废且颇知本朝故事。

---

① 松下忠：《江户时代的诗风诗论》，第237页。

> 九年壬申，十五岁，见先考所作《大学谚解》，而读论孟中庸大全，颇窥五经，又见《联珠诗格》《瀛奎律髓》《唐诗选》《唐诗解》《古文前后集》等，学诗文。①

林鹅峰十三岁开始学经与诗，习诵五经，学习山谷、东坡诗歌，开始作诗。十四岁学史，读《史记》《前后汉书》《十八史略》。十五岁读四书，并学习了宋元明人编选的若干唐宋诗集、古文集。由这些经历可知，鹅峰最早学习了三类书，经、史及唐宋诗文别集、选本。若与林罗山年谱对照，二人的读书经历极为相似。《罗山年谱》载林罗山十三岁"读唐宋诗文，求东坡全集于市，手自加朱句以终编，人皆叹美之"②，十五岁学习了五经、三史、唐宋诗文。二人学习的内容和步骤几乎一致，这些实可视为林家教授子弟的传统，也体现了林家学风的关键：以经史为本，同时以经诗并重。这一点在《自叙谱略》中处处有体现。

《自叙谱略》记载，宽永十六年（1639）鹅峰二十二岁开始讲学，讲授《山谷诗集》，并为之作注，共二十卷，历时一年余。这是他最早的讲学记录，可以看出他对于黄庭坚诗歌的重视。

万治元年（1658），林鹅峰四十一岁，是年辑《唐百人一诗》，又撰《三十六诗人配歌仙》，十二月承命书《论语》"十有五而志于学"一章于圣像之上。宽文十一年（1671），所记他治学及著述情况：

---

① 林鹅峰：《鹅峰先生林学士集》附录《自叙谱略》。

② 林鹅峰：《年谱上》，载林罗山《罗山林先生集》附录卷一。

> 是冬《诗经私考》并《别考》成，史馆夜课览毕《三国志》《晋书》，并荀悦《汉纪》、袁宏《后汉纪》，又点《性理大全》《二程全书》《小学句读》《近思录》《四书人物考》，又补《白氏文集》之点，新点《元氏集》，其余《汉魏丛书》之内数部，《荀子》《吕氏春秋》《文中子》《选诗风雅翼》《文章轨范》《古逸诗载》《世说》等皆加点……其余《左传》《文选》，韩文柳文等所对读若干部。①

上述记载可以略知鹅峰治学、著述之基本情形。一、考订、训点、阅读五经及程朱理学家之著作；二、阅读史书；三、点校各类诗文总集、别集、丛书；四、辑录、选编唐宋诗文集。这里有几点值得关注，其一，唐诗集已较受欢迎，故有林鹅峰选唐人诗集之举，除了《唐百人一诗》，还有《六十花唐诗屏风》，林鹅峰为作序，并拟定凡例；其二，点校元、白集。对于白居易诗歌的喜爱是藤原惺窝及林罗山、林鹅峰诸人的共同趣味，表现了这一时期对于中唐诗较为宽容的态度，这在江户中叶是较为少见的；其三，《选诗风雅翼》《文章轨范》及韩文、柳文诸书较受宋明理学家之重视，也得到江户初期日本理学家的推崇。林鹅峰对于《文选》《选诗风雅翼》甚为尊奉，列其为馆学之必修；其四，鹅峰治学门径：经为本源，史为助力，旁及诗文。可以看出鹅峰对诗文之道倾注了极大的热情。此种热情，至老不衰，这从延宝七年（1679）

① 林鹅峰：《鹅峰先生林学士集》附录《自叙谱略》。

林鹅峰六十二岁，即其辞世前一年的记载可以知道：

> 七年己未，六十二岁，秋冬之间，一见《大学衍义补》《汉魏丛书》《杜诗集注》，此等数篇犹未终篇。①

这一年鹅峰患有重疾，他生前最后阅读批点的书籍是理学著作、《汉魏丛书》及《杜诗集注》。

从其《自叙谱略》来看，“经诗兼修”贯穿鹅峰一生。如其所称：“平生弄诗句，甚于酒肉声色”②，“诗癖病余犹未休”③。事实上，对于“经诗兼修”的提倡不仅仅是基于鹅峰个人之偏好，而是基于其对诗歌本质的思考。《本朝诗英序》有一段话颇值得关注：

> 人之作诗，犹天地之生草木。草木者天地之文章也，诗者人之文章也。④

鹅峰将人之作诗与天地生物相并提，实是把诗歌视为人类独有的存在状态和创造活动，极大地提升了诗歌的价值。

鹅峰作为“大学头”，其教育理念深刻地体现着他的诗文思想。鹅峰拟定的《忍冈家塾规式》《讲筵式》《馆暇十读》等各种教育条例、规约，无不践行着他的“经诗兼修”主张。正是从教

---

① 林鹅峰：《鹅峰先生林学士集》附录《自叙谱略》。
② 林鹅峰：《鹅峰先生林学士文集》卷二九《谢卜幽》。
③ 林鹅峰：《鹅峰先生林学士诗集》卷六九《九月十三夜坐六义堂玩月》。
④ 林鹅峰：《鹅峰先生林学士文集》卷八四《本朝诗英序》。

育体制上加以提倡，这就为江户中后期诗文的大兴提供了深厚的人才基础。

忍冈为德川幕府赐给林罗山之地，罗山兴办儒学，然各项制度皆未完备，传至鹅峰，逐步进行规约。宽文六年（1666）四月，林鹅峰制定了《忍冈家塾规式》，对于学习科目、馆生奖励制度等皆有明确规定。林鹅峰奉命修《本朝通鉴》，因而国史馆即设于忍冈家塾，馆徒多为门生。其教学分设五科，经、史、文、诗、倭科，前四科皆为汉学。因修国史，故设倭学科。具体规式如下：

> 1. 五科各以甲乙丙为上等，丁戊己为中等，庚辛壬癸为下等。
>
> 2. 经科、史科、倭学科者，渐试之，待其効之见，而可进一等。
>
> 3. 文科者，其所作尽佳者及五篇，则可进一等。若有冠群作者则一篇可当五篇。
>
> 4. 诗科者，其所作尽佳者在上等，则及绝句二十首、四韵律十首、六韵律以上七首，则可进一等。若有冠群作者，则绝句四韵者五首、排律者三首可当绝句二十首，但排律二十韵以上，古诗五十韵以上者，临其时可议之。在中下等则尽佳者绝句十首、四韵律五首、六韵律以上三首，可进其一等。①

---

① 林鹅峰：《鹅峰先生林学士文集》卷五一《忍冈家塾规式》。

管理颇为严格，学生依学业的优劣分三等（十级），经、史、倭学科的评定较为粗略，最细致的是诗科，具体到几首佳作可进一等，又分绝句、四韵律、六韵律、排韵诸体，不同体的要求又有不同，诗歌受到极大的关注与重视。

《本朝通鉴》编撰完成后，史馆诸徒半散，评品馆徒、立五科十等的规式暂废。宽文十二年（1672）鹅峰再次设立规式，“设经科、读书科、文科、诗科、倭学科，各分十等，教导之，激励之，而待其进矣”①，史科改为了读书科，文科、诗科的名称、地位仍未变。

忍冈家塾中诸塾生虽各科皆研习，但可依各人所好有专攻，并根据专攻评品等级，《塾生序齿记》记录各生等级，塾生们“或经、或读书、或文章、或诗赋、或倭学，各择其所好，发声名于五科之间”，可知各科皆可名世。又有《塾生座次记》记录各塾生专攻之科业，并录于塾壁之上，记录颇详。

值得关注的是，最易于进等的是读书、诗、文三科，“塾建以来，有以读书、诗、文进等者，未闻以倭学进者，况于经科则列中等者未之有者”②，林鹅峰述其原因如下：

> 经学者诸生无不志之，其中或粗知文义，或颇成讲说，或运工夫，或窥微蕴者，亦有之乎？然未谙一经，未尽精力者，难容易进等，故推料其分，聊置下等。
>
> 读书者，其数历历分明，诗、文者，一览则佳不佳

① 林鹅峰：《鹅峰先生林学士文集》卷五一《忍冈塾中规式》。
② 林鹅峰：《鹅峰先生林学士文集》卷一五《塾生座次记》。

> 了然，故此三科者，日试月进，不拘前后之辈，不限少壮之龄，正其优劣，考其多寡，不容私于其间。①

经科的评定标准较难把握，要求亦颇严，故难进等，而读书、诗、文三科皆易于分辨优劣，所以日试月进者不少。另，《规式》中所列经、倭学科评定较虚，而诗、文科则十分详细，究其实，制定者于诗、文亦有兴起之愿，客观上也助长、激励了诸生对于诗、文的兴趣。

林鹅峰还为诸生制定了个人研习计划，其云："史馆累年之勤岂其容易，然闻僚属及生徒，每有休暇，犹不怠……《馆暇十读》述其专功。"② 如："宜卿读《易》"，"嘉之读《通鉴》"，"狛郎读迁史"，"伊生读《性理大全》"，"高安成读《论语大全》"，"贺璋读《春秋外传》"，"村顾言读班史"，"田植读范史"，"石习读《文选》"，"直氏读《诗经》"，等等。③ 这里所列《文选》属诗文类，然未列唐宋诗文，恐是诸生习之甚多，故未列为"专功"。

除了这些高等教育之外，林鹅峰还谈到了孩童之培育，《童子十务》中，特别训诫童子应有的十种教养："侍君前""事父""忆母""敬兄""怜弟""择友""问字""执笔""诵书""学诗"④，每一种皆明其内涵。前六件是人伦日用之事，为童子必备之德；后四件为进学之务，是最初级的教育内容。其中有"学诗"一项，林鹅峰标内容及宗旨，称："五字七字，志之所之，花开鸟

---

① 林鹅峰：《鹅峰先生林学士文集》卷一五《塾生座次记》。
② 林鹅峰：《鹅峰先生林学士诗集》卷七四《馆暇十读》。
③ 林鹅峰：《鹅峰先生林学士诗集》卷七四《馆暇十读》。
④ 林鹅峰：《鹅峰先生林学士诗集》卷七四《童子十务》。

晧，风动云垂。”[①] 明确为古诗、律诗，将“学诗”与“识字”“书法”“读诵”等基本文化技能并列，皆视为孩童的启蒙教育，极利于汉诗的普及与传播。

忍冈家塾后被幕府改为“弘文馆”，其重要性不言而喻，这里培养了一批优秀的儒学、史学、诗学人才。鹅峰一生致力于人才培养，他的教育理念及诗文观念因幕府的支持，在江户时期受到关注，并得到推广。这对诗才的培养，以及江户中后期专门诗人的大量涌现起到了十分积极的作用。

第三节　历代诗论

林鹅峰最为重视的是唐诗，十五岁已读《唐诗选》《唐诗解》，其后，对点校唐诗颇下功夫，“方今余家唐诗数百卷，有各集，有类纂，暇日并考而知其全篇”[②]。其父编撰有《汉魏六朝唐宋百人一诗》，收录历代各家诗作，鹅峰则于万治元年（1658）编有《唐百人一诗》，专录唐人作品。又于明历四年（1658）点校完成并刊行《杜诗集注》[③]，延宝元年（1673）完成白居易《白氏文集》、元稹《长庆集》的训点，于唐人诗集可谓用力甚深。

林鹅峰所读唐诗选本，有宋、元、明各代所编，《感怀记事》（其四）中记载了与弟读耕斋读唐诗之事：

---

① 林鹅峰：《鹅峰先生林学士诗集》卷七四《童子十务》。
② 林鹅峰：《鹅峰先生林学士文集》卷九六《千载佳句跋》。
③ 林鹅峰：《鹅峰先生林学士文集》卷六五《告赐官本祝文》。

彦复好唐诗，如《万首唐绝》《全唐诗话》《唐诗纪事》《唐诗品汇》《唐诗正声》《唐诗解》《唐诗选》《唐诗类苑》等，所藏若干。至若一人各集，则李、杜、韩、柳、白氏集，世上所流布也，《初盛唐十二家集》及张曲江、韦苏州、陆宣公、元稹、孟郊、杜牧等集。求之又得《百家唐诗》，且写崔颢、卢纶、李元宾、李翱、李绅、李贺、卢仝、许浑、温庭筠、李商隐、韩偓集及《唐六家集》等。其余余所藏刘梦得、李德裕、欧阳詹、黄滔等集皆僦见之。①

唐诗选本有十一种，其中明人选本已较多，如高棅《唐诗品汇》《唐诗正声》、李攀龙《唐诗选》、唐汝询《唐诗解》、张之象《唐诗类苑》、张逊业《初盛唐十二家集》、毛晋《唐六家集》（即《唐名六家集》）皆明本，而宋人选唐诗仅列二种。唐诗人别集列有二十余种，遍及初、盛、中、晚各时期诗人。林罗山原本就不甚区别四唐，至林鹅峰，虽有四唐之议，如云“四唐之诗，英华初披，盛隆、中变，至晚而衰”②，但并未独尊盛唐，对于中唐的韩、柳、白、元也颇为重视，对张籍、刘禹锡、李商隐、卢纶等也较为留心，曾购得《中唐十二家集》，其中列储光羲、刘长卿、贾岛集于其中，是其弟苦寻而未得者，由此可知兄弟诸人对于中晚唐诗的态度。

林鹅峰对唐人诗集的考订颇下过一番功夫，《感怀记事》载有

① 林鹅峰：《鹅峰先生林学士文集》卷七六《感怀记事》。
② 林鹅峰：《鹅峰先生林学士诗集》卷七五《燕闲十适·诗四唐》。

此事：

> 《张籍集》虽载《百家唐诗》，然与此集并考之，则此多于彼，且《卢纶集》亦多于旧本，而以上十人诗（中唐十位诗人）与石仓《唐诗选》并考之，则彼多所脱略。《李商隐集》与旧本大同小异，唯《刘梦得集》少于家藏本，然则在中华亦《禹锡全集》或其泯灭乎？家藏本者先考僦东山禅寺古本写之，既知其为希世之书。①

此处列出其考订中唐诗人诗集的情形，多将家藏本与新近所见选本比对，较其优劣、多寡，用心甚深，其家藏唐诗之丰也可见一斑。

林鹅峰受其父影响，对于白居易也较为偏爱，并致力于对白集进行考订、校注，在《补点白氏文集跋》中记载白集在日本之流播：

> 白集行于本朝尚矣。乐天存时，吾邦之人入唐者既写之，归朝，古本偶有，会昌年中跋者，可以证焉。菅、江两家各加训点，然全集有点者几希。想夫秘而不出，遂至于绝传乎？先考元和戊午之年，加朱于那波氏刊本，全部而求得。旧本写点者四十卷，定知菅、江流传之余

① 林鹅峰：《鹅峰先生林学士文集》卷七六《感怀记事》。

也。其三十一卷未遑补点而藏于家塾以授余也。近岁新刊本出，全部有点，虽未细见，恐有妄作之误乎？我常有补点之志，然以非急务故延岁不果。……自壬子之春以副本一部，畀侍生田植暇日，口授加点而复写诸家本至癸丑之冬毕三十一卷，于是合部七十一卷。……先考有言曰："官家古点优而艳也，禅徒点鄙而涩也。"然则如余所点，亦不免俗陋之失。[①]

藤原惺窝虽自称素不学诗，但亦十分喜爱白集，林罗山《惺窝先生行状》称："新锓白氏文集，先生每一二卷板成，不待全部，先取而见之曰：'我读香山诗文爱其风流，偶尔是可慰悦目下。"[②]《寄林三郎》又称："白氏新乐府赍来，嘉惠郑重。盖乐府而已而止乎？又白氏文全部有之乎？……次卷竢他日。"[③] 嗜读之状毕现。林罗山曾亲校点白集，力荐其为"三十六诗仙"，赞其人"通达"，其诗"洒落、博达"，又珍藏数种白集，欲以传之子孙，极见珍爱之情。[④] 鹅峰此跋梳理了白集传入日本以来的各种版本情况。传承父志，再加点校、注评白集。又引述罗山评各种白集注本之优劣："官家古点优而艳也，禅徒点鄙而涩也。"这也从一个侧面反映白集在日本流传之广，注本数不胜数。

鹅峰对于宋诗大体亦取肯定的态度，但对宋诗的热情未及父

---

① 林鹅峰：《鹅峰先生林学士文集》卷一〇二《补点白氏文集跋》。

② 林罗山：《惺窝先生行状》，载藤原惺窝《惺窝先生文集》卷首，享保二年（1717）刊本。

③ 藤原惺窝：《惺窝文集》卷三《寄林三郎》。

④ 详见本书《第四章　林罗山》相关部分。

辈，甚至还有微词，如在《和了的试颖韵》中称："诗体何须瘦与寒，东风手里朵云端。"[①] 对刻意追求的瘦、硬诗风似不以为意，但这种贬词是极为少见的。大体而言，林鹅峰继承父志，多数时候主张唐宋并宗，尤对黄、苏二人更深致倾心，他最早学习的诗集即为黄、苏二人集，二十二至二十三岁，用一年时间讲授黄山谷诗，并为作注，这种重视程度实不多见。事实上他将李、杜、苏、黄并举，以代表其诗学理想，因言"李、杜、韩、柳、苏、黄集既周览，则文路句法之妙，其勉哉"[②]。

鹅峰作有《六十花唐诗屏风凡例》《四十花宋诗凡例》《百鸟一吟凡例》，较为典型地体现了他的唐宋诗观，也反映了当时日人的诗学风尚。《六十花唐诗屏风凡例》中重要条目如下：

> 1. 《文苑英华》《万首唐绝》《唐诗类苑》等所载每人唯取一花之诗，虽名家名花不再之。
>
> 2. 六十花不拘四时次第，以作者之世次载之，以分四唐，但以李杜为最首者，以为诗家之冠也。
>
> 3. 牡丹重于唐，称花主，故取李白诗为最初，子美对之……乐天紫阳花准之。
>
> 4. 诗家称王维与李杜，犹海棠与牡丹，海棠取王维诗。[③]

① 林鹅峰：《鹅峰先生林学士诗集》卷一一《和了的试颖韵》。
② 林鹅峰：《鹅峰先生林学士文集》卷三《勉亭记》。
③ 林鹅峰：《鹅峰先生林学士文集》卷九一《六十花唐诗屏风凡例》。

有几点值得关注：一是以《文苑英华》《万首唐绝》《唐诗类苑》三部总集为采录对象。《文苑英华》《万首唐绝》五山时期已为诗家阅读；唯《唐诗类苑》是新出现的总集，是书二百卷，为明人张之象编，成书于嘉靖中后期，刊刻于万历二十九年（1601）。鹅峰凡例写于延宝五年（1677），是时该书已传至日本。二是编撰体例以“四唐”分，可知“四唐”观念已为日人了知并接受。“四唐说”完成于明初高棅《唐诗品汇》，后渐为盛行，由此开启明代“诗必盛唐”的序幕。林鹅峰《文集》中已偶见“四唐”之名，更在《六十花唐诗屏风》中以“四唐”为编撰体例，但并未对中晚唐诗有过多贬抑。三是以李杜为诗家之冠，王维从之，乐天亦有特别地位。上述观念既有其父的影响，却也表现出某些明代诗学的气息。

鹅峰又撰《四十花宋诗凡例》，大多比照唐诗凡例，但亦有所差别，其云：“诗盛于唐，故其数减二十首，以欧梅为最初者，犹唐诗李杜之例。”[①] 又称：“唐诗既有梅杏桃梨，今复出之以同类异品不为妨也。”[②] 体现了林家诗法“本于唐诗、参于宋”之宗旨，唐诗取六十首，宋取四十，以示区别，余则仿制。有人问鹅峰：“诗岂限唐宋哉，盍标出宋以后之题咏乎？”鹅峰未正面回答。[③] 事实上他对元明诗的态度是较冷淡的，其集中极少提及元、明诗人，所编《百鸟一吟》体例亦近于上述《唐宋百花一诗》，只是加了古诗，以古诗、唐诗为主，略及宋，其好尚可知。

---

① 林鹅峰：《鹅峰先生林学士文集》卷九一《四十花宋诗凡例》。
② 林鹅峰：《鹅峰先生林学士文集》卷九一《四十花宋诗凡例》。
③ 事见《唐宋百花一诗引》，载《鹅峰先生林学士文集》卷九一。

鹅峰对唐前诗文亦颇为推尊，尤重《文选》及《选诗风雅翼》。对《文选》的喜好实为林家的传统，《题任宪所藏文选后》中谈到林家研习《文选》之事：

> 先考家藏《文选》点本，传靖而至宪，既为三世家珍，自去岁之春，每月约五日使宪诵于余侧，闻其句读，一席限一卷……至今秋全部六十卷占毕悉成。①

从林罗山开始林家三代学习《文选》，每月五天让宪在鹅峰跟前读诵《文选》，检查其句读，共一年半时间完成六十卷的学习。鹅峰在《馆暇十读》中记录僚属及生徒之专功，九种为经史，仅录一种诗文类，即“石习读《文选》”，可见《文选》在其塾馆中的重要性。鹅峰得意弟子狛庸，亦好《文选》，并家有藏本，鹅峰为之作序，对其称誉有加。②

鹅峰重视《文选》，一为可助博学，一为扩充诗道，故云：“夫文以类分，选而取粹，古来以此为最。且李善援用之详、五臣注解之通，太便于博赡也，学者习熟记忆则多识。”③ 又指斥世人不学《文选》之弊：“故本朝菅、江诸家博士，成业扬名，藉此书之力者不为不多。近岁少年从偶学诗文者，狭而《三体》《真宝》，广而苏、黄集而已，至如《文选》，则束阁而不读焉。”④ 林

---

① 林鹅峰：《鹅峰先生林学士文集》卷一〇〇《题任宪所藏文选后》。

② 见《跋狛庸家本文选》：“同气相求，同声相应，尝闻其语，今见其事。余任宪退自史馆到弘文书院，狛庸亦来也。同气相求乎？宪诵文选，庸亦诵之，同声相应乎？”（《鹅峰先生林学士文集》卷一〇〇）

③ 林鹅峰：《鹅峰先生林学士文集》卷一〇〇《题任宪所藏文选后》。

④ 林鹅峰：《鹅峰先生林学士文集》卷一〇〇《题任宪所藏文选后》。

氏父子推崇《文选》，实有救五山诗弊之意。五山诗僧多取《三体》《真宝》之集，学苏、黄之体，至江户初期仍有影响，林鹅峰以《文选》为倡导，欲以古风济宋调，代表了江户初期诗坛求变求新的呼声，也体现了林家诗法兼取诸家的融通态度。

《选诗风雅翼》也得到林鹅峰的重视，宽文十一年（1671），林鹅峰训点完成《选诗风雅翼》，他认为这是学习古诗最好的范本，这实为惺窝及林罗山一贯的诗学主张。《选诗风雅翼》十四卷为元人刘履所编，其中《选诗补注》八卷，取《文选》各诗删补训释；《选诗补遗》二卷，取散见于传记、诸子、乐府中的古歌谣词；《选诗续编》四卷，取唐、宋以来诸家诗词之近古者，以为“文选嗣音”。其大旨本于真德秀《文章正宗》，诠释体例，则以朱子《诗集传》为准。由此不难理解作为理学家的惺窝、林氏父子会对此书如此青睐。

鹅峰在《选诗风雅翼跋》中记录了诸先生重视《选诗风雅翼》的缘由：

> 惺窝先生有言曰：欲习古诗则可读《选诗风雅翼》，文敏先生亦屡及此。今按二先生所以云尔，盖此编就昭明所选之中，又精选之，则萃之萃者也。且《补遗》之选者，先于昭明之选，而《续编》之选者，后于昭明之选，则历代之选备矣。①

① 林鹅峰：《鹅峰先生林学士文集》卷一〇〇《选诗风雅翼跋》。

从选诗的完备和精粹上而言，《选诗风雅翼》都是上乘之作。这是从选本学角度上考察，而更重要的原因则是刘履的理学趣味：

> 复附《感兴诗》与《太极图说》《通书》《西铭》《正蒙》相为表里，则性情之正，义理之深，何以加焉？《风雅翼》之名固当焉，非它编古诗者之所及也。况夫刘履注解之体制步骤，于朱文公《诗传》而援引详，而旨趣明，则非他训释之可比也。学古诗者自此而进，则或其《三百篇》亦可管窥乎？①

不言而喻，刘履儒者的选诗眼光、训释义理中的道学意味，及该书与朱子《诗集传》的甚深关联，是这部书受到江户初期日本理学家们重视的重要原因。鹅峰对该书进行训点，其子弟及馆生们时常研习，使得日人对古诗的兴趣有所提升，但是，随着明代诗学对日本影响的日益增强，以盛唐为尊的风气逐渐浓厚起来，《文选》《选诗风雅翼》在江户时期终未能成为日人热衷学习的对象。

第四节　论杜、陶之典范意义

林鹅峰《右铭》中有对历代诗文的总论：

① 林鹅峰：《鹅峰先生林学士文集》卷一〇〇《选诗风雅翼跋》。

> 六义无邪，一言以蔽。学庸著明，论孟昭晰。屈宋骚词，篇篇连缀。卿云文赋，字字壮丽。江左秀才，唯是骈俪。唐朝诸贤，共有体制。李杜谁敌？技入肯綮。韩柳杰出，工作奇势。欧苏追随，其余岂计。黄陈并驰，此外为赘。①

体现了林鹅峰较为宏通的诗学眼光。他列举了《诗经》《大学》《中庸》《论语》《孟子》《楚辞》、汉赋、南朝骈体、唐诗（李杜、韩柳）、宋诗（欧苏、黄陈），皆是其心目中的诗文理想，也是欲取法的对象。“平生诗伴何为者，汉魏六朝唐宋豪。”② 古诗取汉魏，律体宗唐宋。律体尤以唐之李、杜、韩、柳，宋之欧、苏、黄、陈为尊。

林鹅峰常将李、杜并举，以为是诗家之最，称二人“诗无敌”，是“诗家之冠”“大家魁”③，集中多至倾慕之意：

> 芬郁儒林经史花，城门同轨转高车。江云渭树东风里，李杜文章丽似霞。④
>
> 家传既与世人殊，祖本黄门父敛夫。诗律吟呻追李杜，经书理义慕程朱。⑤

---

① 林鹅峰：《鹅峰先生林学士文集》卷一一一《右铭》。
② 林鹅峰：《鹅峰先生林学士诗集》卷八《恭安席上嗣信成诗韵》。
③ 林鹅峰《六十花唐诗屏风凡例》：“以李杜为最首者，以为诗家之冠也”（《鹅峰先生林学士文集》卷九一），《小士岩歌》“少陵谪仙大家魁”《鹅峰先生林学士诗集》卷七二）。
④ 林鹅峰：《鹅峰先生林学士诗集》卷一六《奉和家君元旦严韵》。
⑤ 林鹅峰：《鹅峰先生林学士诗集》卷八《同席缀律诗一章呈细野君》。

同僚唱和凤池贾，肖像图描麟阁增。文焰毫芒追李杜，诗家眼藏认陈曾。[①]

集中诸如此类的评述较多，此不多举。第一首，一面是“芬郁儒林经史花”，一面是“李杜文章丽似霞”，既是他理想化的人生愿景，也是他研经史、弄诗文的日常写照。“江云”“渭树”典出杜甫《春日忆李白》：“渭北春天树，江东日暮云”，日人极为喜爱此二句，鹅峰化用在诗里，既感其高情，又慕二人绝世之诗才。第二首，是赠藤原惺窝之子细野之作，诗既是称赏细野，也是自况，言奉儒之家自与世人殊。“诗律吟呻追李杜，经书理义慕程朱”，学诗以养性情、读经以明至理，将李杜与程朱并列，并尊奉之至。第三首，“文焰毫芒追李杜，诗家眼藏认陈曾”，将李杜与陈曾并举，实有唐宋兼宗之意。[②]

林鹅峰虽将李、杜一并推崇，事实上更为尊奉杜甫，其称：“少陵以诗杰出于古今之间”[③]，“诗人无过于子美者”[④]，又以少陵为诗家之祖、诗家正宗[⑤]。在《评诗色象》对此有进一步阐释：

---

① 林鹅峰：《鹅峰先生林学士诗集》卷一一《顷日即罢考槃因元韵叠和金地翁诗递筒数回虽家花车斜之酬和难以比之余亦容喙于其间云》。

② 鹅峰将李杜与黄陈或苏黄、欧苏并列处也不少，如“李杜黄陈正法通，适檠一夜对帘栊”，“李杜苏黄句，陆卢丁蔡茶”，“李、杜、韩、柳、苏、黄集既周览，则文路句法之妙，其勉哉”，“升此堂以赋诗，则浣花之溪，江西之派，寻其源流乎在此堂，以作文则南丰之江汉，坡翁之三江，求其所出乎坐此堂”。或以诸人代表诗法正宗，或以李杜苏黄喻诗法之妙，也由此可知他所认可的宋诗人即为上述诸人。

③ 林鹅峰：《鹅峰先生林学士文集》卷八二《本朝各国名所诗歌序》。

④ 林鹅峰：《鹅峰先生林学士文集》卷六〇《莺鹊争奇》。

⑤ 林鹅峰：《鹅峰先生林学士诗集》卷一三《八月十七夜序》。

山谷、简斋俱是诗家之正法眼藏也。唐贤才子以诗名者甚多，少陵为最。二公之诗同宗少陵，故宋朝之诗，于二公谓之大家，谓之名家，其诗未易优劣。①

山谷、简斋因宗少陵而得“诗家之正法眼藏”，可知以少陵为正宗。中国诗学史上素有“正变”论，始自正风、正雅，变风、变雅之说，论及李杜，多以李为正宗、杜为变调。元代吴澄称李白“因而因”，杜甫“因而革”。② 明代高棅《唐诗品汇》以九品论诗，李白位列“正宗”，杜甫多处“大家”。这里林鹅峰却与众人异，以“正”来标举杜甫。进而又云：

山谷格高，故见者唯爱其外之色，未能察其中之香。古人譬之“优昙华”，游戏其境则不日而化焉。简斋圆美，故见者先弄其中之香，未注意于其外之色。简斋自谓之“炎天梅蘂”，玩索不已则有时而得焉。若有色而无香，犹乱云寒月；若有香而无色，丛兰幽桂，是所以陶、韦、李、王不免细评也。……及其至，则色香岂有内外哉？

伯夷之清、柳下惠之和，孟子皆谓之圣，各非取其所长耶？我于山谷、简斋亦然，然未及少陵者，犹夷、惠之于孔子也。③

---

① 林鹅峰：《鹅峰先生林学士文集》卷五八《评诗色象》。
② 详见吴澄《诗府骊珠序》，载《吴文正集》卷一五，文渊阁《四库全书》本。
③ 林鹅峰：《鹅峰先生林学士文集》卷五八《评诗色象》。

山谷、简斋取法少陵，一得之“格高”，一得之“圆美”，虽谓之“正法眼藏”，却难兼色、香之美，内、外之合，唯取其长而言，陶、韦、李、王也难免有偏。而独少陵兼众美，泯灭内外，且化于无迹。山谷、简斋不能及少陵，正如伯夷、柳下惠虽皆可称“圣”，却终不及孔子之“圣”。这里将少陵比作孔子，可谓推崇至极，实是称言少陵在诗学史上具有独一无二之地位。

鹅峰标举杜甫不仅仅是从诗法、格调的角度来立论，时常从其内在的精神气象来推崇。因而，鹅峰既步骤少陵的诗法，“吾虽不敏，与函三子同步骤少陵之迹，而淑艾于家法之万一”①，更倾心于少陵之品格，鹅峰集中最喜用“蔼然忠义”一语来评述少陵。

“蔼然”最早见于《管子·侈靡》：“蔼然若夏之静云。”宋人使用该词较多，以言人之和气、仁厚，如施彦执《北窗炙录》：“伯淳既见，和气蔼然见眉宇间。”② 又用于评诗文，苏轼《王定国诗集叙》：“（王诗）皆清平丰融，蔼然有治世之音。”③ 罗大经评欧阳修：“蔼然为仁人之言，粹然为治世之音。”④ 可知“蔼然”多与“治世之音”关联。用“蔼然”论杜者较多，高楚芳《集千家注杜诗》：“情事蔼然，《三百篇》之后少。”⑤ 又称其“情至蔼然”⑥。

---

① 林鹅峰：《鹅峰先生林学士诗集》卷五《吾虽不敏与函三子同步骤少陵之迹而淑艾于家法之万一……》之诗题。

② 施彦执：《北窗炙輠录》卷上，清刻奇晋斋丛书本。

③ 苏轼：《苏轼文集》卷一〇《王定国诗集叙》，第 318 页。

④ 罗大经：《鹤林玉露》卷二丙编《文章有体》，王瑞来点校，中华书局，1983，第 264 页。

⑤ 高楚芳辑《集千家注杜诗》卷一〇《有感五首》其一注，文渊阁《四库全书》本。

⑥ 高楚芳辑《集千家注杜诗》卷三《收京三首》其三注。

鹅峰喜用“蔼然忠义”，语出宋陈郁《藏一话腴》：“《三百篇》往矣，五字律兴焉，有杜工部出入古今，衣被天下，蔼然忠义之气，后之作者未之有加。”[①] 其后，元袁士元《书林外集》：“老杜长篇短章，时写怀忧国，此心良独苦，蔼然忠义。”[②] 明秦夔《赠陈玉溪》：“盛唐已来有子美，偶尔崛起才无前，蔼然忠义溢辞表，直与二雅相比肩。”[③] 考宋、明人集，“蔼然忠义”几乎皆用于称誉杜甫。总括上述诸语，称杜“蔼然忠义”盖具以下几层意义：1. 从人格而言，其人具仁厚、和气、至情、忠义之气质；2. 从诗风而言，必有和平、中正之格调；3. 从诗道而言，为“治世之音”，得《三百篇》之遗旨。

林鹅峰称誉杜甫“蔼然忠义”亦具上述诸种意味。其云：

> 相逢小至乍来如，杜老佳篇今起予。为喜明皇复京洛，蔼然忠义一阳舒。[④]
>
> 蔼然忠义杜陵翁，秋兴八首发深省。渔阳鼙鼓宗庙倾，夔州城郭夜月冷。边功怀昔感慨多，时政悲今讽谕永。泪痕露滴枫树林，默祷旻天有所请。[⑤]
>
> 谁言删后更无诗，风雅追还杜拾遗。含雪窗前指西岭，浣花溪上寓坤维。蒙尘从驾唐皇幸，溅泪沾襟蜀相祠。行实何凭史家笔，蔼然忠义句中知。[⑥]

---

① 陈郁：《藏一话腴》甲集卷上，适园丛书本。
② 袁士元：《书林外集》卷六《长相思》，明正统刻本。
③ 秦夔：《五峰遗稿》卷二《赠陈玉溪》，明嘉靖元年刻本。
④ 林鹅峰：《鹅峰先生林学士诗集》卷三一《读老杜小至诗》。
⑤ 林鹅峰：《鹅峰先生林学士诗集》卷四二《读老杜秋兴诗》。
⑥ 林鹅峰：《鹅峰先生林学士诗集》卷七〇《杜少陵赞》。

第一首，“为喜明皇复京洛，蔼然忠义一阳舒”，喜明皇复京，忠义可见，“一阳舒”，应“小至”之节令，“冬至阳气应，则乐均清”①，李唐之春天亦复得。“舒”之一字合“蔼然”之和气。第二首为读杜甫《秋兴》而作，《秋兴》组诗是老杜“一生心神结聚之所作”，鹅峰此诗用了数首杜诗之典，“夔州月冷”“露滴枫林”“渔阳鼓动”，外夷乱华，小人乱国，风俗非旧，盛衰相替。感其怀乡恋阙、忧国忧君之至情，慨其寓深悲于蔼然唱叹中。第三首为《杜少陵赞》，“谁言删后更无诗，风雅追还杜拾遗”，少陵诗篇可直追风雅之大旨，称扬杜诗在诗史上之地位。接着选取了杜诗中的几个经典画面，勾勒杜陵一生之行谊，最后以“蔼然忠义”定义其品格、其气度，也是其诗之气象。

上述种种，均可见作为儒者的林鹅峰对于杜甫人格的倾慕。杜甫实践了《诗大序》所倡言的“温柔敦厚”“哀而不伤”的诗学传统，鹅峰及其江户初期的理学家们正是基于此，奉之为典范，视之为诗学理想。从这个意义上来说，江户前期诗坛上李白的地位无法真正与杜甫并列。

另一位具有独特地位的诗人是陶渊明。准确地说陶渊明并不是以诗人形象，更多时候是作为体道、悟道者为鹅峰及江户理学家们所仰慕。林鹅峰为陶渊明写的诗赞有四十余首，数量远远高于其他诗人，甚至高于他为大部分理学家所作的诗文，其中多为家人朋友所藏、所画陶渊明图、陶渊明诗图而题咏，如《渊明归去来兮图赞》二十五首、《题归去来图五首即席》《渊明流憩图》

① 范晔：《后汉书·律历志第一》第15册，中华书局，1965，第3016页。

《渊明抚孤松图赞》《松下渊明》等，另有多首《陶渊明赞》。如此多的题画诗，亦知当时渊明在日本受到的欢迎程度。

鹅峰上述诸诗仅有一首评述陶诗诗风。《临清流而赋诗》云："流之清兮可以洗垢，诗之淡兮可以味口，余派入唐为韦为柳。"①称韦、柳得陶诗之"淡"，余则皆述其人格之美，如《渊明归去来兮图赞二十五首》以《归去来兮》中的佳句为诗题，写陶之风仪。试摘录几首如下：

身在彭泽，心驰栗里，不羡买臣衣锦荣，欲问张翰秋风起。(《归去来兮田园将芜》)

追慕范子游否？一身舟轻；假着伯夷衣耶？千岁风清。(《舟摇摇以轻扬，风飘飘而吹衣》)

一张之琴虽无弦，可以消愠。那卷之书不求解，足以知训。有乐无忧不愿外，能安其分。(《乐琴书以消忧》)

元气周流，万物终而又始。草木欣荣自有时，何当遇晋室再起？(《木欣欣以向荣》)

涓涓之细，流而不干，或导自渭磻乎？或分自岩滩乎？不然，则漉酒之露汚汚乎？岂其混浊浪哉，果是，可观清澜。(《泉涓涓而始流》)

天晴气清自是良辰，孤往无伴颐养精神。(《怀良辰以孤往》)②

① 林鹅峰：《鹅峰先生林学士文集》卷一〇七《渊明归去来兮图赞二十五首》。
② 林鹅峰：《鹅峰先生林学士文集》卷一〇七《渊明归去来兮图赞二十五首》。

鹅峰解读陶诗，有两个重要角度：一是重其道德修为。清标自持，不俯仰时俗，“心驰栗里，不羡买臣衣锦荣”等；二是体味其中“道”味。从“木欣欣”句，感天地元气之周流、天道往而复始之秩序。从“怀良辰”句，慨其孤往自在，颐养精神。从“风飘飘”句，赞其“千岁风清”。“乐琴书”句，知其乐天命、守其分。这些解读，注重于对陶诗内在、深层的生命体悟进行昭示，明显受到朱子等宋儒的影响，也与藤原惺窝等将陶渊明“理学化”有一致之处。《渊明流憩图》《渊明抚孤松图赞》数首及《陶渊明赞》皆展现陶之高情逸响、萧散自在的近道气象，如：“静观夕气之佳，鸟飞而幽，既悟天命有限、身老以休。曳策立园门际，或去或留，赋诗写胸中妙，何愿何求？”① 静观夕气与鸟飞，悟天命有限，抒胸中之妙。又如：“采诸东篱，南山相对，画工亦有意否？一笼数色杂载，花与先生共隐逸，不择其色不嫌所在。”②“有香同隐，无弦为友……东篱寸土天授我受。”③ 皆以陶诗具有象征意味的意象，东篱、南山、松菊、琴书、杖藜、壶觞、西畴、桃源等，刻画了人格高洁、情致静虚、清淡，如古之逸民的得道高士陶渊明的形象。这已远不止是鹅峰诗文之理想，更是其生命之理想境界。

林鹅峰子凤冈评其父云：“沉潜乎群经，开其蕴奥；搜猎乎诸史，通其历迹。翱翔乎艺苑，诵百家之言；驰骋乎词林，穷众体之法。”④ 极言鹅峰治学门径之广，学术造诣之深，又称：

---

① 林鹅峰：《鹅峰先生林学士文集》卷一〇五《渊明流憩图》。

② 林鹅峰：《鹅峰先生林学士文集》卷一〇八《陶渊明赞》。

③ 林鹅峰：《鹅峰先生林学士文集》卷一〇八《陶渊明赞》。

④ 林凤冈：《鹅峰先生林学士全集序》，载林鹅峰《鹅峰先生林学士文集》卷首。

先生于学于识可谓博而大、深而远也。特立儒关，咨询公事。考撰族谱，辨氏流之所出。编辑国史，补皇纪之所阙。应天下之务，接天下之人。有所资之，有所益之。先生于才于气，可谓英而华、精而粹也。其本立，而其用广矣。①

立儒关、询公事、编国史，“应天下之务，接天下之人”，可见其卓越之才干，尤其是在培养儒学人才上的贡献。友野霞舟《锦天山房诗话》评鹅峰“志气高爽，学问渊博，其诗皆雄迈纵恣，捭脱羁束”②；然“惜夫体段虽具，烹炼未至”，“瑕瑜不相掩”③。江户初期理学盛而诗学尚未大兴，故称“烹炼未至”，但体段已具，风气新开，鹅峰实功不可没。

鹅峰的诗学思想一方面以经为本，具有浓厚的理学色彩；另一方面，从他一生求学、治学、讲学的实际经历及教育实践中，更多表现为“经诗兼修”、重视诗文的倾向，这实为江户诗学发展的新趋势。鹅峰唐宋兼取、博学广参的理念，表现了林家诗学较为融通、宽容的态度，也体现了江户前期，五山“宗宋”诗学向江户中叶“尊唐”诗学转关的过渡性特点。

---

① 林凤冈：《鹅峰先生林学士全集序》，载林鹅峰《鹅峰先生林学士文集》卷首。

② 友野霞舟：《锦天山房诗话》上册“林恕”条，收入池田四郎次郎《日本诗话丛书》卷八，第343页。

③ 友野霞舟：《锦天山房诗话》上册“林恕”条，收入池田四郎次郎《日本诗话丛书》卷八，第348页。

第九章　木下顺庵

木下顺庵（1621—1698），名贞干，字直夫，顺庵、锦里、敏慎斋、蔷薇洞，皆其别号。平安（今京都）人。生而聪颖异常，天台海大师见而称云："此儿有异质。"欲收为法嗣，顺庵不从。十三作《太平赋》，词旨淳正，大纳言乌丸藤公将赋献给后光明帝①，帝览而极称赏，世以为国瑞。后受业于松永尺五，勤学励行，尺五期以大器，当时门友如贝原益轩、安东省庵、宇都宫遁庵，皆杰出之才，共推顺庵为先达。顺庵曾从但马守游于江户，因志向不合，遂决然归家，屏迹读书二十载，名震天下。年四十，加藩藩主菅公遍招天下名儒，欲聘顺庵，顺庵推辞："余尺五先生门人也，今先生之子永三见在，请先聘焉。"② 重情重义如此，菅

① 乌丸藤公读木下顺庵《太平赋》甚惊，为之赋诗一首，诗云："圣世移成文一篇，一篇上达得天怜。俊才德色太平象，少艾未盈志学年。"木下顺庵《锦里文集》卷四《甲戌残腊乌丸亚相辱惠诗一首句句联珠字字绣锦于余为一世之华衮谨尘高韵奉谢》一诗后附此诗。

② 木下寅亮：《锦里先生小传》，载木下顺庵《锦里文集》卷首，天明七年(1787)，东都书肆等刊行。

公嘉其道义，遂将二人同时聘用。

天和二年（1682）顺庵受聘为幕府儒官，甚得幕府重用，每有馔举之事，必以顺庵为首。《锦里先生小传》记载了顺庵侍讲将军之事，可知其声望之隆：

> 常宪公（德川纲吉）之初，特征入侍。无几，令修国史，书成而上，赍赐褒其劳。尔后常宪公亲讲《周易》，每令先考（顺庵）侍其座。夏必赐以绉絺，冬必赐以绵袄。曾命先考讲《中庸》，数令近臣劳其年老而不怠侍奉。而先考耿耿丹心，常忧报恩日浅也。其在朝也，终日整齐严肃，如不容者。其在家也，虽燕居私室，恒盛服端坐，人望之如神。①

顺庵应诏修国史，又第五代将军德川纲吉亲讲《周易》，顺庵侍座于侧，顺庵受命讲《中庸》，将军令近臣侍奉于旁。当日儒学之兴隆于此亦可见一斑。顺庵极重德行，平生一无嗜欲，食必淡泊，服必简素。元禄十一年（1698）卒，年七十八，遗言以《孝经》一卷相随，私谥“恭靖”。顺庵存世的著述极少，其子木下寅亮捃摭遗文编为《锦里文集》十八卷。

木下顺庵为世所敬慕，门生不可胜数，而成德达材甚多，柴邦彦《锦里文集序》叙列其名于世者，称：

---

① 木下寅亮：《锦里先生小传》，载木下顺庵《锦里文集》卷首。

盛矣哉，锦里先生门之得人也。参谋大政，则源君美在中（新井白石）、室直清师礼（室鸠巢）；应对外国则雨森东伯阳（雨森芳洲）、松浦仪祯卿（松浦霞沼）；文章则祇园瑜伯玉（祇园南海）、西山顺泰健甫、南部景冲思聪（南部南山）；博该则榊原玄辅希翊（榊原篁洲），皆瑰奇绝伦之材矣。其冈岛达之至性、冈田文之谨厚、堀山辅之志操、向井三省之气节、石原学鲁之静退，亦不易得者。而师礼之经术、在中之典刑，实旷古之伟器、一代之通儒也。夫以若数子之资，而终身奉遵服膺先生之训，不敢一辞有异同焉，则先生之德与学可想矣。①

上述门生中，新井白石、室鸠巢、雨森芳洲、祇园南海、榊原篁洲，世称“木门五先生”，加之南部南山、白井沧洲、三宅观澜、服部宽斋、松浦霞沼，号为“木门十哲”，皆为一代俊杰，其中有政治家、史学家新井白石，经学家室鸠巢，折中学派之祖、律学家榊原篁洲，语言学家雨森芳洲、松浦霞沼，诗文大家祇园南海、南部南山等。诸人在江户中叶之政坛、儒林、学界、文苑执掌牛耳，却终身奉遵、服膺顺庵之训，顺庵对于日本江户之思想、文学界的影响可以想见。

① 柴邦彦：《锦里文集序》，载木下顺庵《锦里文集》卷首。

第一节 理学与诗学

木下顺庵一生服膺程朱之学，对于孔、孟、周、邵、程、朱极为推崇。其云："滔滔儒流天地始，发源太极少人窥。羲黄尧舜百王祖，孔孟程朱万世师。"① "濂溪霁月珠遗海，明道春风酒满卮。鱼跃鸢飞机活泼，乾旋坤转岁推移。"② 又作《朱子》赞曰："遗经千载决群疑，义理精微抽茧丝。仰止鹅湖论旧学，确乎鹿洞定新规。百王蓍鉴编纲目，四子阶梯录近思。顿悟金谿何足贵，泗源嫡派舍君谁。"③ 将朱子视为孔孟嫡派。作《周子》云："斯文千岁，于周有光。无极太极，一阴一阳。溪月日霁，池莲惟香。绵绵道统，地久天长。"④《明道》云："河南夫子，秀外诚中。邹鲁缵绪，关闽弘扩。浑金璞玉，和气春风。睟然见面，清明在躬。"⑤《伊川》云："河南夫子，道贯古今。二难无竞，四勿有箴。麟经明志，羲易传心。矩方绳直，谁不仰钦。"⑥ 对周子、二程、朱子皆极见钦敬之意。

本于理学家的立场，顺庵颇为重视"大雅正声"对于世道、人心之教化。其云："文旆悠悠道暨东，穆如大雅仰清风"⑦，"诗

① 木下顺庵：《锦里文集》卷三《述怀》。
② 木下顺庵：《锦里文集》卷七《始进修请余求和为嗣韵励前程》。
③ 木下顺庵：《锦里文集》卷八《朱子》。
④ 木下顺庵：《锦里文集》卷一八《周子》。
⑤ 木下顺庵：《锦里文集》卷一八《明道》。
⑥ 木下顺庵：《锦里文集》卷一八《伊川》。
⑦ 木下顺庵：《锦里文集》卷一二《用前韵答成学士》。

篇无俗气，笔势有雄姿。大雅河间德，卓然可共期。”① “大雅”之音，可治世、可正心，是清明盛世的体现，建立诗道宜以风雅正音为其本。由是，顺庵提出复兴诗歌“兴、观、群、怨”的教化功能。其《笔谈》云：

古人之诗，可以观，可以群，是以春秋列国之交际，必赋诗见志。后世之诗，与雅颂之音，奚翅霄壤，然其见志通好，今之诗，犹古之诗也。②

在《书诗仙图后》中更详细阐述了诗歌应担负济世之用：

太上立德，其次立功，其次立言，古之所谓不朽者也。夫尧舜之德，禹稷之功，不可尚已，而其言为世规戒，久而不废。若史佚、周任之徒，后世虽不可及，而未可谓全无其言也。夫诗之为言，上自郊庙朝廷，下至里巷歌谣之言，其可以感发善心，惩创逸志者，皆见采于圣人，传于久远，《三百篇》尚矣。

后之言诗者，忠厚恻怛，托物触类，含规讽，示劝戒。垂之后世，可观可兴者，此庶乎其不朽矣。若乃拘声律、局对偶，流连光景，吟弄花草禽虫之微，无助于世教者，枝辞也，蔓言也，其可谓之立言乎？③

---

① 木下顺庵：《锦里文集》卷六《奉和常府相公尊韵》其二。
② 木下顺庵：《锦里文集》卷一二《笔谈》。
③ 木下顺庵：《锦里文集》卷一七《书诗仙图后》。

“立德”“立功”“立言”为儒家所称的三不朽，诗之为言，“上自郊庙朝廷，下至里巷歌谣之言，其可以感发善心，惩创逸志者，皆见采于圣人”，这是《诗经》不朽的原因。后世之诗，一类为忠厚恻怛，可观、可兴，承担了“规讽”“劝戒”的教化作用，因而“庶乎不朽”；另一类为吟弄花草禽虫，流连光景，注重声律、对偶之技巧，这些只是“枝辞”“蔓言”，于世道无补，何足传世？这些皆是典型的儒学诗教观。

顺庵亦重视以诗文涵养理学家之人格：

> 暮春春服好，点也此时同。狂简三千士，咏归六七童。洗心沂水浴，拂面舞雩风。今古濂溪月，洒然乐莫穷。①

全诗化用《论语》“浴乎沂，风乎舞雩，咏而归”，及黄庭坚评周濂溪“胸中洒落，如光风霁月”之典。理学家强调风雅人格的养成，既要洞悉至理，又要畅述雅怀。以诗文涵养性情成为理学家的日常功课，因而经诗并修亦为顺庵倡导。在给老师松永尺五的诗中顺庵述及此种主张：

> 小筑新成聊复宜，巨公觞咏倚书帷。学分朱陆道同在，诗等黄陈才百之。强屈嘉宾何足侑，欲赓险韵恐无

① 木下顺庵：《锦里文集》卷六《春服既成》。

奇。儒流千古濂溪月，尚借余光积德基。[1]

“学分朱陆道同在”，虽以理学为宗，但对陆九渊心学也同样持肯定的态度。“诗等黄陈才百之”，诗才比于黄山谷、陈师道，如是可成就如周濂溪一般“光风霁月”的千古风流，此种风流才是理学家们秉持的共同理想。顺庵屡屡言及经诗并修之志：“京洛三十载，尧夫道自真。空中现楼阁，心上蕴经纶。诗凿乾坤秘，花开肝肺春。时时豪兴发，清啸满苍旻。”[2] 学尧夫之道，心蕴天理，诗亦能昭示乾坤之幽秘。

顺庵一生尊奉老师松永尺五的教育方法，在《奉哭尺五先生五十韵》中称扬松永尺五一生功业及教育理念，诗云：

> 麟史王正辨，葩经雅颂篇。说《书》折盘诰，赞《易》御乾坤。……孔颜春祭享，伊洛久洄沿。鹿洞规模设，鹅湖讲论研。……思逸烟霞表，眼融花鸟前。忘机胸洒洒，属稿腹便便。常啖艺园秀，多司诗社权。[3]

尺五设讲习堂教育人才，讲习经典、祭典孔圣，同时，与烟霞共逸兴，与花鸟同其乐，吟诗赋志，陶冶淳厚、天真之情性。这里虽是赞颂松永尺五，顺庵实亦终生实践了这些理念。

---

① 木下顺庵：《锦里文集》卷二《乙未冬蜗庐成屈邀尺五先生见示一律依高韵奉谢》。

② 木下顺庵：《锦里文集》卷一《寄石征君三首》其二。

③ 木下顺庵：《锦里文集》卷二《奉哭尺五先生五十韵》。

第二节 “唐诗之倡”

木下顺庵对于江户诗坛风气的转变起了重要作用。荻生徂徕称：“锦里先生者出，而搏桑之诗皆唐矣。”[①] 服部南郭云：“锦里先生实为文运之嚆矢。虽其诗不甚工，首唱唐。”[②] 木下顺庵的创作并不能跻身于一流行列，但是他培育了一大批杰出的诗才，成为江户中叶诗坛极具影响的一股力量，因而，称顺庵为“文运之嚆矢”，确不为过。

江户诗坛谁是“首倡唐音”者，大体有两种说法，一种认为是石川丈山，另一种则认为是木下顺庵。石川丈山较木下顺庵早出生约四十年，从时间上看，石川丈山应该是最早倡导唐诗者，故石川克、友野霞舟均明确提出丈山“首倡唐诗”[③]。但服部南郭却称木下顺庵“首唱唐”，大约是就其影响力而言，荻生徂徕说“锦里先生出，而搏桑之诗皆唐矣”，当也是因为此。关于这一点，友野霞舟谈得较为公允，他在《锦天山房诗话》中说：

> 建櫜以来，文治渐修，诗教渐胚，尔时虽有石川丈山等一二硕士首唱唐诗，然气运未到，旧习未祛。至锦里先生出，专以唐为宗，于此白石、南海等诸才人皆萃

---

① 原念斋：《先哲丛谈》卷三“木下顺庵”条引荻生徂徕语。
② 原念斋：《先哲丛谈》卷三“木下顺庵”条引服部南郭语。
③ 具体见本书“石川丈山”部分，石川克《新编覆酱集后序》，友野霞舟《锦天山房诗话》上册“石川凹”条均称石川丈山“首倡唐诗”。

> 其门，彼唱此和，铿金锵玉，殆与开、天比隆矣。呜呼盛矣！盖虽由其教人有方，磨砻淬励，成就才器，岂非川岳钟秀以抒泄其菁英郁勃之气发为诗歌，用以鼓吹休明之运乎哉？[①]

石川丈山虽倡导尊奉唐诗，但其时诗坛主流为“唐宋并尊”，独以唐诗为尊的风气未开，气运未到，故就影响而言，不足与木下顺庵相比。丈山活跃于诗坛的时间大约在庆安（1648—1651）、宽文（1661—1672）年间，木下顺庵则主要在贞享（1684—1687）、元禄（1688—1703）[②] 间，较丈山要晚二三十年左右。这一时间江户诗坛诗学风气发生了较为明显的变化，受明代诗学的影响越来越大。尤为重要的是，木下顺庵的弟子众多，“木门十哲”多为诗坛大家，他们尊奉顺庵的诗学主张，皆以唐为取法对象，因而诗学风气发生了根本性转变。从这一角度而言，称木下顺庵“首倡唐诗”也有一定的合理性。

松下忠在《江户时代诗风诗论》中却有不一样的看法，他说：“我也承认顺庵以盛唐为宗的看法，但是我不能赞成像徂徕、南郭那样把顺庵定为唐诗的提倡者，因为顺庵没有划分像唐这样的特定的时代。”[③] 松下忠通过考察顺庵的诗文，发现顺庵既提倡盛唐之诗，也标举中唐诗人如韩愈、白居易等，对于宋诗也有所肯定，并没有把盛唐作为专门取法的对象，因而不同意历史上对于木下

① 友野霞舟：《锦天山房诗话》上册“木下贞干”条，收入池田四郎次郎《日本诗话丛书》卷八，第461—462页。
② 木下顺庵于元禄十一年（1698）卒，因而主要活动在元禄前期。
③ 松下忠：《江户时代的诗风诗论》，第273—274页。

顺庵的评价。

依据木下顺庵留存下来的文献，整体考察其诗学观念及对诗坛的影响，荻生徂徕及服部南郭、友野霞舟等以“倡唐音”来评价木下顺庵是基本符合史实的。这里有几点要加以注意。其一，江户前期诗家的倡导唐诗，与中叶独以开元、天宝为宗是不一样的，不能以中叶的标准来衡量前期诗家。从罗山、鹅峰、尺五、活所、丈山，到稍后的顺庵、宇都宫遁庵等，诗学主张上似乎没有根本不同，都崇尚唐音，同时对于宋诗也会有程度不同的肯定。另一方面，上述诸家诗学主张与创作实践有一定的距离，他们实质上的取法对象是不同的。罗山、鹅峰、尺五等效法的多为苏、黄体，诗风偏宋调，好用典、尚议论；而丈山、顺庵、宫遁庵的诗风清新、重情韵、尚意兴、少用典，明显倾向唐体。因而，对他们绝不可一概而论。这也是荻生徂徕、服部南郭、友野霞舟等以“倡唐音”来评价丈山、顺庵的重要原因。其二，从对诗坛的影响而言，木下顺庵的弟子皆尚唐音，这既是气运使然，更与顺庵的诗学宗尚有着重要联系，顺庵具有极高的德望，史载弟子们“终身奉遵服膺先生之训，不敢一辞有异同焉”，可见弟子们的好尚唐风必出于顺庵。顺庵一生多述而不作，存世文献极为有限，因而不能仅凭他有个别肯定中唐或宋诗的言论而认为顺庵并不是倡导唐音者。从日本汉诗发展史来看，木下顺庵确实开启了江户诗坛宗尚唐诗的诗学潮流，将其视为“倡唐音”者实不为过。

以木下顺庵的诗文集为依据，仍能看出木下顺庵以唐为宗的倾向十分明显。以《锦里文集》十九卷中的“句题诗”为例，可知顺庵对于唐诗的重视。

《锦里文集》句题诗统计表

时代	诗名	原句	出处
先秦	岁寒知松柏	岁寒，然后知松柏之后凋也。	《论语》
南北朝	杨柳月中疏	杨柳月中疏	萧悫《秋思》
隋	秋池一枝莲	秋池一株莲	弘执恭《秋池一株莲》
唐	淑气催黄鸟	淑气催黄鸟	杜审言《早春游望》
	梅柳渡江春	梅柳渡江春	杜审言《和晋陵陆丞早春游望》
	千山响杜鹃	千山响杜鹃	王维《送梓州李使君》
	森木鸣蝉得“凉”字	森木乱鸣蝉	杜甫《与任城许主簿游南池》
	寒鱼依藻得“宿”字	寒鱼依密藻	杜甫《草堂即事》
	捣衣得“力”字	用尽闺中力	杜甫《捣衣》
	柳条漏春	漏泄春光有柳条	杜甫《腊日》
	绿竹半含箨	绿竹半含箨	杜甫《严郑公宅同咏竹》
	诗家清景在新春	诗家清景在新春	杨巨源《城东早春》
	莺到垂杨不惜声	莺到垂杨不惜声	刘禹锡《和仆射牛相公春日闲坐见怀》
宋	新绿可人	新绿满园还可人	张栻《题城南书院三十四咏》
	松竹有欢声	松竹是欢声	黄庭坚《马上口号呈建始李令知命》
	杨柳招人	杨柳招人不待媒	陈与义《中牟道中二首》其一
	帘外木犀	觉来帘外木犀风	杨万里《凝露堂木犀》
明	淑气含梅	淑气含梅映紫宸	王弘诲《立春前一日任白甫孝廉见过》

表中所列为《锦里文集》中的全部句题诗，即以中国历代诗句、文句为题的诗歌，共十八首，出自先秦至明代的各种诗文集。其中最多的是出自唐人诗句共十首，其次是宋诗四首，其他为先秦、南北朝、隋、明各一首。唐诗占 56%，宋诗占 22%，其他各仅占 5.5%，可知以唐诗为句题的诗歌占有绝对优势。唐诗中初唐诗二首（杜审言），盛唐诗六首（王维，杜甫），中唐诗二首（杨巨源、刘禹锡），盛唐诗又占绝对优势。所有诗人中杜甫一人就有五首，杜甫受到的重视无人可比。这是从诗歌创作的一个侧面来考察顺庵对于中国历代诗歌的态度，从这里可以较为清楚地看到顺庵对于以杜诗为代表的盛唐诗钟爱与重视的程度。

木下顺庵直接论诗的言论不多，但同样体现出其以盛唐诗为极则的观念。在《次成学士韵并序》中称：

> 今乃挹盛唐之高风，岑、贾之芳躅，别赐三篇，以示悃愊，此亦晒眛之深，期我乎盛唐也。不敢当，不敢当，是以掬元、白之余波，撷苏、黄之残芳，仍用来韵报谢。①

这一段话较为分明地表现了他对待盛唐、中唐、宋诗的态度。“挹盛唐之高风”“期我乎盛唐也”，将盛唐诗视为诗之典范、高格，欲以取法，然不敢自称得其体制，故称“不敢当”。退而自谦称“掬元、白之余波，撷苏、黄之残芳”②，仅敢以得中唐、宋诗之

---

① 木下顺庵：《锦里文集》卷一二《次成学士韵并序》。
② 木下顺庵：《锦里文集》卷一二《用前韵谢洪沧浪》。

余波自居。其中的等级差别较然明白。事实上木下顺庵的诗风多近唐音，重情致，与苏、黄体大相径庭。“撷苏、黄之残芳”云云，实不过为顺庵自谦之词。

木下顺庵还提过受到严羽《沧浪诗话》的影响，其云“幸从严羽继诗话”，又在评述绝句的诗学特质时称：

> 诗之于绝句，易而难，难而易。自其易而言之，字句不多，情思易通，故初学小生，亦能言之。自其难而言之，以无穷之思，寓于二十八字之间，词调流丽，兴趣含蓄，写意外之妙。①

绝句有难、易两方面，字句不多，情思易通，故可称易；而情思无穷，要以二十八字含蕴其中，又可称极难。顺庵认为理想的绝句应具备的美学特质为，“词调流丽，兴趣含蓄，写意外之妙”。词调流丽、兴趣含蓄，都是偏于唐诗的美学风格，尤其“兴趣”一语是严羽专指盛唐诗的诗学概念。从这也可以看出顺庵的美学趣味是偏于唐风的。

木下顺庵最称道的诗人是杜甫、李白。其赞赏杜甫云：“千载浣花水，东方折木津。诗源开世界，文焰更精神”②，表达了对杜诗之倾慕。顺庵的老师松永尺五酷好杜诗，其号“尺五”及讲习堂名“尺五堂”即出自杜诗，又甚喜《杜律集解》，并训释该

---

① 木下顺庵：《锦里文集》卷一七《三体诗绝句跋》。
② 木下顺庵：《锦里文集》卷一《寄石征君三首》其三。

书。[1] 这些都对顺庵有重要影响，《锦里文集》屡屡记载顺庵读诵《杜律集解》的体会：

> 少陵诗律酷幽蕴，邵傅解成如揭暾。推毂房公怀燮理，报章岩武遣残魂。清贫乐酒常忧国，独步擢材长赫门。窥杜牖窗君得髓，吟余闲适是桃源。[2]
>
> 寥寥大雅葩经后，忠胆义肝堪共俦。京洛风尘年月晚，乾坤心迹鬓毛秋。陈时宁与史编异，爬痒浑如仙爪侔。惆怅百花潭上水，清流不浣一生愁。[3]

盛赞杜甫具“忠胆义肝”“感时忧国”之至诚，可谓“诗之圣”者；又，“陈时宁与史编异”，言其诗即为史；“寥寥大雅葩经后”，葩经即《诗经》[4]，将杜诗视为《诗经》之正脉、当世之大雅正音，这些皆可见对于杜诗之崇拜。此外，顺庵对邵傅集解杜诗也给予高度评价，认为其得杜诗之髓。可知顺庵重视学习杜诗，而明代选本《杜律集解》无疑是其中颇为重要的一部典籍。

顺庵对于李白的评价也极高，甚至认为有些诗体李白有超过杜甫之处，这种声音在江户前期诗坛几乎没有出现过。顺庵在《三体诗绝句跋》中称：

---

① 详见本书《第五章 松永尺五》相关部分。

② 木下顺庵：《锦里文集》卷二《读〈杜律集解〉寄石征君》。

③ 木下顺庵：《锦里文集》卷三《读〈杜律〉》。

④ 语出韩愈《进学解》，云：“《易》奇而法，《诗》正而葩。”故有称《诗经》为葩经。

唐人绝句，以青莲、龙标为正宗，虽以少陵圣于诗者，有不逮焉。[1]

江户前期诗家甚少以“正宗”论诗，此处使用“正宗”的诗学概论，明显受到明人辨体观念的影响。顺庵认为唐人绝句，以李白、王昌龄为正宗，少陵虽圣于诗，却不能及，这一观念源出高棅《唐诗品汇》。《唐诗品汇》分九品、七体来论诗[2]，七绝正宗仅列李白、王昌龄两家，杜甫、王维、岑参等为羽翼。五绝以李白、王维、崔国辅、孟浩然为正宗，王昌龄、杜甫等为羽翼。可以看出顺庵之论，大体接受了高棅的诗学主张。这是完全用明人眼光来看待李、杜，实开江户诗坛之新风。

顺庵称誉李白处甚多，如“仙李文章焰，赫如日月丽”[3]，“太白仙才谁共论，赋成鹏翼掩天门。百篇一斗豪吟客，大雅千年今又存”[4]，“谪仙豪气天才异”[5] 等等，皆称道李白之仙才，“如日月丽”，“大雅千年”，言李白在诗史上具崇高地位。顺庵还作有李白观瀑图、醉饮图的诗：

---

① 木下顺庵：《锦里文集》卷一七《三体诗绝句跋》。

② 《唐诗品汇》分诗体编排，全书分为七体：五言古诗、七言古诗、五言绝句（附六言绝句）、七言绝句、五言律诗、七言律诗、五言排律。每种诗体多分九品：正始、正宗、大家、名家、羽翼、接武、正变、余响、旁流。分品可观高下、盛衰，大体与初、盛、中、晚唐相呼应。其中李白多居于“正宗”，杜甫多列为“大家”。“大家”这一品仅有杜甫一位，似专为杜甫而设。五、七绝二体未设“大家”，杜甫位列“羽翼”。

③ 木下顺庵：《锦里文集》卷六《奉和常府相公驴马尊韵》。

④ 木下顺庵：《锦里文集》卷一二《呈李盘谷》。

⑤ 木下顺庵：《锦里文集》卷一二《呈李副使》。

豪气能知天下士，眼高四海有深情。庐山暗挽银河水，付与汾阳洗甲兵。①

懒看倾国醉冥冥，狂态犹含豪气馨。惆怅渔阳莨荡酒，大唐朝士几人醒。②

日人绘制李白像有两大主题，一为观瀑，一为醉酒，顺庵集中亦有此类，重在爱赏李白飘逸、豪俊之气，这种精神气象对于李白诗歌风格的形成具有重要意义。值得一提的是，顺庵有时李、杜并举，如“李神杜圣”③，“少陵之忠愤、太白之飘逸”④ 等，总体而言，他对李、杜二人并无明显的高下之判。

顺庵对于韩愈、柳宗元、白居易等中唐诗人也有一些较为正面的评价。在《长恨歌跋》中他认为白居易作《长恨歌》是为“悲尤物为乱阶”，有“垂炯戒于将来”之用心：

白香山《长恨歌》一篇，始述天宝宫中之耽乐，遂招西川播迁之祸乱，终则以明皇惑方士荒诞之说，终身不觉，可恨之甚也。盖亦悲尤物为乱阶，而垂炯戒于将来者也。⑤

这是为《长恨歌》寻找符合儒家诗教的依据。白居易自平安时代

① 木下顺庵：《锦里文集》卷五《李白观瀑图》。
② 木下顺庵：《锦里文集》卷五《李白醉像》。
③ 木下顺庵：《锦里文集》卷一六《早春会集冷泉公亭诗序》。
④ 木下顺庵：《锦里文集》卷一七《书诗仙图后》。
⑤ 木下顺庵：《锦里文集》卷一七《长恨歌跋》。

起就深受日人的喜爱，也是影响日本最大的中国诗人。但是宋人“元轻白俗”的观念还是对五山、江户诗坛发生了较大影响。虽如此，江户前期的一些大家仍旧较为喜爱白诗，如惺窝、罗山、鹅峰等，顺庵自称不能免俗，喜读白诗。其称：

> 本朝交聘中国，于唐为盛。香山文集，传来斯国，缙绅士庶，晨诵夜吟，披玩不措。而若《长恨歌》词语酝籍、气象风流，和歌者流秘为帐中之珍。余未能免俗，聊就是正……此亦惩创逸志之余意云尔。①

数百年来，日本缙绅、士庶对白诗披玩不措，晨诵夜吟，即使写作和歌者，也把白诗视为“帐中之珍”，顺庵认为因其“词语酝籍、气象风流”，充分肯定了它的艺术性。但是基于理学家的立场，最终还是要归于“惩创逸志”之功用。

《锦里文集》中也有提及韩、柳诗歌。称“韩之豪放、柳之简淡”②，“杜鹃窗曙诵韩诗”③。前者是为石川丈山“诗仙堂”作《书诗仙图后》时提及二人的诗风，多泛泛之论。但从“窗曙诵韩诗”可知他对于韩诗的赏爱。《先哲丛谈》记载顺庵甚爱韩文，其云：

> 室鸠巢《答崛正修书》曰：“恭靖先生在京时，酷爱

① 木下顺庵：《锦里文集》卷一七《长恨歌跋》。
② 木下顺庵：《锦里文集》卷一七《书诗仙图后》。
③ 木下顺庵：《锦里文集》卷九《淡水江君席上赋书窗闻鹃》。

韩文，无日不读，每出辄以韩文自随。及晚节东迁后，又爱王守仁之文，常以其集置傍，有暇频频读之。”①

是为顺庵弟子室鸠巢的言论，较为可信。他“酷爱韩文，无日不读”，其后又喜爱王守仁之文，无疑这是本于他理学家的立场和趣味。

大体而言，木下顺庵以盛唐为宗，但他并没有严格的盛唐观念，也并非独以开元、天宝为宗，李之飘逸豪宕、杜之忠厚雅正为其诗学理想，对韩、柳、白等中唐诗人态度也较为宽容。从诗歌美学特质而言，顺庵偏于声调流丽、意蕴含蓄、充满兴趣的诗学风格，这实为对唐音的标举。

第三节　论历代诗人

唐诗以外，木下顺庵还论到其他各个时代的诗歌，对于唐以前诗大多给予肯定。如提及《诗》《骚》，“想见张郎少年日，风流又诵子衿诗”②，“试读《离骚》悲末路，化为萧艾失芬芳”③。论及汉魏六朝处更多，《读秋兴赋》云：“文士固多感，凄风憀栗时。独翻潘子赋，更起宋生悲。世事燕鸿背，闲居草木衰。虽无二毛叹，吾亦写吾思。”④ 宋玉《九辩》与潘岳《秋兴赋》为天下

① 原念斋：《先哲丛谈》卷三“木下顺庵”条。
② 木下顺庵：《锦里文集》卷七《春归柳叶新》。
③ 木下顺庵：《锦里文集》卷七《兰》。
④ 木下顺庵：《锦里文集》卷一《读秋兴赋》。

悲秋的典范，顺庵感其文，同此悲，但“吾亦写吾思”，虽有同情之慨，亦出一己之怀。其他如“相如词赋漫芬芳”①，“诗逐曹刘名益彰”②，“池涨草追灵运梦”③ 等，都能见其对汉魏词赋、诗歌的推崇。

这一时期的诗人，顺庵最为尊奉的是陶渊明。陶渊明受到江户理学家们的一致崇敬，从惺窝、罗山、鹅峰、丈山，皆深致倾心。但不同于一般诗人，陶渊明一直是作为高情远志、气象近道的“古之逸民”而受到推崇，因而大多是赞其人格之美，少论及其诗之妙。顺庵也秉承了日本理学家崇陶的这一传统，在《归去来图》中称云：“弦歌聊尔暂时踪，归去宁为五斗恭。独木安能支大厦，西畴好是伴三农。卯金礼乐施新化，典午山川改旧容。谁与先生同晚节，一丛黄菊一青松。”④ 又作《陶渊明》云：

> 卯金礼乐，我马爰亡。南山玄豹，雾雨斯藏。东篱黄菊，田园犹芳。弦无琴在，日促心长。桃源可托，葛天是望。潜虽伏矣，亦孔有光。⑤

用了陶渊明诗歌、事迹的若干典故，“无弦琴”“东篱菊”“归田园”“不为五斗米折腰”“三径松”等，刻画了高简闲澹、质性自然的渊明形象。顺庵又作《三笑图》：

---

① 木下顺庵：《锦里文集》卷二《庚寅元日》。
② 木下顺庵：《锦里文集》卷二《夏日从尺五先生游省庵安东君之亭明日君诗以见谢先生有和余亦效之》。
③ 木下顺庵：《锦里文集》卷二《元日》。
④ 木下顺庵：《锦里文集》卷二《归去来图》。
⑤ 木下顺庵：《锦里文集》卷一八《陶渊明》。

莞尔远公结社盟，渊明修静送还迎。虎溪桥畔刚风急，笑入庐山作瀑声。[1]

此即为著名的“虎溪三笑”，顺庵诗歌重现了当日道士修静、儒生渊明拜访高僧慧远之事，三人相谈甚欢，慧远不觉破例送客过虎溪，引来虎啸，三公遂相视莞尔。此事虽为杜撰，但影响深远，南宋人作《虎溪三笑图》，后世诗歌多吟咏此事。如元代“玉山雅集”盟主顾瑛有《虎溪三笑图》：“境缘心妄起，心悟境自忘。三老同一笑，物我两茫茫。月照清溪水，风散白莲香。无端一笑已，千古笑何长。”[2] 理学大家吴澄《跋虎溪三笑图》云：“一溪不过，限隔尔我。偶接高人，容易打破。六眼相视，大笑呵呵。法界无边，吾师知么?”[3] 顺庵所作《三笑图》，其意同于上述诸作，都是肯定打破种种限隔，一笑破执，破物我之执，破三教之执，可谓三老一笑，风流千载。顺庵诗之结语“笑入庐山作瀑声”，境界开阔，意味永长；情韵充满，颇近唐风。

木下顺庵甚少评价宋诗，《后山暮雪》中涉及对江西诗派重要诗人陈师道的评述，诗云：

朔吹黄昏急，玉山空里横。回头俄突兀，艮背更光明。郑五吟尤苦，陈三寒逾清。渔蓑虽句好，欠此气

---

① 木下顺庵：《锦里文集》卷五《三笑图》。

② 顾瑛：《草堂雅集》卷一四《虎溪三笑图》，文渊阁《四库全书》补配文津阁《四库全书》本。

③ 吴澄：《吴文正集》卷一〇〇《跋虎溪三笑图》，文渊阁《四库全书》本。

峥嵘。[1]

郑五即晚唐诗人郑谷，诗风清苦，陈三指宋诗人陈师道，诗风清峭、奇崛，“郑五吟尤苦，陈三寒逾清”，二人诗风皆有尚刻画的一面。郑谷曾作《雪中偶题》，诗云：“江上晚来堪画处，渔翁披得一蓑归。”[2] 后有人采其诗意绘成图，持以赠郑谷，郑谷写诗寄谢云：“爱余风雪句，幽绝写渔蓑。”[3] 东坡亦有雪诗称：“渔蓑句好应须画，柳絮才高不道盐”[4]，前一句即咏郑谷事。木下顺庵评价郑谷咏雪诗称：“渔蓑虽句好，欠此气峥嵘”，直指郑谷虽有佳句，却欠缺陈师道诗中的高峻气象。

《锦里文集》另有三处较为集中地评价了唐、宋诗人。《翠虚二稿序》：

> 《北征》之步骤于草堂，《南山》之模仿于昌黎。《游仙》世首，拓景纯之湫隘。《长恨》一百句，追香山之讽谕。流落之哀，发《琵琶行》。兴废之叹，寓寿昌辞。……驰太白之豪放，擅子瞻之雄健。[5]

---

① 木下顺庵：《锦里文集》卷六《后山暮雪》。

② 计有功编《唐诗纪事》卷七〇《郑谷》，《四部丛刊》影印明嘉靖本。

③ 计有功《唐诗纪事》卷七〇载有此事：“谷咏雪诗云：‘乱飘僧舍茶烟湿，密洒高楼酒力微。’有段赞善者善画，因采其诗意写之成图，曲尽潇洒之意，持以赠谷。谷为诗寄谢云：‘赞善贤相后，家藏名画多。留心于素绘，得意在烟波。属兴同吟咏，功成更琢磨。爱余风雪句，幽绝写渔蓑。’”

④ 苏轼著，王文诰辑注《苏轼诗集》卷一二《谢人见和前篇》其一，第606页。

⑤ 木下顺庵：《锦里文集》卷一三《翠虚二稿序》。

这是为朝鲜学士翠虚成公的文集所作的序文。称道他学习郭璞、李、杜、韩、白、苏等历代诗豪之佳作，得其精髓。从这里可以看出顺庵对于上述诗人都有赞词，其中涉及盛、中唐及宋代诗人。与此相似，在《书诗仙图后》中也罗列了一系列诗家，其云：

> 六六山人诗仙之选之图，将使立言之士，尚友于千岁，而垂于百世者也。夫尚友千古者，可颂其诗而知其人。今乃丹青传神，目击道存。则子卿之节、元亮之志、少陵之忠愤、太白之飘逸、韩之豪放、柳之简淡，以及欧、苏、黄、陈、茶山、简斋，千岁旦暮，寿而不亡，则不朽之业益大，而诗之称仙，不亦宜乎。①

六六山人即石川丈山，丈山隐于京都比睿山麓，筑“诗仙堂”，堂之壁上陈列中国三十六位诗家小像以及诗作，从苏武、陶渊明、谢灵运、陈子昂、杜审言，至李、杜、韩、柳、欧、苏、黄、陈等，号为“三十六诗仙”②。木下顺庵应奥村显思之邀，为诗仙图册作跋。文中称赞了诸位“诗仙”：“子卿之节、元亮之志、少陵之忠愤、太白之飘逸、韩之豪放、柳之简淡”，具体只具名汉唐六位，使用的都是世所公认的评语。另外，“三十六诗仙”中的初唐、晚唐诗人顺庵未及一人；宋代诗人，仅粗列其名号“欧、苏、黄、陈、茶山、简斋”，未置评语，其中实隐微地体现出顺庵对于诸人的不同态度。最后顺庵所云“千岁旦暮，寿而不亡，则不朽

---

① 木下顺庵：《锦里文集》卷一七《书诗仙图后》。
② 详见本书《第七章　石川丈山》相关部分。

之业益大，而诗之称仙，不亦宜乎”，所称“不朽之业”，指“诗仙堂”之建立，将令诸诗人不朽于此邦，顺庵赞赏的是创立“诗仙堂”之壮举。由这些背景，可以了解到上述评述，虽是针对三十六诗仙而作的应景之论，但这些评述仍能曲折地折射出顺庵对待历代诗家的不同态度。

木下顺庵在《早春会集冷泉公亭诗序》中也提及唐宋诗人，其云：

> 夫冷泉家者，京极黄门之遗绪，和歌者流之所宗。加以惺窝先生，传千岁之道学，持百世之文衡，则奉其遗绪者，岂浅学小才之所能当哉！难波津之迹，浅香山之词，扬其波澜，掇其英华。李神杜圣，苏新黄奇，洞视深察，千变万化。顷刻数百千言，宜乎其当才望之选、接绝废之系也。①

冷泉家族善和歌，为和歌者之所宗，藤原惺窝生于冷泉家，“传千岁之道学，持百世之文衡”，为近世日本儒学之宗师。惺窝公与门人在讲经之余，当三春忽至，感于“风光浩荡，物色和融，禽声花容，欣欣熙熙”②，于是开宾馆、延墨客，雅集题咏。木下顺庵记其事，评其诗，如“李神杜圣，苏新黄奇，洞视深察，千变万化”，这是赞赏惺窝及诸人，才兼唐宋。惺窝及弟子多主“唐宋并举”，诗风更偏于宋调，顺庵以“李神杜圣，苏新黄奇”为誉，

① 木下顺庵：《锦里文集》卷一六《早春会集冷泉公亭诗序》。
② 木下顺庵：《锦里文集》卷一六《早春会集冷泉公亭诗序》。

也是针对惺窝的诗歌风格而言，并非谈自己的取法对象。当然，这些评论也体现了顺庵对于宋诗较为宽容的态度，顺庵既是倡导唐音者，但并不抵斥宋诗。这与江户中叶诗家“人人口开（开元）、天（天宝）而不舍，羞用唐以后之事”① 还是有明显区别。

① 友野霞舟：《熙朝诗荟序》，载《熙朝诗荟》卷首。

第十章　林梅洞

林梅洞（1643—1666），鹅峰长子，名壱，一名春信，字孟著，号勉亭，又号梅花洞主。幼而聪慧，十一岁知赋诗，遍通“四书五经”，为“林家三奇才”① 之一。极得祖父罗山喜爱，鹅峰《西风泪露》中详载此事：

> 先考初得孙，特喜……以其幼名“又三郎”名之。及七八岁，以其幼年所诵之《论》《孟》授之，口教其句读，而五经古本逐次以授以教，而后口授《左传》《文选》，苏，黄集。而后与三史，写其朱句，作诗则和之，且喜曰：“彼似我，我有孙。”其口授面命，虽诸子不如此，况于诸孙乎?②

① 林罗山长子敔吉“颖悟博览，有闻一知十之才”，十七岁而殁；四子靖“十七八岁而先考家藏数万卷，悉周览之，慢记不忘，其作诗无草稿……水户参议群以为文才绝伦也，朝鲜进士李石湖曰‘某不及卿一头地’”，三十八岁殁。敔吉、靖与梅洞三人被称“林家三奇才”，然俱未享高年。事见《西风泪露》。

② 林鹅峰：《西风泪露》。

明历元年（1655），朝鲜信使访日，林罗山往会，梅洞随行，梅洞即席赋一绝，李明彬大叹奇才。罗山称云："嫡孙年仅十三，其所读书比我幼时，则殆十倍焉，可谓我家之主器也。"[①] 十四年拜谒将军，后鹅峰修《本朝通鉴》，梅洞参与颇多。宽文六年（1666）病卒，年仅二十四岁，世人皆惜天才之早逝，私谥"颖定"。

林梅洞有隽逸之才，又痴于慧业，《锦天山房诗话》称："梅洞少服家庭之训，耳染目擩，自能斐然成章。况隽逸之才，辞旨清丽，直欲超父祖而上焉，惜恨于年耳。凤冈所撰《颖定事实》载，梅洞病中谵语，唯谈学业，无一言及他，往往得句。曰'忽从落叶山中去，恰似全椒山上行'，曰'万绿丛中一老松'，曰'风骚坛上一好物'，曰'月似赵家传国璧'，曰'新鸿响曙云'，又唱曰'似拙不拙，似弱不弱'，其余犹多。"[②] 钟爱、痴迷于诗文若此。

人见竹洞《梅洞林先生全集序》述其才华、风仪、性情、学养皆世之罕遇，唯惜其世缘淡薄。其称：

> 君生而骨秀聪悟，长而神奇该博。夙辨三坟五典之义，粗通百家诸子之言。闻者以为神童，观者以为伟器。鸡林信使称犀角之丰盈，翰苑洪业彰凤毛之美质。其为人也，温如春风，杲如冬日，清如冰壶，肃如玉山。[③]

---

① 事见友野霞舟《锦天山房诗话》上册"林悫"条，收入池田四郎次郎《日本诗话丛书》卷八，第350—351页。

② 友野霞舟：《锦天山房诗话》上册"林悫"条，第353—354页。

③ 人见竹洞：《梅洞林先生全集序》，载林梅洞《梅洞林先生全集》卷首，宽文八年（1668）刊本。

……故学术日兴，教育月盛，人皆仰其德、怀其化，而谓郁郁文彩，该日东之四道；煌煌德辉，类斗南之一人，固是希世之杰也！

其神采飘逸、趣味清绝，当为事实，但称其学养希世，恐有虚美之嫌。梅洞最为喜好的还是临“幽邃之境”“寂寞之滨”，写其深情与朗怀：

君平日有行之余力，官之休暇，则啸清风、吟明月、坐冈花、对窗雪。幽邃之境、寂寞之滨，以寓四时之佳兴，以临六义之遗风。其敏捷，则不足论七步八叉；其精炼，则能有尽千汇万状。故其文物多皆警策奇章，而天然之妙、洞达之识炳如矣。[①]

其诗文“寓四时之佳兴”，“临六义之遗风”，既具“天然之妙”，又见“洞达之识”。梅洞诗文虽未必达到此境界，但是情、理妙合，诗境契于道境，却也正是梅洞等理学家追求的目标。

梅洞有《史馆茗话》《六义堂杂记》《兴来一哦》《本朝一人一首评注》《勉亭诗集》《梅洞林先生全集》等著作。其父林鹅峰《西风泪露》一书，为怀念梅洞而作，较为详细记载了梅洞事迹及林家学风。其弟凤冈亦有《颖定事实》等，皆能考其生平。另，《锦天山房诗话》等有其传记。

---

① 人见竹洞：《梅洞林先生全集序》，载林梅洞《梅洞林先生全集》卷首。

第一节 经与诗："仰李杜之坛，窥经书之义"

林梅洞相较其祖、其父，对于诗文的兴趣更为浓厚，诗才亦更为突出。明遗民朱舜水极为喜爱梅洞之诗，在致梅洞书信中谈及此事：

> 仆初入国门之夕，因途间服暑泄泻，僚倒瞶眊。偶得台兄新诗读之，霍然而起。谡谡如松下风，凉爽入人襟际；疏疏如食哀家梨，津液溢于齿牙。意言之外，别有一种超迈之气。故仆热病为之顿除耳。①

朱舜水后永居日本，对于日本汉学之兴居功至伟。信里言及他初到日本因劳顿及暑热而得病，竟因读梅洞的诗豁然而起，病为之顿除。又评其诗"谡谡如松下风"，令人神气清爽，具超迈气象。梅洞是林氏三代中最具诗人气质的一位，清雅之趣、出尘之姿，多异于常人，他的诗集中处处写吟诗之乐：

> 闻说夭桃和露栽，芳园早晚见红埃。咏吟花下彷徨处，唯对东风恨未开。②

---

① 朱舜水著，朱谦之整理《朱舜水集》卷九《答林春信书二之一》，中华书局，1981，第286页。

② 林梅洞：《梅洞林先生诗续集》卷一《释菜竟宴各赋未开桃花》。

交泰三阳春又回，冰消黄鸟出幽来。新年新语咏吟处，一阵东风一笔开。①

出寺过街儿戏喧，秋天快霁慰诗魂。舆中吟赏望中阔，万里无云月一痕。②

或桃花开时，或霁月当空，或冰消鸟出，新春新景中，或某夜坐于车中，遇儿童嬉戏，此时月如一痕，亦寂亦喧，诗兴触发，处处吟哦。梅洞集中最多见的词即为“诗”“吟”“咏”等，几乎是处处、时时，皆有诗在，他自称自己有“文笔之癖”③，不为虚言。

虽如此，因家学之故，梅洞仍旧十分重视经、史的研习，亦颇为尊奉程朱理学。《全集》中有不少这一类言论，如称：

猿窥波底影，鱼跃镜中天。万古仲尼月，照临伊洛渊。④

切切偲偲志岂违，儒风吹度读书帷。交游好是接双袖，经史花开香满衣。⑤

欲知圣贤心，六经宜咀嚼。洙泗渊源深，余波入伊洛。⑥

---

① 林梅洞：《梅洞林先生诗续集》卷一《次祐晴试笔韵》。

② 林梅洞：《梅洞林先生诗续集》卷一《今夜归路咏月》。

③ 林梅洞：《梅洞林先生文集》卷五《读渔隐丛话》。

④ 林梅洞：《梅洞林先生诗集》卷三《渊月》。

⑤ 林梅洞：《梅洞林先生诗续集》卷五《以文会友》。

⑥ 林梅洞：《梅洞林先生诗集》卷一《孟冬十八日之夜家严赐〈冬夜书怀〉一绝拜诵数回率尔承兴分拓之为押韵作二十八绝》其四。

其他如赞赏求道之至诚："唯慕杨时立程门，任他袁安卧洛雪。"① 又写醉心于经史之乐："竹下书帷织翠纹，朝翻暮绎自精勤。儒觞宜既六经醉，林下何曾伴五君。"② 劝勉诸生精勤治经："诸生莫苦午窗热，六义风清一味凉。"③ 皆可见儒生本色。值得注意的是，梅洞常将治经研史"诗意化""情境化"，经史花开，六义风清，仲尼万古皓月，照临伊洛之水，如此之类皆能表现他善于陶铸诗材、营造意境的能力。

奉儒重经的观念及其深厚的儒学教养得自家传，因而，梅洞多述及举家习儒之事，如写给弟凤冈的诗《次春常弟元旦试简诗韵》：

> 乔木花开黄鸟迁，一家同气更相连。春风追慕程公乐，唯是偷闲学少年。④

一家同气相连，具有共同的志业。这种传承道业的观念在《奉污家君〈礼记〉讲毕被示诸生高韵》中有更集中的体现。父鹅峰于承应三年（1654）至万治二年（1659）讲授《礼记》，不记寒暑，用力甚勤，梅洞作诗并序记之：

> 家君讲《礼记》始于甲午之秋，终于己亥仲秋十八

① 林梅洞：《梅洞林先生诗续集》卷一《和友元畏友雪诗芳韵》。
② 林梅洞：《梅洞林先生诗续集》卷一九《竹林读书》。
③ 林梅洞：《梅洞林先生诗集》卷七《夏教以诗》。
④ 林梅洞：《梅洞林先生诗续集》卷三《次春常弟元旦试简诗韵》。

日，其际五易葛裘也，可谓勤而不止矣。于是家君赋排律十韵被示诸生，乃奉污其高韵。

此书亦是古经典，七七篇篇次第翻。想得姬周王道法，何为秦汉宿儒言。就中分别尊卑品，到底明知祸福门。学者专攻宜自励，圣人政教阿谁论。清温不怠每相问，拜揖多端莫厌繁。……讲筵铺设五年际，私考遥传几世孙。礼业风翻文字锦，丘园贲饰扫苔痕。①

生在如此显贵的大儒之家，既有无限的家族荣耀感，又有强烈的使命感，"私考遥传几世孙"，梅洞以传承家学自命。儒学必为安身立命之本，"尧之天，舜之日，道望勃炽，齐一变，鲁一变。于是万国设学，千里负笈，研覃守灯，习诵成市。济时之器，自兹而求。命世之材，从此而富。是吾之所大欲大喜也"②，这是以传承尧、舜、孔子之圣人道而自居、自任。

另一方面，林氏家学中"经诗兼修"的传统又滋养了梅洞的诗心。万治三年（1666）冬，鹅峰作《冬夜书怀》，梅洞乘兴提笔立成二十八首绝句以和其父③，足见诗才之茂。这一组诗较典型地反映了林家重经尚诗的观念，以及经诗相济之日常。兹选录几首：

周程传道统，天下未丧斯。淑艾集成处，晦翁出自

---

① 林梅洞：《梅洞林先生诗集》卷一《奉污家君〈礼记〉讲毕被示诸生高韵》。

② 林梅洞：《梅洞林先生文集》卷五《春庵小集诗序》。

③ 诗末附云："右二十八首自夜半起笔，任口吐露至五更而毕。笔力萎弱句意平凡，唯遣一时之雅兴耳。"

闽。(其七)

囊中诗百篇，案上香一炷。废兴宜感叹，萧萧草庵雨。(其十六)

静坐环堵室，勤学戒放佚。尝闻晦庵言，勿谓有来日。(其二十)

乍辱清诗赐，天葩吐郁芬。陋吟乘雅兴，任笔妄云云。(其二十八)①

第一首叙程朱之道统；第二首写焚香吟诗之清兴清景；第三首写静坐勤学、以朱子之训，戒放逸之失；第四首写作诗之乐，足畅情称怀。这些诗歌真实地再现了梅涧经诗相伴的自在生活。又如：

仰李杜之坛，窥欧苏之门，其术颇进，其艺殆精，加之窥经书之义，味道学之腴。②

学唐宋之诗艺，研经书之妙理，诗心、道气兼备。《自咏》亦称："架上书千卷，囊中诗百篇。披翻自无厌，吟玩颇欣然。唐音风杳杳，洛学水渊渊。"③ 欲以唐诗之妙、理学之邃共养其慧命。皆可见梅涧"经诗并重"的观念。

进一步考察，可以发现梅涧与祖、父辈们的诗学思想略有不

① 林梅涧：《梅涧林先生诗集》卷一《孟冬十八日之夜家严赐〈冬夜书怀〉一绝分拓之为押韵作二十八绝》。

② 林梅涧：《梅涧林先生文集》卷三《贺野宜卿改医官列儒官书》。

③ 林梅涧：《梅涧林先生诗集》卷四《自咏》。

同，罗山、鹅峰等以经为本，兼取诗文，然梅洞“仰李杜之坛，窥欧苏之门……加之窥经书之义”，隐含有以“经学”济“诗学”之意，“唐音风杳杳，洛学水渊渊”，亦先诗后经，无疑诗学更契合其性情。梅洞十九岁时自述其生活云：“驰情文囿，游目诗林，伴月而坐，临风而吟。”[①] 在《五处士传》亦云：“任志之所之，随兴之所来，而裁文章，涤笔于松间露而书之，诗筒相递。”[②] 诗意葱茏、诗兴盎然，实为儒者中的别调，尤其在江户前期理学极盛之时，颇为独具一格。

第二节　诗人论

一　广参博学：“汉魏六朝唐宋人”

林凤冈在评述梅洞的诗学思想及其诗歌成就时称：

> 性嗜著述，往往吟风弄月，遣兴抒情。其长其短，开口成章。汉魏质直，六朝华美，唐宋大家，无不窥测焉。飘逸警策、清雅精致、真率豪纵、绮靡偶对、自然闲适等之体，各应时得其妙也。[③]

---

① 林梅洞：《梅洞林先生文集》卷一《书房赋》。
② 林梅洞：《梅洞林先生文集》卷四《五松处士传》。
③ 林凤冈：《梅洞林先生全集序》，载林梅洞《梅洞林先生全集》卷首。

虽有溢美，但还是体现了梅洞诗学思想及诗歌美学的特质。简言之，一兼取众家之美、历代之长，汉魏唐宋兼而取之；二兼擅诸体。前者实为林家共同的诗学宗尚，后者指其特出的诗歌成就。

梅洞在《家君错杂前韵以示犀也乃同其体》称："汉魏六朝唐宋人，词花言叶认芳尘。毛陶陈楮交游旧，雪月风花雅兴新。"① 表现了对汉魏六朝唐宋诗广参博学的态度。具体而言，考其文集，从屈原、宋玉、司马相如、曹植、左思、陶潜、谢灵运、江淹，到唐之杜审言、杜甫、李白、王维、孟浩然、韩愈、白居易、柳宗元、韦应物、李商隐，宋之邵雍、欧阳修、梅尧臣、苏轼、黄庭坚、陈师道等历代诗家，他都能广泛学习。这份名单几乎可以涵盖宋以前诗学史上的大家名家，无论"质直""华美""飘逸""清雅""真率""绮靡""自然"哪种风格，都为梅洞所喜爱，略无成见。上述诗人中梅洞论及较多的有晋之陶，唐之李、杜、韩、白、韦，宋之苏、黄、陈，这是影响梅洞较大的诗人群。其称：

> 仰李、杜之坛，窥欧、苏之门。②
>
> 企步于李、杜之坛，游目于欧、苏之门。③
>
> 雄文雅咏，追随韩、柳、苏、黄。④
>
> 春风新试文章手，韩、柳、欧、苏是后身。⑤

---

① 林梅洞：《梅洞林先生诗续集》卷一六《家君错杂前韵以示犀也乃同其体》。
② 林梅洞：《梅洞林先生文集》卷三《贺野宜卿改医官列儒官书》。
③ 林梅洞：《梅洞林先生文集》卷七《祭阿叔贞毅先生文》。
④ 林梅洞：《梅洞林先生文集》卷七《重阳奉启严君状》。
⑤ 林梅洞：《梅洞林先生诗续集》卷一二《奉赓读耕先生试觚高韵》。

李、杜为唐诗之最，欧、苏为宋诗之杰，故将李杜、欧苏并举，实有倡导唐宋并尊之意。“雄文雅咏，追随韩、柳、苏、黄”，以韩、柳代唐文，苏、黄代宋诗，意指尊奉唐宋诗文之意，以上种种皆为梅洞唐宋兼尚的态度。

梅洞对唐宋诗人都较为包容和接受，对初、盛、中、晚唐各期，宋之各体都无偏见。如称李白“芳论粲粲吐奇出”，以“奇”誉之。又云：“五月江城记谪仙，落梅雅曲古来传。一声高响一枝蕊，半落篱边半耳边。”[①] 谪仙之绝唱高响，萦回耳边。又颇好韦应物之“平淡”且“幽”，其称：

> 涧之深也，草之幽也，可以挹清，可以采芳，此时此景，谁不吟赏焉，然无韦应物之平淡者何哉？[②]

韦诗“平淡”“清幽”，却有骨力，故以“幽涧何攸有，千般芳草生。芊芊青锦色，戛戛素琴声”以喻韦诗。此外如“粉墙舞处轻于絮，吟趣依稀李义山”，“雪花点抹溪边石，枕上浪仙诗语寒”，对李商隐、贾岛亦有认同。

梅洞对白、苏、黄、陈的摄取较多，这是林家的传统。罗山、鹅峰对白居易喜好颇深，皆曾习诵、训点、品评白集。梅洞得祖父亲授，也很热衷对白诗的学习，他与弟凤冈共研读，凤冈对《白氏文集》加朱批注完成之际，梅洞作排律以投，表现了对白诗的高度评价：

---

① 林梅洞：《梅洞林先生诗续集》卷八《梅花落》。

② 林梅洞：《梅洞林先生诗续集》卷一三《幽草涧》。

白传芳声千万古，达才博瞻（应为“赡”——引者）孰追随。草庵夜雨庐山麓，花下春风洛水涯。衰老年年叹齿落，醉吟日日得心期。集传汉土倭邦内，名显元和长庆时。诗类渊明却虽俗，交于元稹久相知。琅琅翻见七十卷，滴露研朱向墨池。①

“白传芳声千万古”，“千万古”言其诗之不朽，这样的评价通常只用于陶、李、杜，梅洞用以评白诗，是对日本诗学史上出现的贬白之说的反驳。“达才博赡”，赞颂白才情之高；“集传汉土倭邦内，名显元和长庆时”，称道白诗在元和、长庆间已声名显赫，此后广传中土及日本。“诗类渊明却虽俗”，将白诗之源溯自渊明，然较渊明之高古、雅澹，白诗终究落于尘俗。虽有微词，但将白诗类渊明，就已是高度评价了。白居易自称“夙慕陶渊明”，又有仿陶体诗十六首。梅洞这样评价白居易，多有抬举白诗的用心。另外，梅洞还有一些描述白居易的诗句，如：“井上梧桐夹气生，就中居易得诗情。真成风叶是凉雨，未悟新秋著一声。”②“惊看纷纷六出清，终南奇景有谁争？白刘酬唱吟窗外，吹送西风一夜明。”③ 从诗歌意境来看，也暗含称赏白居易诗情与诗才之意。

对于宋代诗人，梅洞也多能取法其清癯、奇崛之美。梅洞十一岁既得祖父亲授苏、黄集，这是林家三代童年皆习诵的诗集，有此因缘，梅洞对东坡、山谷十分喜爱。诗友间时以二人诗为韵、

① 林梅洞：《梅洞林先生诗集》卷一《春常翻白氏文集朱句终功因投一篇》。
② 林梅洞：《梅洞林先生诗续集》卷二《井梧秋声》。
③ 林梅洞：《梅洞林先生诗续集》卷二《秋雪》。

为题作诗助兴。梅洞诗集中有一些记载，如《炉灰分探白灰如积雪中有红麒麟十字得积字》《春雨分探空阶有余滴似与幽人语十字余得余滴与语字》分别以苏轼诗句“白灰如积雪，中有红麒麟”及“空阶有余滴，似与幽人语”为韵赋诗。又，梅洞极喜山谷诗句“九衢尘里偷闲”，自称：“余偶诵黄豫章‘九衢尘里偷闲’之句，颇有景慕之意，乃采豫章句为尾赋之。”[①] 诗云：“此生幸入儒关，坐了窗前几间。竹户芸台净扫，九衢尘里偷闲。”[②] 还以此句为韵分押之，作《分押黄豫章句六篇》，诗序称：“余偶诵黄豫章‘九衢尘里偷闲’之句颇有景慕之意，乃分押吟小绝六篇。”[③] 可知耽溺之深。

梅洞赏誉东坡，如《子瞻台雪》：“北台台上六花寒，银海玉楼清一般。应是坡翁歌白雪，尖义韵脚和皆难。”[④]“银海玉楼”言其境“清”，“尖义韵脚”称其词“奇”。又如《岐阳微雪》：“岐山日淡肃明霞，九月惊看雪白些。玉唾风凝坡老句，菊花节后散天花”[⑤]，“玉唾风凝”喻其词之高华。其他如“杜老庭檐添叹息，苏仙牙颊带清香”[⑥]，“眉山风度彩霞际”[⑦]，“清光江上晴偏好，谁效苏东坡观潮”[⑧]，“惠连作赋至今在，坡老题诗于古传”[⑨]，

① 林梅洞：《梅洞林先生诗集》卷一《采黄豫章九衢尘里偷闲之句为尾送道庆赴云州序》。
② 林梅洞：《梅洞林先生诗集》卷一《采黄豫章九衢尘里偷闲之句为尾送道庆赴云州》。
③ 林梅洞：《梅洞林先生诗续集》卷五《分押黄豫章句六篇序》。
④ 林梅洞：《梅洞林先生诗集》卷二《子瞻台雪》。
⑤ 林梅洞：《梅洞林先生诗集》卷五《岐阳微雪》。
⑥ 林梅洞：《梅洞林先生诗续集》卷五《甘菊》。
⑦ 林梅洞：《梅洞林先生诗续集》卷一《奉和罗山先生试毫高韵》。
⑧ 林梅洞：《梅洞林先生诗续集》卷七《十八夜月》。
⑨ 林梅洞：《梅洞林先生诗续集》卷一《十二月五日微雪》。

倾慕之意甚笃。

宋诗之“奇”是梅洞好尚宋调的重要原因，除了以“清”“奇”誉苏、黄，也以此誉陈与义等。陈与义“炎天梅蕊”一语，奇崛、拔俗，深得梅洞的喜好，多次用作诗题，如《炎天梅蕊》：“想像简斋诗兴催，炎天冷蕊最奇哉。江城吹笛未曾落，五月过来六月梅。”① 陈与义打破“炎”“冷”的对立、季节的秩序，而创“炎天梅蕊”之新境，破相而获新意。梅洞对此“奇”深为叹服。比较而言，林氏三代从罗山、鹅峰到梅洞都能吸纳宋诗之美，但罗山、鹅峰更偏于得其“平淡”，而梅洞偏于嗜其“清”“奇”。这既是出于梅洞独特的审美趣味，也与他学习了罗山第四子、鹅峰之弟读耕斋林靖的风格相关，对此鹅峰在怀念梅洞的《西风泪露》中有所记载。

二　理想境界：陶、杜论

在所有诗人中梅洞立为典范、最为尊奉的有两人，一为陶渊明，一为杜甫。这与其祖、其父如出一辙。陶为其人格景仰的对象，杜为其诗法设立的理想。鹅峰曾云：“ “呜呼！悫（梅洞）也存时，慕渊明为人。”② 梅洞家的庭院有五株松，名为“五松墩”③，正是效陶潜门前有“五柳”而植。陶《归去来兮辞》有“三径就荒，松菊犹存”之句，日人多有《渊明抚松图》《采菊

① 林梅洞：《梅洞林先生诗续集》卷一《炎天梅蕊》。
② 林鹅峰：《鹅峰林先生学士文集》卷九二《丁巳九日朔亡嗣悫十二回忌辰联句引》。
③ 事见林梅洞《梅洞林先生诗集》卷八《春日偶作序》。

图》，梅涧亦题过《渊明抚松图》《渊明采菊图》等诗，“松菊”成为陶潜人格之象征。因而友人见梅涧庭院有松少菊，特送甘菊一丛，以全其心志。梅涧作诗并序记此事，极见慕陶之意。诗序如下：

> 友元雅丈赠余以庭前甘菊花一丛，且次余残菊诗韵。……菊以可爱，诗以可玩，佳色深黄，雅音琅璨。何赐如之乎？其小序曰“闻君堂下有松径，盖慕渊明也。然无菊者一欠事也”云云。余喜其芳志之恳，乃植之于径松之间，青黄错杂以慰目下。呜呼！渊明不得而见之矣，得见松菊斯可矣。想夫松也，经岁寒不凋，四时同一色也；菊也，傲霜不飘零。其节操可同爱焉！岂以群木众花可比之哉。①

“闻君堂下有松径，盖慕渊明也”，梅涧慕陶众人皆知。友人赠以甘菊，松径菊篱，可效渊明抚松、采菊之雅。梅涧颂扬松、菊品格，自然是称赏陶之风骨。因而诗云：“甘菊植来吟傍栏，秋丛种种有那般？陶潜遗爱迹如在，杜老咏叹诗已残。晚节经霜犹未变，坤裳带雨渐应寒。寻花日日来相访，我径君家一样看。”② 陶、杜并称，是既爱二人之才，亦慕二人之德。陶、杜人逝诗残，然气节犹存，千古不变。

梅涧还写有十余首咏陶诗、题渊明图诗，另有多首咏菊诗，

---

① 林梅涧：《梅涧林先生诗续集》卷二《谢友元赠甘菊花一丛》。

② 林梅涧：《梅涧林先生诗续集》卷二《谢友元赠甘菊花一丛》。

也以陶为主题。这些诗既本于宋人的慕陶之风，也源自惺窝、罗山、鹅峰等对于渊明之推举，而梅洞本人对“清旷”“萧散”诗风的偏好，使其对陶之超然气象更深为心契。如其所称：

渊明不可忘，千岁有余芳。妙自胸中吐，味于句中长。①

白首卧衡宇，黄花满短篱。浮生一樽酒，淡味五言诗。落日顾司马，清风到伏羲。没弦琴有趣，宁报世人知。②

门前五柳散青纶，一卧紫桑度几春。案上有书敦宿好，甑中无粟乐清贫。诗家虽把伯夷比，醉境唯兼红友亲。晚节傲霜三径菊，遗芳千岁见其人。③

八翼遗风拂俗尘，愿挥义气作顽民。一樽有酒虽聊适，面醉神醒无乱真。④

西风席上避几哇，莫逆深交相共嘉。菊与主人俱隐逸，一篱秋色忆陶家。⑤

这些诗都以峻洁、疏淡的风格，评述了孤清而乐天、高妙而真淳、“千岁有余芳”的陶渊明。“妙自胸中吐，味于句中长”，这是陶既为诗人、又超越于诗人处，如陈师道所云：“渊明不写诗，写其

① 林梅洞：《梅洞林先生诗续集》卷八《仲冬二十一日之夜读渊明集》。
② 林梅洞：《梅洞林先生诗集》卷四《陶渊明》。
③ 林梅洞：《梅洞林先生诗集》卷八《咏陶渊明》。
④ 林梅洞：《梅洞林先生诗集》卷八《咏陶渊明》。
⑤ 林梅洞：《梅洞林先生诗续集》卷七《同席奉和家君被寄示诗韵》。

胸中之妙尔。”如惺窝所道：“先生不作诗，唯写其妙；先生不饮酒，唯逃其踪。”① “白首卧衡宇，黄花满短篱”，表陶之真淳；“菊与主人俱隐逸，一篱秋色忆陶家”，表千载之下的追怀与景仰。而一樽酒、几卷诗、没弦琴、松径菊篱，面醉神醒，其中之天趣、天机，唯作者与读者两两相知。作为中国文化史上极为独特、深具魅力的人物，陶渊明获得了江户诸儒乃至江户整个文化界、思想界的尊奉。梅洞《渊明抚松图》一诗代表了日人对陶的礼赞：

> 吟松有清风兮如瑟如琴，一听洗耳兮，再听娱情。身与松老兮，心与松贞。松以抽后凋之操兮，陶以旌岁晚之节。固同气之相求兮，千岁仰其余烈。吁三径今何在兮，唯是孤松之秀。松之秀有时朽兮，陶之名长不可朽。②

与对陶渊明人格的礼赞与追慕有所不同，梅洞对杜甫更多的是以诗人来推举，“文光万丈杜陵笔，月让清辉影自纤”③，“二八清光风气凉，华篇入手雅音长。少陵清玩既望月，映彻文章万丈光”④。屡屡以“万丈光”誉杜诗，这是本于韩愈“李杜文章在，光焰万丈长”，但韩愈是李、杜并称，而梅洞独以言少陵。

梅洞十九岁时作《书房赋》，以明其读书之志，“漱六艺之芳，

① 藤原惺窝：《惺窝先生文集》卷九《题渊明画轴并诗》。
② 林梅洞：《梅洞林先生文集》卷四《渊明抚松图》。
③ 林梅洞：《梅洞林先生诗续集》卷一六《杜甫初月》。
④ 林梅洞：《梅洞林先生诗续集》卷二《和奉吏部大卿十六夜倭歌末字》。

翻万卷之堆”，从《周易》《三百篇》到诸子百家，以至历代诗文皆有论及，这既是他读书之次第，也能见出对各家品藻之高下。其中涉及诗文部分如下：

> 周诗《三百篇》之正葩，仰斯文之郁郁，风化教诫之丁宁，愿使吾思无邪。……玩楚骚之兰芬，笑陈隋之蝉噪。杜坛眼高，发光焰万丈之长。苏门澜阔，见明珠百斛之泻。韩笔快活，陶诗淡雅。历世墨客，不知孰取孰舍？①

《三百篇》正而葩，助风化，正性情；《楚辞》“兰芬”，杜诗“光焰万丈”，苏诗“澜阔”，韩笔“快活”，陶诗“淡雅”，仅举此数家。《诗经》作为儒家经典无疑具有至高的独特地位，其余几位诗家除了杜甫都是从诗学风格来评论。对于杜诗，独不以风格论，而是盛赞其在诗学史上的不朽地位，可见尊奉之至。

藤原惺窝、林罗山、林鹅峰、松永尺五、那波活所等理学家也十分崇尚杜诗，但大部分是从诗教、诗道入手，或将杜诗与“雅正”之音相关联，或以杜诗追《三百篇》之遗旨，或赞誉杜甫“蔼然忠义”之人格。梅洞较少从儒家诗教的角度来推崇杜甫，而是较为纯粹地从诗歌风格、情味、意兴等方面来评述和效法，如他所称：“何以慰寥闲，囊中有杜诗。”② 杜诗是其“情之所适”。他是如此喜爱和熟悉杜诗，在人生的许多瞬间，似乎都有杜

---

① 林梅洞：《梅洞林先生文集》卷一《书房赋》。
② 林梅洞：《梅洞林先生诗集》卷十《漫兴九首之八》。

甫的痕迹，如：

> 绿阴翠密映春阴，几度绵蛮飞入林。恰恰莺啼修竹里，就中鼓吹杜陵吟。①
>
> 送旧迎新革历开，献酬任例九霞杯。春来花木动诗兴，先赏少陵东阁梅。②
>
> 爱看甘菊对晨光，数朵开时是暮商。杜老庭檐添叹息，苏仙牙颊带清香。③
>
> 鸿雁雝雝来作群，翎毛相映碧罗纹。惠王立顾对池沼，杜老吟望隔暮云。④

这些诗用了许多杜诗的典故，第一首《竹里莺》“恰恰莺啼修竹里”，化用杜诗“自在娇莺恰恰啼”及“春日莺啼修竹里”；第二首“春来花木动诗兴，先赏少陵东阁梅”，是将杜诗“东阁官梅动诗兴”分拆二句；第三首“杜老庭檐添叹息”，取杜诗《叹庭前甘菊花》之诗意；第四首“杜老吟望隔暮云”，用杜诗《官池春雁》“且休怅望看春水，更恐归飞隔暮云”。梅涧对于杜诗的熟悉于此可见一斑。这些咏物诗，既借用杜诗的诗句，还袭用其诗意，诗题也几乎相类。与此相近，在某些节令赋诗时，梅涧也同样借用杜诗，如“立春”诗，梅涧《正月十二月立春》“杜老曾吟生菜盘”，用杜诗《立春》“春日春盘细生菜”之典。《端午》“杜甫

① 林梅涧：《梅涧林先生诗续集》卷一《竹里莺》。
② 林梅涧：《梅涧林先生诗续集》卷三《和友元雅丈元朝试兔诗韵》。
③ 林梅涧：《梅涧林先生诗续集》卷五《甘菊》。
④ 林梅涧：《梅涧林先生诗续集》卷四《雁池》。

赐衣诗更鸣”，用杜甫《惜别行送向卿进奉端午御衣之上都》之意。上述诗句虽多用杜典，但不少仍能见出梅洞的真性情，实为可贵。这与江户中叶受明七子影响，一味模拟是不一样的。另外，杜甫在这一系列诗中差不多是以吟客的形象出现，较少政教色彩，脱离了圣贤、道德的光环，这在江户儒者的宗杜中也较为少见。

值得关注的是，梅洞有二十八首有关唐宋诗人的用韵、和韵和句题诗，其中以杜诗之“迟日江山丽”“花柳自无私”“两个花鹂鸣翠柳”“江浦寒鸥戏”“光射潜虬动，明翻宿鸟频”等为韵、为题，最显突出，颇能见其对杜诗的酷爱。

《梅洞林先生诗集》《续集》用韵、和韵、句题情况统计表：

时代	原作者	诗名(为了清晰了解用韵情况，诗题中的用韵诗句都加了引号)	诗集卷次
唐	杜审言	梅柳渡江春	《诗集》卷五
	李邕	同席同宜卿追和李邕雪后诗又呈主人	《续集》卷一三
	李白	银汉无声转玉盘　同席探月句题	《续集》卷一三
	杜甫	咏细雨鱼儿出	《诗集》卷五
	杜甫	崔宗之　同席分探《饮中八仙》得“之”	《诗集》卷五
	杜甫	柳墉春水　分探“两个黄鹂鸣翠柳，一行白露上青天……”二十八字得“东”字	《诗集》卷五
	杜甫	迟日江山丽	《诗集》卷五
	杜甫	春日莺啼修竹里	《诗集》卷七
	杜甫	探“侵陵雪色还萱草，漏泄春光有柳条”十四字余得“色”字	《续集》卷一

时代	原作者	诗名(为了清晰了解用韵情况，诗题中的用韵诗句都加了引号)	诗集卷次
唐	杜甫	十七夜友元来访分探“光射潜虬动，明翻宿鸟频”十字得“鸟”字	《续集》卷二
	杜甫	春兴　探“迟日江山丽”五字余得“日、江”二字	《续集》卷六
	杜甫	江浦寒鸥戏　同席探“冬”句题十五品赋之	《续集》卷一一
	杜甫	花柳无私	《续集》卷一二
	杜甫	八月十六夜游野宜乡葛东别庄舟中追和杜少陵韵	《续集》卷一三
	杜甫	读杜老《枯柏行》	
	白居易	中秋赴吏部太卿源君馆　分探“三五夜中新月色，二千里外故人心”十四字得三字	《续集》卷二
	柳宗元	千山鸟飞绝　季冬五日会诸生于向阳轩下揭“雪”句题十六品各赋之	《续集》卷八
	齐己	梅雪争奇　同日探“前村深雪里，昨夜一枝一开”十字为韵赋之	《续集》卷一九
宋	王君玉	探“只在浮云最深处，试凭弦官一吹开”十四字得“弦”字	《续集》卷一六
	梅圣俞	追和梅圣俞二月十五日雪诗	《续集》卷一二
	欧阳修	同读耕追和欧阳修飞盖桥诗韵	《续集》卷七
	苏轼	炉灰　分探“白灰如积雪，中有红麒麟”十字得“积”字	《续集》卷二
	苏轼	春雨　分探“空阶有余滴，似与幽人语”十字余得“余、滴、与、语”字	《续集》卷六
	黄庭坚	采黄豫章“九衢尘里偷闲”之句为尾送道庆赴云州	《诗集》卷一

时代	原作者	诗名(为了清晰了解用韵情况，诗题中的用韵诗句都加了引号)	诗集卷次
宋	黄庭坚	分押黄豫章句六篇	《续集》卷五
	黄庭坚	又采豫章句作六言	《续集》卷五
	陈与义	炎天梅蕊	《续集》卷一
	孙复	今夜弄月　探“清樽素瑟须（宜）先赏，明夜阴晴未（不）可知”十四字得“清”字	《续集》卷二

梅洞集中用唐诗为韵、为句题者共十八次，用宋诗为韵、为句题者十次。而用杜诗韵、和杜诗韵、用杜诗为句题者十二次，位居第一。其次则为黄庭坚、苏轼分别为三次、二次，余为唐杜审言、李邕、李白、白居易、柳宗元、齐己，宋梅圣俞、欧阳修、王君玉、陈与义、孙复各一次。从上述考察可以略知：其一，林梅洞诗集中较多出现了和韵、用韵、句题等诗歌创作形式，这在林罗山、林鹅峰诗集中出现颇少，由此可以了解到此时的江户诗坛日趋活跃、儒者对于诗歌创作更为热心的情况。其二，梅洞对于杜诗的喜好十分突出，远远超过其他诗人，杜诗十二次，与其他诗人悬殊极大。李白仅一次，所以李杜虽常常并称，但所受到的关注实际要少得多。事实上，这不仅仅是林梅洞个人的诗学偏好，也是江户前期诗坛较为一致的诗学宗尚和态度。其三，以梅、欧、苏、黄为代表的宋诗，特别是苏、黄诗，同样是梅洞学习、取法的对象，“本于唐诗，参以宋”的林家诗学宗尚在林家第三代梅洞集中仍有明显体现。

第十一章　林凤冈

林凤冈（1644—1732），鹅峰第二子，名戆，一名信笃，字直民，初称春常，号凤冈，又号整宇、拙拙翁等。自幼聪明，就兄梅洞学，通晓经书，耽嗜诗律，为一代硕儒。年二十六岁即代父统诸生，以诗礼为任。后袭父职禄，任大藏卿法印，赐弘文院学士之号。又奉幕府之命于汤岛台设“昌平黉”，擢为大学头。讲经前殿，百司聚听，蔚为大观。“门生满乎天下，升公者十有余人，散仕诸侯者数十百人，其余豪杰并起，翕然成风。”① 凤冈历事五代将军，前后七十年，元禄、享保年间，最被幕府信任，名望极隆。享保十七年（1732）殁，年八十九，私谥“正献”。著有《周易程传私考补》《周易讲义》《诗书讲义》《四书讲义》，另有《凤冈林先生全集》一百二十卷。

凤冈在理学思想上的创建不及其祖罗山，但对理学的发展仍意义重大。一是在弘扬理学上的功勋。设立昌平黉，培养大批儒

---

① 林信充：《凤冈林先生全集序》，载林凤冈《凤冈林先生全集》卷首，元文三年（1738）序刊本。

学人才，更为重要的是使当时至高权力者信奉理学，将军亲自在黑书院讲《大学》，并诏告群臣："文武之辅世也，如车轮阙一不可治平。"① 亲讲之后，命凤冈继续为百官、群臣讲授经传，并形成制度，阁老以下及百执事必须莅听。凤冈于元禄二年（1689）至宝永三年（1706）共为百官讲学十七年，其后，由凤冈之子信宗、信充继其业。② 由此，文武百官的理学修养得到了较大提升，理学在上层社会获得了稳固的地位。二是儒官制度的改革。"中古道丧文弊，异端争起，儒人薙发，逃乎浮屠。其弊未除，滔滔皆然。先生独束发而赐爵级，于是乎天下青衿靡然法之。"③ 儒者剃发，是五山以来旧俗。五山时期，儒、佛一致，研究、讲习儒学的多为禅僧，因而，江户初期儒官也需剃发为僧方能任职，凤冈矫其俗，慨然称儒之道即人之道，人之外非有儒之道。将军崇儒术，遂于元禄四年（1691）废除此制，儒学从体制上完成了独立。

凤冈作为林家第三代，服膺家训，显扬先业，其学仍以经术为本而博涉群籍，尤能属文。诗文观念多承袭于父、祖辈，因而，虽然他身处江户前期、中叶两个时段，但仍将其作为前期理学家考察。当然也不容否认，他的诗学观念中也已透露出江户中叶的诗学气息。

---

① 林信充：《朝散大夫内史凤冈先生林府君行状》，载林凤冈《凤冈林先生全集》附录。

② 事见林信充《朝散大夫内史凤冈先生林府君行状》。

③ 林信充：《凤冈林先生全集序》，载林凤冈《凤冈林先生全集》卷首。

第一节　理学与诗学:“风月无边道学明”

林凤冈尊奉程朱理学，他以程朱之学为儒学正统，其称:“非夫子之出，则尧舜之道不明；非朱子之出，则夫子之道不传；非陈氏之出，则朱陆异同之辨不分。朱子之学者正经也，正经者，圣人之道也。”① 以朱子之学为正经。作《朱文公赞》云:“尧舜之道，出宣圣亨。孔孟之学，得斯人明。小学遗教，四书尽精。百世师范，徽国追荣。”② 称朱子上接尧舜、孔孟之道，堪为百世师范。又赞赏程明道云:“春陵问学指门扉，圣道本根知者希。上下同流浴沂志，光风霁月弄吟归。”③ 认为程子得圣道之根本，且了解孔颜真乐之本怀。凤冈题诗论《论语》《大学》《中庸》《孟子》云:

> 制外安内，久则有诚。为仁由已，非礼戒情。尘垢既去，灵镜自明。克复尽力，天理流行。(《论语之克己复礼》)
>
> 一物格至，万理贯通。斯是耳目，以为明聪。于君于父，有孝有忠。久而不已，良知洞融。(《大学之格物》)

---

① 林凤冈:《凤冈林先生全集》卷九四《书学蔀通辨后》。
② 林凤冈:《凤冈林先生全集》卷一〇七《朱文公赞》。
③ 林凤冈:《凤冈林先生全集》卷七〇《程明道》。

诚则克明，纯德穆穆。天开日升，万象无覆。教遗道存，众欲何黩。尺性穷知，以赞化育。（《中庸之诚明》）

浑然至善，天性之常。不添一物，个理无疆。养直无馁，配义知方。浩然之气，至大至刚。（《孟子之性善养气》）①

从使用的语言到秉承的思想观念，无不本于朱子之学。但是，与罗山、鹅峰最为推尊朱子略有不同，在宋代诸儒中，凤冈最为倾心的理学家实为周敦颐。《凤冈全集》中为朱子作赞四首，其余各位理学家也不过三四之数，而为周敦颐题诗赞、图赞有十余首，如《濂溪望花三首》《茂叔爱莲》《题濂溪图》《二程访濂溪图》《茂叔爱莲图》《濂溪春荣》《周茂叔》《周茂叔赞》等。

周敦颐被誉为“道学渊源”，其于宋学的最大贡献，在于自他开始注重阐发儒家心性义理之精微，由此开辟了儒学的新天地，又呈现给了世人一种新的儒学人格类型，即黄庭坚所称道的“胸怀洒落，如光风霁月”。朱子《濂溪像赞》亦盛誉之：“道丧千载，圣道言湮。不有先觉，孰开后人？书不尽言，图不尽意。风月无边，庭草交翠。”前文已述，黄、朱二人的评论深得江户前期理学家们的重视和喜好，“光风霁月”成为他们景慕的人格和精神气象，“风月无边，庭草交翠”成为他们甚为心契的诗意境界。林

---

① 上述诸篇皆引自林凤冈《凤冈林先生全集》卷二。

凤冈对周敦颐的这种高标人格向往之至，屡屡称道，如《濂溪望花三首》云：“光风日暖众芳新，欲向濂溪问学津。花映窗前不除草，自家生意一般春。”① 又：“道学明明濂水清，寻芳几度濯尘缨。光风浴处花如锦，孰与沂滨春服成。”②“道学渊源千岁传，胸襟洒落绝尘缘。濂溪真乐久相问，笑指光风霁月天。”③ 都是本于黄庭坚“光风霁月”及朱子“庭草交翠”之论。“光风”即春之和，“霁月”即秋之清④，“庭草交翠”即天地之元气与生意，和气、清气与元气，必感通天地之至妙而可得兼。因而，凤冈将周敦颐人格之美与天地之感通相联：

> 濂水月霁，光风清新。接统洙泗，启源洛闽。庭草得意，池莲绝尘。图书示蕴，感通天人。⑤

此种精神的高洁，实是参造化之机、同气相求而悟得。也正是由此，濂溪上可接孔孟之道，下启洛闽之源。林凤冈所景仰的周敦颐不仅呈现了一种具有哲学意味的存在方式，同时也兼具审美的意味。这种审美既是诗意的存在，更是既修道又弄文的观念和态度。因而，凤冈《二程访濂溪图》称其：“霁光呈似弄吟客，风月无边道学明。”⑥《题濂溪图》亦云：“天外云晴风月夜，归来定有

---

① 林凤冈：《凤冈林先生全集》卷四三《濂溪望花三首之二》。
② 林凤冈：《凤冈林先生全集》卷四三《濂溪望花三首之三》。
③ 林凤冈：《凤冈林先生全集》卷六八《周茂叔》。
④ 史季温注黄庭坚《濂溪诗并序》之“光风霁月”云：“光风，和也，如颜子之春。霁月，清也，如孟子之秋。合清和于一体，则夫子之元气。”
⑤ 林凤冈：《凤冈林先生全集》卷一〇七《周茂叔赞》。
⑥ 林凤冈：《凤冈林先生全集》卷五三《二程访濂溪图》。

弄吟人。"[1] "风月无边道学明"，喻其诗心兼道心，道心即诗心；"归来定是弄吟人"，谓其修道而兼具诗情。

因而，林凤冈虽为当时之大儒，日日研习、讲筵经史，却仍甚重诗文、颇具诗兴。在《偶兴》中写其静读理学书籍之日常："净几明窗绝俗缘，妙香一穗起幽烟。衡门无客吾唯独，静诵文公纲目编。"[2]《梅边读〈易〉》："梅花粲粲玉玲珑，露洗芳心清味通。四面阴风吹白雪，一阳始动一枝中。"[3] 其形容研经治史之苦与乐，云"读史三冬冷碧眸"[4]，"春心既醉六经中"[5]，皆透着濂溪式的诗情。凤冈另有许多有关学诗、吟诗的记载："我昔十五二十时，从公同舍学作诗。公其龙骧兼虎炳，我其蛙螬耻蝇痴。骚坛设宴弄风月，史馆凭几鸣埙篪"[6]，这是写给亡兄梅洞的诗，述其少年时代从兄学诗的往事。当时二人正参与鹅峰主持的《本朝通鉴》的编写，同时亦学习经史及诗文，虽少有闲暇，仍不忘"骚坛设宴弄风月，史馆凭几鸣埙篪"，这既是林家经诗兼修的传统，也是凤冈兄弟耽嗜诗律的写照。《凤冈全集》中这一类的记载甚多，如：

久负风骚坛上会，文游今日说烟霞。寒村欲问梅花好，石径行穿竹路斜。胜水佳山长有约，利绳名缚不相

---

① 林凤冈：《凤冈林先生全集》卷五一《题濂溪图》。
② 林凤冈：《凤冈林先生全集》卷四三《偶兴》。
③ 林凤冈：《凤冈林先生全集》卷四四《梅边读〈易〉》。
④ 林凤冈：《凤冈林先生全集》卷四四《从弟林宪有冬日读书一绝继其芳韵》。
⑤ 林凤冈：《凤冈林先生全集》卷四四《琼筵坐花》。
⑥ 林凤冈：《凤冈林先生全集》卷一〇《追悼诗思亡兄》。

遮。此生何识淡闲外，一卷唐诗一碗茶。[1]

格律祝前程，吐芬文苑英。……清吟五言句，风月寄闲情。[2]

“一卷唐诗一碗茶”，“清吟五言句，风月寄闲情”，个中不乏清雅、风流，与其向往的“胸怀洒落，如光风霁月”实为同调。值得注意的是，这种吟诗弄文仍是理学家的一种涵养工夫，与研经、治史一样，皆为凤冈感知世界、体察天地、涵养心性的一种方式，最后必要归于对万物的洞悉，对天理的觉悟，如其所称：“诗酒遣兴，琴棋安贫。草茵花锦，小车寻春。柳风梧月，寸胸无尘。经元纪会，观化通神。易数明理，天地一身。”[3] 诗酒、琴棋、草茵、柳风、梧月，都是让人悟道、观化之具，悟后之境，当是“天地一身”，亦是一派活泼泼的生命状态：

鱼之跃兮，鸟之飞兮，人皆见之，人皆知之，谁悟上下之理？明明昭昭，于兹活泼泼地沉潜致思。[4]

也由此可知，凤冈的吟诗弄文，终究与诗人墨客的以诗文为慧业不同，他自有其理学家的本怀。

---

① 林凤冈：《凤冈林先生全集》卷二一《枫园主人来话即席次辱示韵》。
② 林凤冈：《凤冈林先生全集》卷一一《题晋轩诗卷后》。
③ 林凤冈：《凤冈林先生全集》卷一〇七《邵子赞》。
④ 林凤冈：《凤冈林先生全集》卷七二《鸢飞鱼跃图》。

第二节 诗法、诗人论："唐宋诸贤皆有体"

一 诗家典范：陶、杜论

凤冈论诗首重诗道，强调性情之正，其云："夫有性则有情，有情则有思，有思则有感，有感则有言，有言则有诗，故曰：'诗者，志之所之也。'志有邪正，是以言有是非，不可不知之。"①这也是儒家诗论的常谈。志有邪正，言有是非，则诗也有合于道、不合于道之别。诗人必得注意涵养性情，性情纯厚、正直，则其言必中正、平和，诗道存矣。其中堪为万世典范的首推《诗经》，故云：

> 二南化行，雅诗得正，国风雅颂曰"思无邪"，奇芬之吐，何问天葩。②
>
> 万世法大，六义教深。无邪之思，自然成音。可哀可乐，不伤不淫。性情之正，形言感心。③

性情之正，故能"思无邪"，这是《诗经》可为万世诗法的要旨所在。因"思无邪"，则《三百篇》能正而葩，可哀可乐，却不

---

① 林凤冈：《凤冈林先生全集》卷九五《洛闽余派跋》。
② 林凤冈：《凤冈林先生全集》卷二《奉呈严君十六首并序》。
③ 林凤冈：《凤冈林先生全集》卷二《诗之思无邪》。

伤不淫。后世最具有这种精神的，凤冈特举二人，一为陶渊明，一为杜甫。

凤冈甚为倾慕陶之品节、趣味及诗才，这种观念秉承了林家传统。凤冈少从兄梅洞学诗，梅洞一生最慕陶潜，凤冈受其影响较深，对陶渊明亦颇为景仰。《凤冈全集》中为陶渊明题诗最多，有十七首。其中不少是为陶渊明画像所题诗，这也反映了日人对陶渊明的喜爱与敬仰。这种风气与江户儒学大兴、儒者们对陶渊明的标举有着重要联系。

凤冈对陶渊明的评论大体与父、兄一致，父鹅峰颇为欣赏陶之高标人格，向往陶体道、近道的生活样态，不以诗人目之。梅洞性耽词章，重情味，具雅趣，深契陶渊明以琴诗为乐、松菊为伴的诗意生活，亦赏其天真之性和绝世之才。凤冈对陶之赏誉兼具上述种种，考察几首凤冈的咏陶诗，大体同调：

> 一樽之酒，以醉以悦。数枝之菊，于采于撷。人抱高标，花知晚节。斯人斯花，同气与洁。①
>
> 解印曾辞彭泽令，苍官亦不受秦封。清风同气相求处，人有渊明木有松。②
>
> 元亮人中杰，闲鸥鸟中尤。相近不相背，长入斜川流。枫标共与洁，知得同气求。归兮江湖远，机心任

① 林凤冈：《凤冈林先生全集》卷二《陶渊明》。
② 林凤冈：《凤冈林先生全集》卷四四《渊明抚松图二首之二》。

去留。[1]

入引壶觞出命车，田园归去老生涯。卯金礼乐遍天下，五柳门前唯一家。[2]

上述皆是称扬陶之人格。理学家重视人与外物之感通，凤冈屡屡喜言“同气相求”，其意在此。凤冈常用陶诗常咏或与其人事相关的物象：菊、松、柳、枫、鸥、酒、解印、归田等，重塑陶渊明高标、遗世的人格之美。这些植物、外境似不经意，却处处都散发着特有的陶之“真气”，都与陶有“同气相求处”。

除了称誉陶之人格，凤冈亦论及其诗，其云：“菊露洗诗骨，蓬庐避世喧。无弦唯抚弄，有卷好披翻。白发一樽酒，青山五柳门。首阳同气凛，商叟遗风存。难遂荆轲志，欲浇栗里园。可怜三径里，犹是晋乾坤”[3]，是人格与诗才并举。将其与伯夷、叔齐、商山四皓、荆轲同列，赞其清高绝俗、忠义仁蔼的品节。而“菊露洗诗骨，蓬庐避世喧”，言诗之清，源于人之清。关于陶诗地位，凤冈给予了极高评价：“彭泽晋征士，卓绝文苑英。兹辰遇重九，景仰千载情。”[4] 以“卓绝”誉其诗才，评价可谓至极，其余如：

抚松采菊卧柴桑，三径秋深两鬓霜。遮莫卯金兴礼

① 林凤冈：《凤冈林先生全集》卷四《鸥眠陶令醉》。
② 林凤冈：《凤冈林先生全集》卷六四《陶渊明》。
③ 林凤冈：《凤冈林先生全集》卷一六《咏陶渊明》。
④ 林凤冈：《凤冈林先生全集》卷五《九日追和陶公杂诗》。

乐，归来唯说晋文章。①

曲午同河悉变移，卯金礼乐不曾知。诗中甲子春秋笔，绿柳黄花亦记时。②

白头高枕卧柴桑，门柳青青篱菊黄。不识卯金兴礼乐，归来唯说晋文章。③

都是对"彭泽晋征士，卓绝文苑英"的形象说明。上述诸文，均将陶作为归隐者、体道者，同时也作为诗家来对待，这与罗山、鹅峰不以诗人视渊明有所区别。将其人与其诗并举，强调陶渊明的诗学成就及诗史地位，这在江户初期理学家中并不多见。但是，从根本上说，凤冈仍以道人为陶之本色，将其吟诗与修道视作一体，肯定陶渊明以其高风、奇气、真性、道心，成就了千古卓绝之文章。

杜甫亦深为凤冈所推许。他作《杜子美》云：

诗圣垂名冠古今，惊人语句玉其音。花潭百尺锦江远，云栈千重剑阁深。丛菊伤情滴哀泪，海棠避讳绝清吟。采言李郭兴唐室，谁识寸忠臣甫心。④

"诗圣垂名冠古今"，称言杜诗至高的诗史地位。"惊人语句玉其

① 林凤冈：《凤冈林先生全集》卷四四《陶渊明》。
② 林凤冈：《凤冈林先生全集》卷六六《陶渊明有柳有菊》。
③ 林凤冈：《凤冈林先生全集》卷六八《陶渊明》。
④ 林凤冈：《凤冈林先生全集》卷二二《杜子美》。

音”，言杜诗语言之奇与美，“玉其音”，指声律之清切。“花潭”“云栈”“丛菊”诸语，言其一生之遭际，“采言”“谁识”二句赞其忠义之心。虽并无新见，但尊奉之意甚明。

大体而言，江户诸儒尊杜，有三个主题，其一，将杜诗与《诗经》联系，以为得风雅遗旨。所谓风雅遗旨，指其人情志纯正，其音中正平和，乃治世之音。杜子美被视为其中之典范。其二，将杜诗视为唐音的代表。与通常将杜诗视为唐音的变调不尽相同，杜诗常被江户初期诸儒作为唐音正宗而推崇，且多以“李杜”并举，这里“正宗”的意义并不仅限于诗律格调等方面，多从诗学成就来论。其三，从体道、证道的角度来解读杜诗，这是宋儒所好，亦为江户儒者所本。凤冈尊杜多具上述意义。

与林鹅峰爱用“蔼然忠义”评价杜甫一样①，凤冈也常用此语评价杜甫。如：

> 骚坛之将，诗圣名传。草堂风静，花潭云鲜。杜鹃再拜，蹇驴卅季。忠心义气，满腔蔼然。②
>
> 一笠一鞭何处天，瀼西渭北踏云烟。蔼然忠义无人识，空骑蹇驴三十年。③

“忠心义气，满腔蔼然”，“蔼然忠义无人识”云云，“蔼然忠义”几为杜甫之标签，是其诗魂所在，正由此，成就了他的“诗圣名

---

① 详见本书《第八章　林鹅峰》相关部分。
② 林凤冈：《凤冈林先生全集》卷三《杜子美》。
③ 林凤冈：《凤冈林先生全集》卷五一《杜甫骑驴图》。

传”。不同于陶渊明，与杜甫相关联的意象如：“一笠一鞭”“骞驴”“杜鹃”“草堂”“花潭”“蜀山”“渭北”“西岭”，另有，“太瘦生何苦，骑驴山又林”①，“夜冷三霜千杵响，捣来杜甫一生愁”② 之“瘦”“愁”等，充满困顿、潦倒，却不改“丹心”与“忠诚”：“夙出草堂叹瘦生，蹇驴日日不堪行。京华旅食三十载，谁识丹心一寸诚”③，“万里桥西问本源，锦江春色五桃存。丹心一寸红云远，花有深情不肯言”④，“谁知臣甫抱忠诚，杜宇声声自唤名。古帝灵魂常再拜，西南不忍乘骑行”⑤。这种虽困苦，却仍不伤不愤、至忠至诚的精神，体现了《三百篇》“思无邪”“温柔敦厚”的诗教。诗之“圣”者，其意在此，得《三百篇》之遗旨，为诗道之正脉，也正在于此。

凤冈称道杜甫人格、评述其性情处极多，但论及杜诗风格甚少，多泛泛而论，常以李、杜并举，称“李杜高妙，绝于一世，师于百世”⑥，推尊至极。又如：

> 闲味唐宋诗，梅边付清意。淡浓烟染笺，横斜云连字。贾岛太瘦生，圣俞同出自。暗知李杜香，薰人微风至。⑦
>
> 细评唐宋句，清味雪漫漫。堂禁聚星体，窗疑新月

---

① 林凤冈：《凤冈林先生全集》卷一五《杜子美骑驴图》。
② 林凤冈：《凤冈林先生全集》卷四二《杜陵霜砧》。
③ 林凤冈：《凤冈林先生全集》卷六〇《杜甫骑驴图》。
④ 林凤冈：《凤冈林先生全集》卷六二《杜子美》。
⑤ 林凤冈：《凤冈林先生全集》卷六四《杜甫拜鹃图》。
⑥ 林凤冈：《凤冈林先生全集》卷一〇四《简林完》。
⑦ 林凤冈：《凤冈林先生全集》卷一一《梅边评诗游芝园赋》。

残。影同居易姓，光入孟郊寒。白战风骚将，先寻李杜坛。①

郊寒、岛瘦等都是诗话常谈，“暗知李杜香”“先寻李杜坛”，以李杜诗为诗坛之典则，余如“锦霑谪仙井，墨滑杜陵诗”②，“妙入杜诗韩笔”③，“蹇驴虽老诗思大，出入古今天下间”④，皆对杜诗表达出深深敬意。值得一提的是，凤冈为杜甫所作的题画诗中，最多的是《杜子美骑驴图》，另还有《杜甫咏白鹭上天图》《杜甫持伞图》《杜甫拜鹃图》等，题材较多，反映了当时日人对于杜甫生平事迹的熟悉及对杜诗典故的了解。

二 “唐宋兼取”及“清”“奇”论

凤冈对中国历代诗歌都以较为宽容的态度接受并学习，在《正葩余薰序》中称：“尔来曹魏之质、六朝之华、李唐之妙、宋元之工，与时变异。”⑤ 虽有此观念，但是，凤冈最为喜爱的还是唐宋诗，其称：“唐宋诸贤诗有神，文谈风静榻无尘”⑥，“细评唐宋句”，“闲味唐宋诗”，这一类表述在集中屡屡出现。《漱芳谈序》中凤冈记载了他嗜读唐诗的情形：

---

① 林凤冈：《凤冈林先生全集》卷一二《雪后评诗》。
② 林凤冈：《凤冈林先生全集》卷一二《秋雨梧桐》。
③ 林凤冈：《凤冈林先生全集》卷七一《同席又和呈主人韵》。
④ 林凤冈：《凤冈林先生全集》卷六六《杜陵骑驴图》。
⑤ 林凤冈：《凤冈林先生全集》卷八一《正葩余薰序》。
⑥ 林凤冈：《凤冈林先生全集》卷四九《题冈田宁绳诗卷》。

余生业儒之家，晨昏孜孜，以书为居，以书为食。无他能，则不知他事。无他愿，则不欲他事。若暇日遇冈上清风，山间明月，则没薜荔之席，漱松竹之露，任口随意，读诵唐诗，批评风格，欣欣然，于于焉，闲中至乐，何物加之?①

虽为业儒之家，暇日于胜景、清兴中，凤冈诸人唯以读诵唐诗为“闲中至乐”。《漱芳谈》是凤冈专论诗文的著作，现已不存，但序中特记此事，可知凤冈对于唐诗之酷爱。

考察《凤冈全集》，以其中句题诗为例，可以进一步了解凤冈及其诗友关注的诗歌类型。具体如表：

时代	诗句原作者 （按作者出生先后为序）	句题诗名	句题诗所在卷次
西晋	陆机	兰以秋芳	卷一八
南朝	谢朓	新花对白日	卷五二
南朝	阴铿	湘流杜若香	卷四八
唐	崔信明	枫落吴江冷	卷四三
唐	杜审言	梅柳度江春	卷四四
唐	孟浩然	花邀载酒过	卷四七
唐	王维	松风吹解带	卷四六
唐	王维	坐看云起时	卷四八
唐	王维	莺啼过落花	卷四八

① 林凤冈：《凤冈林先生全集》卷八二《漱芳谈序》。

时代	诗句原作者（按作者出生先后为序）	句题诗名	句题诗所在卷次
唐	李白	柳深陶令宅	卷四七
唐	李白	崖倾月能圆	卷四七
唐	杜甫	春日莺啼修竹里	卷四四
唐	杜甫	迟日江山丽	卷四四
唐	杜甫	森木乱鸣蝉	卷四五
唐	杜甫	细雨鱼儿出	卷四八
唐	杜甫	花发去年丛	卷五二
唐	杜甫	花重锦官城	卷五二
唐	皇甫冉	花枝出建章	卷五二
唐	钱起	醉客出花迟	卷五二
唐	郎士元	莺归汉宫柳	卷四七
唐	卢纶	花繁鸟近人	卷四七
唐	柳宗元	壁空残月曙	卷四七
唐	刘禹锡	十年楚水枫林下	卷四六
唐	白居易	睡美雨声中	卷四七
唐	白居易	万里故园花	卷五二
唐	元稹	宫花寂寞红	卷五二
唐	许浑	远山晴更多	卷四七
宋	梅尧臣	月渐上我衣	卷四七
宋	王十朋	弄花香满衣	卷四七
宋	洪咨夔	檐梅索笑	卷四三
元	李孝光	荻花风落钓鱼船	卷四三

上述句题诗共三十一首，其中，卷四七的十首为席上出唐宋句题，凤冈分阄探得而赋；卷五二为席上探花题诗一百首，凤冈探得七首而赋。这十七首皆为探得而作，带有一定的偶然性，其余各卷的十四首为凤冈自拟而作。这些句题的选择，一定程度上反映了当时日人的诗学趣味，也部分体现了凤冈的诗学旨趣。从时代来看，句题选取晋诗一首，南朝诗二首，唐诗二十四首，宋诗三首，元诗一首。其中以唐诗为句题占77%，其次是宋诗占10%。从诗人来看，选取最多的是杜甫，共六首，其次为王维三首，李白、白居易各二首，其余诗人各一首。对照凤冈的诗学主张，重视唐诗、推举杜甫都得到了较充分体现。

上述句题诗所选宋诗较少，但事实上，凤冈对于欧、梅、苏、黄还是十分认同的。相反，对于中唐诗人元、白的诗风却有微词，这与他的审美趣味有关。凤冈一方面秉承林家诗学，以唐为本，以宋为参，广学历代；另一方面，相较其祖、父辈，艺术上更近于兄梅洞，偏尚“清”“奇”之风。在《题林宪诗卷后》凤冈称：

> 先欢才调进前时，半百新吟欲解颐。村雪唯惭一枝妙，风坛知捻数茎髭。意追豪壮格师古，字去陈言句觅奇。唐宋诸贤皆有体，我家诗式我家诗。①

体现了他对林家诗法的理解与奉从。“意追豪壮格师古”，取法汉魏及唐风之豪宕，“字去陈言句觅奇”，本为宋江西诗派的主张，

① 林凤冈：《凤冈林先生全集》卷一八《题林宪诗卷后》。

此为林家对宋调的摄取。“唐宋诸贤皆有体，我家诗式我家诗”，以唐、宋诸贤为取法对象，脱其藩篱，成就林家一派之诗式诗法。这是从林罗山、林鹅峰以来的诗学理想。凤冈对其中之“奇”更为关注，“韩妙才已奇，白诗口岂嗫”①，“陶妙韩才嘲白俗，欧华苏美吐黄奇”②，“元白无心谢轻俗，苏黄有语吐奇新”③，屡屡称道韩、苏、黄之“奇”。凤冈作《苏东坡》，高度评价了苏轼的艺术成就：

> 百世词宗门业大，老亲季弟一家贤。金莲特作文章美，墨竹长令图画传。赤壁胜游赋风月，黄州贬谪苦云烟。奇才不是人间种，玉局托身天上仙。④

“百世词宗”“文章美”“图画传”，颂扬苏轼艺术上的各种成就。“奇才不是人间种，玉局托身天下仙”，以“奇才”称誉东坡，非人间种，乃天下仙，既表极赞之意，亦指“奇”中秉有清绝之气。

凤冈亦喜好黄庭坚诗，在《和白乐天感旧诗并序》中写道：

> 白乐天身老衰病三十年间，丧执友作《感旧诗》。予亦六十年间，亲友悉归泉。乃读其诗同情同感。呜呼！天路幽险，欢悲移易，人事变态，休戚相酬，如梦如幻，

---

① 林凤冈：《凤冈林先生全集》卷四《又用叶余字待和章》。
② 林凤冈：《凤冈林先生全集》卷二一《志余感其志施其劳作律诗二篇答之》。
③ 林凤冈：《凤冈林先生全集》卷六三《与关长敬》。
④ 林凤冈：《凤冈林先生全集》卷二三《苏东坡》。

> 可以嗟叹。……予每慕乐天之性，且爱山谷之诗，故咏二句曰："前生暗悟白居易，异世希望黄豫章。"因以题壁间。①

凤冈虽屡言白俗，但读白诗常常同情同感，"每慕乐天之性"，仍喜欢白乐天对人事变态、休戚相酬的感怀。至于诗歌，自云"爱山谷之诗"，甚而在壁间题诗二句："前生暗悟白居易，异世希望黄豫章。"他对山谷诗摄取了哪些特质，《凤冈全集》中未具体明言，如前所称的"欧华苏美吐黄奇"，"苏黄有语吐奇新"，可知"奇"是他对黄诗最突出的评价。另，凤冈作有多首《山谷爱兰图》《山谷爱鸥图》《黄山谷爱兰》，仅写兰与人之绝俗，未及诗风，如："九畹分根露一丛，幽兰畔畔对涪翁"②，"唤起江南黄豫章，猗兰满畹气扬扬"③，兰以清幽为本色，凤冈亦有取人与诗之"清绝"意。

凤冈好尚"清"之意味，在《咏清并序》中写道：

> 岁末与一二同志扣破闷亭苔径，叠石蓬户，绝尘棚书，壁画、床砚、炉香闲具备矣。……尘尾饰玉，王衍之谈渐熟；炉灰拨雪，阴何之句频评。云水之趣，悉入清淡。风月之兴，悉入清吟。万想千虑，皆无不及清也。呜呼，室之清者，主人平生之风流也；游之清者，主人

① 林凤冈：《凤冈林先生全集》卷三六《和白乐天感旧诗并序》。
② 林凤冈：《凤冈林先生全集》卷五〇《山谷爱兰图》。
③ 林凤冈：《凤冈林先生全集》卷六二《黄山谷》。

平生之雅致也；谈之清者，主人平生之自得也。于是客亦摆世缘、脱俗机，使目清，使鼻清，使口清，使耳清，使手清，使足清，使心清，使兴清。①

尚“清”之至。棚书、壁画、床砚、炉香各种清具已备，再添云水之趣、风月之兴，主宾遂能清谈、清吟、清欢，使人耳目、手足、心肺、神气皆清明。凤冈称之为“风流”“雅致”“自得”，这种情致，与前文所述，他所倾慕的周敦颐“濂水月霁，光风清新”，“无边风月道学明”的风仪有着相通之处，但更多的还是艺术上的追求。《秋雨赋》里再现了这种趣味：

疏疏滴梧桐，爱孟浩然之吟；庭前菊花，起少陵之叹；窗外芭蕉，惊杜牧之眠；子瞻志喜作亭名，韩偓悲泣入诗篇。况又在檐则奏琴瑟之响，在山则披银竹之影，枯苔得之活，平林得之静，五谷得之长，群草得之冷，洗骚人之肠。②

疏疏秋雨，可添诗材，可助诗兴。“梧桐”“菊花”“芭蕉”“枯苔”“平林”得之秋雨，皆具清韵，足洗骚人之肠。凤冈集中这一类描述甚多，可知其“清”偏于审美情趣方面。

凤冈常以“清”指称心目中的好诗，如“闲味唐宋诗，梅边

---

① 林凤冈：《凤冈林先生全集》卷一九《咏清并序》。
② 林凤冈：《凤冈林先生全集》卷一《秋雨赋》。

付清意"[1]，"细评唐宋句，清味雪漫漫"[2]；咏苏轼："坡老继清吟"[3]；咏杜甫："千年雪载蓬婆影，冷笑灞桥诗思清"[4]；咏杜、韩："骚坛清话无他，妙入杜诗韩笔"[5] 等。又以"清"誉李白最多，《李白》云："飘飘清思诗无敌，粲粲芳言花有论"[6]，余如"谪仙百篇天资卓越，风才清高"[7]，"谪仙兴与晏殊月，一树风流一段清"[8] 等。

前边凤冈所列"奇"之诗人，不仅苏、黄，还有韩愈，这里所举之"清"，包罗各种风格，从李、杜、韩到苏、晏，其中尤以李白为代表。清兼具奇气，则气骨挺立，不陷于萎尔；奇平添清韵，则多圆润，不至于枯硬。陈与义"炎天梅蕊"一语的意境，也代表了这种理想，因而凤冈集中多次以"炎天梅蕊"为题作诗。"炎天梅蕊"既打破了俗世之常规思维，带来了审美的飞跃，同时，梅之清高、绝俗又令神思超然，清逸之意顿生。

林凤冈的诗学思想仍旧较多地保留了林家诗法的特色，思想上以理学为本位，崇尚宋儒的风流气象及光风霁月的精神境界；诗学上仍倾向于"唐宋并宗"，效法李、杜、苏、黄。值得关注的是，林家主张的"唐宋并宗"其内涵实各有不同。林罗山多以"折中唐宋"来为宋诗张目，实质上"宗宋"的意味较浓；林鹅

---

① 林凤冈：《凤冈林先生全集》卷一一《梅边评诗》。
② 林凤冈：《凤冈林先生全集》卷一二《雪后评诗》。
③ 林凤冈：《凤冈林先生全集》卷一五《杜子美骑驴图》。
④ 林凤冈：《凤冈林先生全集》卷五三《杜甫骑驴图》。
⑤ 林凤冈：《凤冈林先生全集》卷七一《同席又和呈主人韵》。
⑥ 林凤冈：《凤冈林先生全集》卷二二《李白》。
⑦ 林凤冈：《凤冈林先生全集》卷六三《与关长敬并序》。
⑧ 林凤冈：《凤冈林先生全集》卷四二《梨花》。

峰已开始接受明代诗学的影响，其“唐宋并尊”，既有对于欧、苏、黄、陈的取法，亦有对于初、盛、中、晚唐诗人的关注，唯从审美特质来说，更倾向于“平淡”“自然”的宋诗趣味；至林家第三代林梅洞、林凤冈，仍执守家法，以李杜、苏黄并举，“唐宋并尊”，但是，其审美风格已发生了一定的变化，具体表现如下：

其一，对于李白的诗歌有了一定关注。江户前期诗论家虽常常“李杜”并称，但实质是“独尊杜甫”，较少谈及和关注李白诗歌风格。梅洞和凤冈却能真正倾心于李诗飘逸、雄奇之美，如梅洞赏誉李白“芳论粲粲吐奇出”，凤冈作有七首《李白观瀑图》，题画诗中仅少于杜甫，位列第二。又屡以“清”称誉李白，“飘飘清思诗无敌”，“风才清高”，“一树风流一段清”。对于李白诗歌的重视应与受到明代诗学的影响有重要关联。

其二，标举“清”。梅洞好“清逸”之风，凤冈标举“清谈”“清吟”“清味”“清雅”之趣，其实质是“重诗文”的倾向愈加明显。在这里，“清”是作为一种文学艺术上的审美风标而被拈出的。梅洞“涤笔于松间露”，“伴月而坐，临风而吟”，凤冈喜“云水之趣”，“风月之兴”，这些秉性、气质无不带着浓郁的浪漫气息。二人的诗歌创作也渗透着“清逸”之风。这些都标志着诗歌独特的艺术质性受到了更多重视，江户中叶诗学鼎盛的帷幕在这里实已拉开。

参考文献

日本出版文献

古　籍

总集

『五山文學全集』，上村観光編，思文閣 1973 年［復刻版］。
『五山文學新集』，玉村竹二編，東京大學出版會 1967—1981 年。
『日本詩選』，江村北海編，伊予屋佐右衛門，寛政六年（1794）刊本。
『日本詩紀』，市河寛斎編，寫本，昌平坂学問所舊藏，內閣文庫本。
『熙朝詩薈』，友野霞舟編，弘化四年（1847）序刊本。
『日本詩話叢書』，池田四郎次郎編，鳳出版 1972［復刻版］。
『詩集日本漢詩』，富士川英郎［ほか］編，汲古書院 1985—1990 年。
『詞華集日本漢詩』，富士川英郎［ほか］編，汲古書院 1983—1984 年。
『日本倫理彙編』，井上哲次郎、蟹江義丸共編，育成會出版部 1901—1903 年。
『日本儒林叢書』，関儀一郎編，鳳出版 1971 年［復刻版］。
『群書類從』，塙保己一編，群書類従刊行會 1893—1902 年。
『続群書類從』，塙保己一編，続群書類従完成會 1902—1927 年。
『甘雨亭叢書』，板倉勝明編，勝村治右衛門，安政三年（1856）刊本。
『懷德堂遺書』，懐徳堂記念會編，松村文海堂 1911 年。

『日本名家四書注釋全書』，関儀一郎編，東洋圖書刊行會出版 1925—1926 年。
『日本文化史大系』，田中一彦編，誠文堂新光社出版 1937——1941 年。
『日本哲學全書』，三枝博音、清水幾太郎編，平凡社 1955—1957 年。

別集、 诗论

『夢窗國師語錄』，夢窗疏石撰，大正新修大藏經本。
『空華老師日用工夫略集』，義堂周信撰，明治八年（1875）寫本。
『惺窩文集』，藤原惺窩撰，林羅山編，寛永四年（1627）序刊本。
『惺窩先生文集』，藤原惺窩撰，藤原為経編，享保二年（1717）刊本。
『文章達德綱領』，藤原惺窩撰，文化七年（1810）刊本。
『羅山林先生文集』，林羅山撰，寛文元年（1661）序刊本。
『羅山林先生詩集』，林羅山撰，寛文元年（1661）序刊本。
『梅村載筆』，林羅山撰，元文二年（1737）寫本。
『尺五先生全集』，松永尺五撰，寛文九年（1669）序寫本。
『活所遺稿』，那波活所撰，寛文五年（1665）序刊本。
『覆醬集』，石川丈山撰，寛文十一年（1671）序刊本。
『新編覆醬集』，石川丈山撰，延寶三年（1675）刊本。
『新編覆醬續集』，石川丈山撰，延寶三年（1675）刊本。
『北山紀聞』，（題）石川丈山撰，元祿五年（1692）刊本。
『鵞峰先生林學士文集』，林鵞峰撰，元祿二年（1689）序刊本。
『鵞峰先生林學士詩集』，林鵞峰撰，元祿二年（1689）序刊本。
『錦里文集』，木下順菴撰，東都書肆等刊行，天明七年（1787）刊本。
『梅洞林先生文集』，林梅洞撰，寛文八年（1668）刊本。
『梅洞林先生詩集』，林梅洞撰，寛文八年（1668）刊本。
『梅洞林先生詩續集』，林梅洞撰，寛文八年（1668）刊本。

『鳳岡林先生全集』，林鳳岡撰，元文三年（1738）序刊本。
『古學先生文集』，伊藤仁齋撰，寶永三年（1706）序刊本。
『童子問』，伊藤仁齋撰，寶永四年（1707）序刊本。
『論語古義』，伊藤仁齋撰，正德二年（1712）刊本。
『藤樹全書初編』，中江藤樹撰，志村巳之助、齋藤耕三編，川勝鴻寶堂，明治二十六年（1893）刊本。
『遁庵詩集』，宇都宮遯菴撰，書林野田彌兵衛，正德三年（1713）刊本。
『鼇頭增廣杜律集解』，宇都宮遯菴注，美濃屋彥兵衛，元祿九年（1695）刊本。
『徂徠集』，荻生徂徠撰，南紀書林、浪華書林，寬政三年（1791）刊本。
『徂徠先生詩文國字牘撰』，荻生徂徠撰，浪華書林，享保十三年（1842）寫本。
『山陽詩鈔』，賴山陽撰，天保四年（1833）刊本。
『日本詩史』，江村北海撰，平安書肆，明和八年（1771）刊本。
『詩學還丹』，川合春川撰，安永六年（1777）序刊本。
『熙朝詩薈』，友野霞舟撰，弘化四年（1847）序刊本。
『淡窗詩話』，廣瀨淡窗撰，博聞社，明治十六年（1883）。
『詩法正義』，石川丈山撰，『日本詩話叢書』本，鳳出版 1920 年。
『錦天山房詩話』，友野霞舟撰，『日本詩話叢書』本，鳳出版 1920 年。
『松陰快談』，長野豐山撰，『日本詩話叢書』本，鳳出版 1920 年。
『夜航詩話』，津阪東陽撰，『日本詩話叢書』本，鳳出版 1920 年。

史志

『日本書紀』，舍人親王等編，出雲寺，嘉永五年（1852）刊本。
『本朝通鑒』，林鵞峰等編，寬文十年（1670）刊本。
『日本古今人物史』，宇都宮由的撰，寬文八年（1668）序寫本。

『先哲叢談』，原念齋撰，文化十三年（1816）刊本。
『先哲叢談後編』，東條琴臺撰，浪華書林，文政十二年（1829）刊本。
『近世先哲叢談』，松村操撰，明治十三年（1880）刊本。
『近世叢語』，角田九華撰，三都書林，天保九年（1838）。
『先哲像傳』，德齋原義撰，弘化元年（1844）刊本。
『近代著述目録』，堤朝風撰，和泉屋金右衛門，天保七年（1836）刊本。
『慶長以来諸家著述目録·漢学家之部』，中根粛治編，青山堂支店，明治二十六年（1893）刊本。

现代著述

川田鐵彌. 日本程朱學之源流［M］. 東京：東京高千穗學校，1908.
西村時彥. 日本宋學史［M］. 東京：梁江堂書店，1909.
井上哲次郎. 日本朱子學派之哲學［M］. 東京：冨山房，1924.
井上哲次郎. 日本古學派之哲學［M］. 東京：冨山房，1924.
井上哲次郎. 日本陽明學派之哲學［M］. 東京：冨山房，1924.
大塚靜. 日本道學淵源錄［M］. 東京：岡次郎，1934.
大塚靜. 日本道學淵源續録［M］. 東京：岡次郎，1934.
安井小太郎. 日本儒學史［M］. 東京：冨山房，1939.
和辻哲郎. 日本倫理思想史［M］. 東京：岩波書店，1952.
寺石正路. 南學史［M］. 東京：冨山房，1934.
內藤虎次郎. 日本文化史研究［M］. 東京：弘文堂書店，1924.
木宮泰彥. 日支交通史［M］. 東京：金刺芳流堂，1926—1927.
辻善之助. 海外交通史話［M］. 東京：内外書籍，1930.
辻善之助. 日本文化史［M］. 東京：春秋社，1952—1953.
辻善之助. 日本仏教史研究［M］. 東京：岩波書店，1983—1984.

岡田正之. 日本漢文學史［M］. 東京：共立社書店，1929.

牧野謙次郎. 日本漢學史［M］. 東京：世界堂書店，1938.

戸田浩曉. 日本漢文學通史［M］. 東京：武蔵野書院，1957.

豬口篤志. 日本漢文學史［M］. 東京：角川書店，1984.

久保天隨. 日本漢學史［M］. 東京：早稻田大學出版部，無出版時間年.

久保天隨. 近世漢學史［M］. 東京：早稻田大學出版部，無出版時間年.

斯文會. 日本漢學年表［M］. 東京：大修館書店，1977.

長澤孝三. 漢文學者総覽［M］. 東京：汲古書院，1979.

太田青丘. 日本歌學と中國詩學［M］. 東京：弘文堂，1958.

鈴木修次. 中国文学と日本文学［M］. 東京：東京書籍，1978.

松浦友久. リズムの美学：日中詩歌論［M］. 東京：明治書院，1991.

村上哲見. 漢詩と日本人［M］. 東京：講談社，1994.

芳賀幸四郎. 中世禅林の学問及び文学に関する研究［M］. 東京：日本学術振興會，1956.

諏訪春雄，日野竜夫. 江戸文学と中國［M］. 東京：毎日新聞社，1977.

松下忠. 江戸時代の詩風詩論：明清の詩論とその摂取［M］. 東京：明治書院，1969.

徳田武. 江戸詩人伝［M］. 東京：ぺりかん社，1986.

野口武彦. 江戸文学の詩と真実［M］. 東京：中央公論社，1971.

富士川英郎. 江戸後期の詩人たち［M］. 東京：筑摩書房，1973.

関儀一郎，関義直. 近世漢學者著述目録大成［M］. 東京：東洋図書刊行會，1941.

慶応義塾大學附屬研究所斯道文庫. 江戸時代書林出版書籍目録集成［M］. 東京：井上書房，1962—1964.

大庭脩. 江戸時代における唐船持渡書の資料［M］. 吹田：関西大學出版部，1965.

大庭脩. 江戸時代における唐船持渡書の研究［M］. 吹田：関西大學出版部，1967.

大庭脩. 江戸時代における中國文化受容の研究［M］. 京都：同朋舎出版，1984.

矢島玄亮. 徳川時代出版者出版物集覧［M］. 仙台：徳川時代出版者出版物集覧刊行會，1976.

中国出版文献

古　籍

经史子类

《周易正义》，王弼、韩康伯注，孔颖达等正义，阮元十三经注疏本，中华书局 1980 年。

《尚书正义》，孔安国传，孔颖达等正义，阮元十三经注疏本，中华书局 1980 年。

《周礼注疏》，郑玄注，贾公彦疏，阮元十三经注疏本，中华书局 1980 年。

《毛诗正义》，毛公传，郑玄笺，孔颖达等正义，阮元十三经注疏本，中华书局 1980 年。

《春秋左传正义》，杜预注，孔颖达等正义，阮元十三经注疏本，中华书局 1980 年。

《论语集释》，程树德撰，程俊英、蒋见元点校，中华书局 1990 年。

《孟子正义》，焦循撰，沈文倬点校，中华书局 2017 年。

《诗集传》，朱熹集注，中华书局 1958 年。

《四书章句集注》，朱熹撰，中华书局 2011 年。

《史记》，司马迁撰，中华书局 1959 年。
《汉书》，班固撰，中华书局 1964 年。
《后汉书》，范晔撰，李贤等注，中华书局 1965 年。
《三国志》，陈寿撰，中华书局 1971 年。
《旧唐书》，刘昫等撰，中华书局 1975 年。
《新唐书》，欧阳修、宋祁撰，中华书局 1975 年。
《宋史》，脱脱等撰，中华书局 1977 年。
《元史》，宋濂等撰，中华书局 1976 年。
《明史》，张廷玉等撰，中华书局 1974 年。

总集、别集、诗论

《文选》，萧统编，李善注，上海古籍出版社 1986 年。
《唐人选唐诗（十种）》，元结、殷璠等选，上海古籍出版社 1978 年。
《文苑英华》，李昉等编，中华书局 1966 年。
《笺注唐贤三体诗法》，周弼编，释圆至注，明火钱刻本。
《瀛奎律髓汇评》，方回选评，李庆甲集评校点，上海古籍出版社 1986 年。
《唐诗鼓吹》，元好问编，郝天挺注，元京兆日新堂刻本。
《唐音》，杨士弘编，顾璘批点，《湖北先正遗书》本。
《唐诗品汇》，高棅编选，上海古籍出版社 1988 年。
《唐诗正声》，高棅编，明嘉靖何城重刻本。
《批点唐诗正声》，高棅编，桂天祥批点，明嘉靖胡缵宗刻本。
《唐诗选》，（旧题）李攀龙编，王穉登评，明万历闵氏刻本。
《皇明文衡》，程敏政编，《四部丛刊》本。
《皇明诗选》，陈子龙等编，明崇祯十六年夏完淳校刻本。
《全唐诗》，中华书局 1960 年。
《全唐文》，董诰等编，中华书局 1983 年。

《性理大全书》，胡广编，《四库全书》本。
《楚辞补注》，洪兴祖撰，白化文、徐德楠、李如鸾、方进点校，中华书局1983年。
《屈原集校注》，金开诚、董洪利、高路明著，中华书局1996年。
《陶渊明集笺注》，袁行霈撰，中华书局2003年。
《王维集校注》，王维撰，陈铁民校注，中华书局1997年。
《李太白全集》，李白著，王琦注，中华书局1977年。
《杜诗详注》，杜甫著，仇兆鳌注，中华书局1979年。
《钱注杜诗》，杜甫著，钱谦益笺注，上海古籍出版2009年。
《韩愈文集汇校笺注》，韩愈著，刘真伦、岳珍校注，中华书局2017年。
《白居易集》，顾学颉点校，中华书局1979年。
《元稹集》，元稹撰，冀勤点校，中华书局1982年。
《刘禹锡集》，刘禹锡撰，卞孝萱校订，中华书局1990年。
《李商隐诗歌集解》，刘学锴、余恕诚著，中华书局1988年。
《樊川诗集注》，杜牧著，冯集梧注，上海古籍出版社1962年。
《欧阳修全集》，欧阳修著，李逸安点校，中华书局2001年。
《嘉祐集笺注》，苏洵著，曾枣庄、金成礼笺注，上海古籍出版社1993年。
《苏轼文集》，孔凡礼点校，中华书局1986年。
《苏轼诗集》，王文诰辑注，孔凡礼点校，中华书局1982年。
《苏轼文集编年笺注》，苏轼著，李之亮笺注，巴蜀书社2011年。
《黄庭坚诗集注》，黄庭坚撰，任渊、史容、史季温注，刘尚荣校点，中华书局2003年。
《后山诗注补笺》，陈师道撰，任渊注，冒广生补笺，冒怀辛整理，中华书局1995年。
《沧溟集》，李攀龙撰，明刻本。
《弇州四部稿》，王世贞撰，《四库全书》本。

《五峰遗稿》，秦夔撰，明嘉靖元年刻本。

《袁宏道集笺校》，袁宏道著，钱伯城笺校，上海古籍出版社 1981 年。

《周敦颐集》，周敦颐著，陈克明点校，中华书局 1990 年。

《邵雍集》，邵雍著，郭彧整理，中华书局 2010 年。

《张载集》，张载著，章锡琛点校，中华书局 1978 年。

《二程集》，程颢、程颐著，王孝鱼点校，中华书局 2004 年。

《晦庵先生朱文公集》，朱熹撰，《四部丛刊》本。

《朱子语类》，黎靖德编，王星贤点校，中华书局 1986 年。

《延平答问》，朱熹撰，《四库全书》本。

《陆九渊集》，陆九渊著，钟哲点校，中华书局 1980 年。

《吴文正集》，吴澄撰，《四库全书》本。

《宋文宪公全集》，宋濂撰，明严荣校刻本

《读书录》，薛瑄撰，《四库全书》本。

《薛瑄全集》，薛瑄撰，孙玄常、李庆元、周庆义、李安纲点校，山西人民出版社 1990 年。

《王阳明集》，王守仁著，王晓昕、赵平略点校，中华书局 2016 年。

《朱舜水集》，朱舜水著，朱谦之整理，中华书局 1981。

《四库全书总目》，永瑢等撰，中华书局 1965 年。

《苕溪渔隐丛话》，胡仔撰，人民文学出版社 1962 年。

《诗人玉屑》，魏庆之编，上海古籍出版社 1978 年。

《韵语阳秋》，葛立方撰，《历代诗话》本，中华书局 1981 年。

《诚斋诗话》，杨万里撰，《历代诗话续编》本，中华书局 1983 年。

《鹤林玉露》，罗大经撰，王瑞来点校，中华书局 1983 年。

《沧浪诗话校释》，严羽撰，郭绍虞校释，人民文学出版社 1961 年。

《后村诗话》，刘克庄撰，中华书局 1983 年。

《冷斋夜话》，释惠洪撰，中华书局影印 1985 年。

《文章辨体序说 文体明辨序说》，吴讷、徐师曾著，于北山、罗根泽校点，人民文学出版社 1962 年。
《艺苑卮言》，王世贞撰，《历代诗话续编》本，中华书局 1983 年。
《诗薮》，胡应麟撰，上海古籍出版社 1979 年。
《诗源辨体》，许学夷著，杜维沫校点，人民文学出版社 1987 年。
《唐音癸签》，胡震亨著，上海古籍出版社 1981 年。
《历代诗话》，何文焕辑，中华书局 1981 年。
《历代诗话续编》，丁福保辑，中华书局 1983 年。
《清诗话》，王夫之等撰，上海古籍出版社 1963 年。
《清诗话续编》，郭绍虞编选，富寿荪校点，上海古籍出版社 1983 年。

现代著述

哲学， 文化

朱谦之. 日本的朱子学［M］. 北京：人民出版社，2000.
朱谦之. 日本的古学及阳明学［M］. 北京：人民出版社，2000.
朱谦之. 日本哲学史［M］. 北京：人民出版社，2002.
王家骅. 儒家思想与日本文化［M］. 杭州：浙江人民出版社，1990.
王家骅. 日本儒学史论［M］. 南京：江苏人民出版社，2019.
陈景彦，王玉强. 江户时代日本对中国儒学的吸收与改造［M］. 北京：社会科学文献出版社，2014.
王中田. 江户时代日本儒学研究［M］. 北京：中国社会科学出版社，1994.
黄俊杰. 东亚儒学史的新视野［M］. 上海：华东师范大学出版社，2008.
黄俊杰. 德川日本《论语》诠释史论［M］. 上海：上海古籍出版社，2008.
林少阳. “文”与日本学术思想：汉字圈 1700 至 1900［M］. 北京：中央编译出版社，2012.

叶国良，徐兴庆. 江户时代日本汉学研究诸面向：思想文化篇［M］. 台北：台湾大学出版中心，2009.
郑樑生. 朱子学之东传日本与其发展［M］. 台北：文史哲出版社，1999.
叶渭渠. 日本文化史［M］. 南宁：广西师范大学出版社，2003.
张学智. 明代哲学史［M］. 北京：北京大学出版社，2000.
梁容若. 中日文化交流史论［M］. 北京：商务印书馆 1985.
周一良. 中日文化关系史论［M］. 南昌：江西人民出版社 1990.
严绍璗，源了圆. 中日文化交流史大系·思想卷［M］. 杭州：浙江人民出版社，1996.
杨曾文，源了圆. 中日文化交流史大系·宗教卷［M］. 杭州：浙江人民出版社，1996.
王晓秋，大庭修. 中日文化交流史大系·历史卷［M］. 杭州：浙江人民出版社，1996.
王勇，大庭修. 中日文化交流史大系·典籍卷［M］. 杭州：浙江人民出版社，1996.
王勇，中西进. 中日文化交流史大系·人物卷［M］. 杭州：浙江人民出版社，1996.
严绍璗，刘渤. 中国与东北亚文化交流志［M］. 北京：北京大学出版社，2016.
钱穆. 中国学术思想史论丛［M］. 台北：东大图书有限公司，1976—1980.
连清吉. 日本江户时代的考证学家及其学问［M］. 台北：台湾学生书局，1998.
张昆将. 德川日本儒学思想的特质：神道、徂徕学与阳明学［M］. 台北：台湾大学出版中心，2007.
张昆将. 日本德川时代古学派的王道政治论——以伊藤仁济，荻生徂徕为中心［M］. 上海：华东师范大学出版社，2008.

蔡仁厚. 王阳明哲学［M］. 台北：三民书局，1974.
王进祥. 朱舜水评传［M］. 台北：台湾商务印书馆，1976.
町田三郎，潘富恩. 朱舜水与日本文化［M］. 北京：人民出版社，2003.
赵刚. 林罗山与日本的儒学［M］. 北京：世界知识出版社，2006.
胡勇. 朱子学新生面的开显：林罗山理学思想研究［M］. 济南：山东大学出版社，2016.

文学

叶渭渠. 日本文学思潮史［M］. 北京：经济日报出版社，1997.
俞樾. 东瀛诗选［M］. 曹升之，归青，点校. 北京：中华书局，2016.
陈福康. 日本汉文学史［M］. 上海：上海外语教育出版社，2011.
严绍璗. 中日古代文学关系史稿［M］. 长沙：湖南文艺出版社，1987.
严绍璗，中西进. 中日文化交流史大系：文学卷［M］. 杭州：浙江人民出版社，1996.
高文汉. 中日古代文学比较研究［M］. 济南：山东教育出版社，1999.
严绍璗. 中日古代文学交流史稿［M］. 福州：福建教育出版社，2016.
周发祥，李岫. 中外文学交流史［M］. 长沙：湖南教育出版社，1999.
张哲俊. 东亚比较文学导论［M］. 北京：北京大学出版社，2004.
高文汉. 日本近代汉文学［M］. 银川：宁夏人民出版社 2005.
肖瑞峰. 日本汉诗发展史：第一卷［M］. 长春：吉林大学出版社，1992.
蔡毅. 日本汉诗论稿［M］. 北京：中华书局，2007.
严明. 东亚汉的诗学构架与时空景观［M］. 台北：圣环图书股份有限公司，2004.
肖瑞峰. 中国古典诗歌在东瀛的衍生与流变研究［M］. 杭州：浙江大学出版社，2012.
严明. 东亚汉诗史论［M］. 台北：圣环图书股份有限公司，2011.

马歌东. 日本汉诗溯源比较研究［M］. 北京：中国社会科学出版社，2004.
孙立. 日本诗话中的中国古代诗学研究［M］. 北京：北京大学出版社，2012.
王福祥，等. 日本汉诗撷英［M］. 北京：外语教学与研究出版社，1995.
刘芳亮. 日本江户汉诗对明代诗歌的接受研究［M］. 济南：山东大学出版社，2013.
祁晓明. 江户时期的日本诗话［M］. 北京：中国社会科学出版社，2009.
郭绍虞. 中国文学批评史［M］. 北京：商务印书馆，2010.
罗根泽. 中国文学批评史［M］. 北京：商务印书馆，2015.
王运熙，顾易生. 中国文学批评通史［M］. 上海：上海古籍出版社，1996.
韩经太. 中国审美文化焦点问题研究［M］. 北京：人民文学出版社，2015.
陈伯海. 唐诗学引论［M］. 北京：知识出版社，1988.
周裕锴. 宋代诗学通论［M］. 成都：巴蜀书社，1997.
张立文. 宋明理学研究［M］. 北京：中国人民大学出版社，1985.
廖可斌. 明代文学复古运动研究［M］. 上海：上海古籍出版社，1994.
韩经太. 理学文化与文学思潮［M］. 北京：中华书局，1997.
船津富彦. 日本汉文诗话［M］//中国诗学：第 3 辑. 南京：南京大学出版社，1995.
蔡毅. 俞樾与《东瀛诗选》［M］//中国诗学：第 5 辑. 南京：南京大学出版社，1997.
蒋寅. 旧题李攀龙《唐诗选》在日本的流传和影响——日本接受中国文学的一个侧面［M］//国学研究：第 12 卷. 北京：北京大学出版社，2003.

史志

黄遵宪. 日本国志［M］. 长沙：岳麓书社，2016.
李庆. 日本汉学史［M］. 上海：上海人民出版社，2015.

陆坚，王勇．中国典籍在日本的流传与影响［M］．杭州：杭州大学出版社，1990.
王宝平．中国馆藏和刻本汉籍书目［M］．杭州：杭州大学出版社，1995.
王宝平．中国馆藏日人汉文书目［M］．杭州：杭州大学出版社，1997.
严绍璗．汉籍在日本的流布研究［M］．南京：江苏古籍出版社，1992.
严绍璗．日本藏宋人文集善本钩沉［M］．杭州：杭州大学出版社，1996.
黄仁生．日本现藏稀见元明文集考证与提要［M］．长沙：岳麓书社，2004.
张伯伟．东亚汉籍研究论集［M］．台北：台湾大学出版中心，2007.
张伯伟．清代诗话东传略论稿［M］．北京：中华书局，2007.
张伯伟．域外汉籍研究论集［M］．北京：北京大学出版社，2011.
张文朝．江户时代经学者传略及其著作［M］．台北：万卷楼图书股份有限公司，2014.

译著

贝拉．德川宗教：现代日本的文化渊源［M］．王晓山，戴茸，译．北京：生活·读书·新知三联书店，1998.
威廉·E. 迪尔．探寻中世和近世日本文明［M］．刘曙野，等，译．北京：商务印书馆，2010.
松下忠．江户时代的诗风诗论：兼论明清三大诗论及其影响［M］．范建明，译．北京：学苑出版社，2008.
后藤昭雄．日本古代汉文学与中国文学［M］．高兵兵，译．北京：中华书局，2006.
永田广志．日本哲学思想史［M］．陈应年，姜晚成，等，译．北京：商务印书馆，1978.
丸山真男．日本的思想［M］．区建英，刘岳兵，译．北京：生活·读书·新知三联书店，2009.

内藤湖南. 日本文化史研究［M］. 刘克申，译. 北京：商务印书馆，2018.
苅部直，片冈龙. 日本思想史入门［M］. 郭连友，等，译. 北京：外语教学与研究出版社，2013.
家永三郎. 日本文化史［M］. 赵仲明，译. 北京：译林出版社，2018.
沟口雄三. 日本人视野中的中国学［M］. 李甦平，龚颖，等，译. 北京：中国人民大学出版社，1996.
子安宣邦. 东亚儒学批判与方法［M］. 陈玮芬，译. 台北：台湾大学出版中心，2004.
福井文雅. 汉字文化圈的思想与宗教：儒教、佛教、道教［M］. 徐水生，张谷，译. 武汉：武汉大学出版社，2010.
辻本雅史. 日本德川时代的教育思想与媒体［M］. 张昆将，田世民，译. 台北：台湾大学出版中心，2005.
木宫泰彦. 日中文化交流史［M］. 胡锡年，译. 北京：商务印书馆，1980.
木宫泰彦. 中日交通史［M］. 陈捷，译. 太原：山西人民出版社，2015.
尾藤正英，等. 日中文化比较论［M］. 王家骅，译. 杭州：浙江人民出版社，1992.
村上专精. 日本佛教史纲［M］. 杨曾文，译. 北京：商务印书馆，1981 .
加藤周一. 日本文化论［M］. 叶渭渠，等，译. 北京：光明日报出版社，2000.
大庭修. 江户时代中国典籍流播日本之研究［M］. 戚印平，等，译. 杭州：杭州大学出版社，1998.

论文

林章新. 袁宏道对日本诗文学的影响［J］. 文艺理论研究，1993(1).
张伯伟. 选本与域外汉文学［J］. 南京大学学报（哲学·人文科学·社会科学），2002(4).

吴雨平. 儒学的日本化与江户汉诗［J］. 深圳大学学报（人文社会科学版），2007(4).
副岛一郎. 日本江户时代中国文章论的接受及其展开［J］. 中华文史论丛，2009(4).
张伯伟. 再谈作为方法的汉文化圈［J］. 文学遗产，2014(2).
祁晓明. 江户初期汉诗人对于《沧浪诗话》的拒斥——以石川丈山《诗法正义》为例［J］. 文史哲，2014(6).

按：此《参考文献》的日本文献名均使用日语，书中（包含页下注部分）的日本文献名均翻译为汉语。

后　　记

唐音风杳杳
洛学水渊渊
——林梅洞

上世纪初叶，德国学者格雷布内尔与奥地利学者施密特提出了著名的“文化圈”理论，他们认为世界上存在若干文化圈，每个文化圈包含着一定的物质文化与精神文化共有成分，即具有相近的文化共相。据此全球可分为“北大西洋文化圈”（西方文化圈）、“西亚北非闪族文化圈”（伊斯兰文化圈）、“南亚文化圈”、“东亚文化圈”、“中南美印地安文化圈”①。

“东亚文化圈”，亦称“汉字文化圈”，包括今日之中国、朝鲜、韩国、日本、越南，构成这一文化圈的四要素为：汉字、儒学、汉传佛教及中国的律令制度。从历史来看，自汉代以后，中国文明逐渐向周边地区渗透和扩散。此后漫长的岁月里，朝、日、越等国，从书写文字、伦理道德、宗教哲学，到法令制度，无一不接受着中国文化的深刻影响。

---

① 详见冯天瑜《东亚文化研究书系总序》，载福井文雅著《汉字文化圈的思想与宗教——儒教、佛教、道教》，徐水生、张谷译，武汉大学出版社，2010，第1—2页。关于全球文化圈的划分及名称学术界有不同的看法，但一致主张存在着以“中国文化”为中心的文化圈，或称“中华文化圈”，或称“汉文化圈”“东亚文化学圈”。

唐太宗李世民诗云："车轨同八表，书文混四方。"① 日本奈良时代天武天皇之孙长屋王曾造千条袈裟，以施中国僧侣，袈裟上绣有长屋王所作汉诗："山川异域，风月同天。寄诸佛子，共结来缘。"② 鉴真大德感念于此，道心坚固，终完成传法东瀛之宏愿。"山川异域，风月同天"，表达了地理相殊，但文化同质、情理相契的强烈认同感。

这种认同感在日本思想文化史、文学史上处处显现。本书呈现的是德川幕府统治的前期程朱理学在日本大兴，带来的诗学观念之变化。四百年前林罗山曾向老师藤原惺窝求教周茂叔"庭草交翠"与陶渊明"木欣欣以向荣"之异同，大儒惺窝称："天地生物之意，生生不息之妙，亦是仁也。茂叔体此仁者也，故察萌动、见青青，而造化之妙协我心，故庭草不扫。若夫渊明之见解，虽未浴光霁，殆仿佛乎。至其工夫，盖渊明之所不及乎。"③ 两个日本理学家以汉字为媒介，谈论造化之妙、茂叔之仁、渊明之美，思考心性、见地、工夫，他们谈论的主题、对象，思维方式、表达方式，乃至态度、襟怀都与宋儒如出一辙。

本书无意于辨析中日理学、诗学之异同，或秉持"中心—边缘"的结构模式来阐释文化传播与影响。这里所作的只是通过全面检阅原始文献，即江户时期，尤其是前期各种写本、抄本、刊本的诗文总集、别集、序跋、行状、年谱等，尽量还原、梳理这一时期诗学发展之实际状况。

理学诗学是这一时期的诗学主流。从藤原惺窝、林罗山、松永尺

---

① 李世民：《正日临朝》，载《全唐诗》卷一，中华书局，1960，第 3 页。
② 长屋：《绣袈裟衣缘》，载《全唐诗》卷七三二，第 8375 页。原题注："明皇时，长屋尝造千袈裟，绣偈于衣缘，来施中华。真公因泛海至彼国传法焉。"
③ 详见本书《第三章　藤原惺窝》。

五、那波活所、石川丈山，到木下顺庵、林鹅峰、林梅洞、林凤冈等，日本思想史上声名显赫的大儒们，亦为日人开辟了新的诗歌创作方式和批评方式，树立了新的诗美理想。年轻的程颢曾两度受学于周敦颐，有所悟，称："再见茂叔后，吟风弄月以归，有'吾与点也'之意。"黄山谷甚慕周敦颐，评云："舂陵周茂叔，人品甚高，胸中洒落，如光风霁月。"日本理学诗学的精神实由此展开。濂洛之风雅在四百余年后的异域再放异彩。

二○○七至二○○九年，笔者曾在京都大学访学，先后住在黄檗会馆、修学院会馆。黄檗因清初赴日高僧隐元而得名。隐元将日本皇室所赐之地，仿福建黄檗山之万福寺，建日本万福寺和日本黄檗宗，此地因取名"黄檗"。万福寺是我参访的第一所日本寺院，一派纯然的中国风，令人惊异而欣喜。修学院会馆在京都北部比睿山脚下，周边处处是古迹，信步即可达石川丈山所筑的"诗仙堂"，四壁陈列有狩野探幽所绘的苏武、陶渊明、王维、李白、杜甫、苏轼、黄庭坚等三十六位中国诗仙图。竹篱石径、庭院苔痕，唯不曾见丈山所藏之残月砚、竹如意，更难睹陈眉公之古琴。

二○一五至二○一六年，我在东京大学东洋文化研究所做研究。从东京大学出发，沿着不忍池步行十分钟即可至上野忍冈。宽永七年（1630）第三代将军德川家康将此地赐给林罗山，林氏于此建学校、筑孔庙，忍冈家塾成为江户时代培养理学人才的重要场所。林罗山甚爱樱花，四处遍植樱树，上野遂成为日人赏樱之名所。从这儿若乘地铁，只一站即可达新御茶ノ水，不远就是汤岛圣堂——东京孔庙。德川幕府就是在这里举行祭孔大典。

当日不经意间行过的这些地方，如今在笔头一一重现，不得不感叹因缘的奇妙。

京都大学的川合康三教授，仁厚、睿智，极具妙赏与洞见，其著述与言说，常能将隐微处的精义一语揭出。先生爱喝宇治玉露抹茶，平日总是漫不经意地捧着一竹根制的茶具，坐在书籍堆积如山的办公室，谈笑自在，真挚而深邃。诗人的洒落、学者的缜密，随处得见。两年间得先生照顾甚多，每每念及，感铭至深。先生的宅第建在比睿山上，院落中植有高树，阳光下树影婆娑，深静、明澈，如辋川绝句的意境。

蔡毅教授谦和、温良，风雅在骨，在京都时常与我夫妇往来畅谈，他曾在京都大学附近的串八为我们设宴接风，且告之多年前亦在此馆宴请我的老师曹旭先生，颇觉世事变化，殊有意味。曹旭师当年教弟子们做真性情的人，做见功夫的学问，惜未能得其真传。老师常说现在的学问当以“汉文化圈”为视野，基于此来思考、立论，找材料，“还要走出国门去”。那日的一颗种子，今日始得生出一点枝叶来。

日本大学的丸山茂教授、东京大学的大木康教授，还有许多令人温暖、怀念的人与事，这一本薄薄小书，哪里承载得了这么多的恩情与盛意，不过借此表达常年萦于心怀的感念！

写作此书稿，母亲常为敦促，又为我承担许多世间俗务。先生杨合林亦系心于此，阅读书稿，提出中肯意见。责编饶毅主任审阅文稿，颇费心力与周章。佛教讲“诸法因缘生”，从这本小书里，分明看到了诸多善缘。

张　红

2019 年盛夏于长沙

图书在版编目(CIP)数据

江户前期理学诗学研究/张红著. —长沙:岳麓书社,2019.8
ISBN 978-7-5538-1167-3

Ⅰ.①江…　Ⅱ.①张…　Ⅲ.①理学—研究—日本—江户时代
②诗学—研究—日本—江户时代　Ⅳ.①B313.3②I313.072

中国版本图书馆CIP数据核字(2019)第178718号

JIANGHU QIANQI LIXUE SHIXUE YANJIU
江户前期理学诗学研究
作　　者:张　红
责任编辑:饶　毅
责任校对:舒　舍
封面设计:胡　斌

岳麓书社出版发行
地址:湖南省长沙市爱民路47号
直销电话:0731-88804152　0731-88885616
邮编:410006
岳麓书社网址:www.yueluhistory.com

2019年8月第1版第1次印刷
开本:890mm×1240mm　1/32
印张:12.125
字数:260千字
ISBN 978-7-5538-1167-3
定价:38.00元

承印:长沙超峰印刷有限公司

如有印装质量问题,请与本社印务部联系
电话:0731-88884129